김박사의 투자론여행

김규영 저

박영사

머 리 말

1986년 7월의 어느 날, 미국의 한 주립대학교에서 투자론을 처음 강의한 것으로 기억됩니다. 나그네처럼, 구름처럼 떠돌아 다니다 무등산기슭에 자리잡고 후학을 양성하다 보니, 어느덧 25년의 세월이 흘렀습니다. 그 동안 투자론을 강의해 오면서 수강생들로부터 너무 어렵다는 불평을 많이 들었습니다. 그래서, 투자론의 핵심이 되는 이론들을 이해하기 쉽게 소개해야겠다는 생각을 가지게 되었습니다.

제가 이 책을 쓰면서 중점을 둔 사항은 다음과 같습니다.

첫째, 현대 투자이론의 핵심을 이루는 시장지향적 분석틀(market-oriented analytical framework)을 소개한다.

둘째, 국내외 경제신문과 함께 한 학기 강의용으로 쓸 수 있도록 10장의 분량으로 범위를 한정한다.

셋째, 현대 투자이론을 이해하기 쉽도록 원리(principle) 중심으로 기술한다.

그러나, 집필을 마치고 보니 부족한 점들이 너무 많을 것으로 생각됩니다. 이 책은 기존의 「알기 쉬운 투자론」과 「핵심투자론」을 수정하여 보완한 것임을 밝힙니다. 투자론을 처음으로 대하는 분들이 가벼운 마음으로 투자론을 공부할 수 있도록 제목은 「김박사의 투자론 여행」으로 정하였습니다.

먼저, 출판을 맡아주신 박영사의 임직원 여러분께 감사드립니다. 특히, 열성적으로 편집을 맡아주신 우석진 부장님과 전채린 씨 그리고 투자론 출간의 필요성을 역설하여 주신 김중용 차장님께 심심한 감사의 말씀을 드립니다. 그리고 저의 투자론 저서들이 마음에 드는데 절판되어 구할 수 없다는 이메일을 보내주신 서울대학교 Global MBA과정의 이규범 씨의 칭찬과 격려가 이 책을 내는 데 큰 용기를 주었습니다. 또한, 원고정리와 자료입력을 맡아 열성을 다한 조선대학교 동아시아 연구소의 안제욱 박사에게도 고마운 마음을 전합니다. 그리고, 제가 학문의 길을 걷는 과정에서 따뜻하게 지도해 주신 저의 모교인 서울대학교와 와튼스쿨의 은사님들, 항상 열린 마음으로 저를 지도·편달해 주시는 선배 및 동료 교수님들께 감사드립니다. 또한, 미국 유학 및 파견연구를 재정적으로 지원해 준 우리나라 교육부 및 한국학술진흥재단에 감사드립니다.

2011년 6월 6일

무등산 연구실에서 김 규 영

차 례

제 1 편 투자론의 기초지식

첫 번째 여행 투자, 투자론 그리고 재무관리

두 번째 여행 돈벌레 이야기

일곱 번째 여행 증권의 위험은 여러 가지

여덟 번째 여행 증권가격은 정보에 어떻게 반응하는가?

제 4 편 옵션의 기초와 가격결정

아홉 번째 여행 옵션이란 무엇인가?

열 번째 여행 옵션의 가치 구하기

제 1 편

투자론의 기초지식

| 첫 번째 여행 | 투자, 투자론 그리고 재무관리

| 두 번째 여행 | 돈벌레 이야기

| 세 번째 여행 | 불확실성 측정의 도구

김박사의 투자론 여행

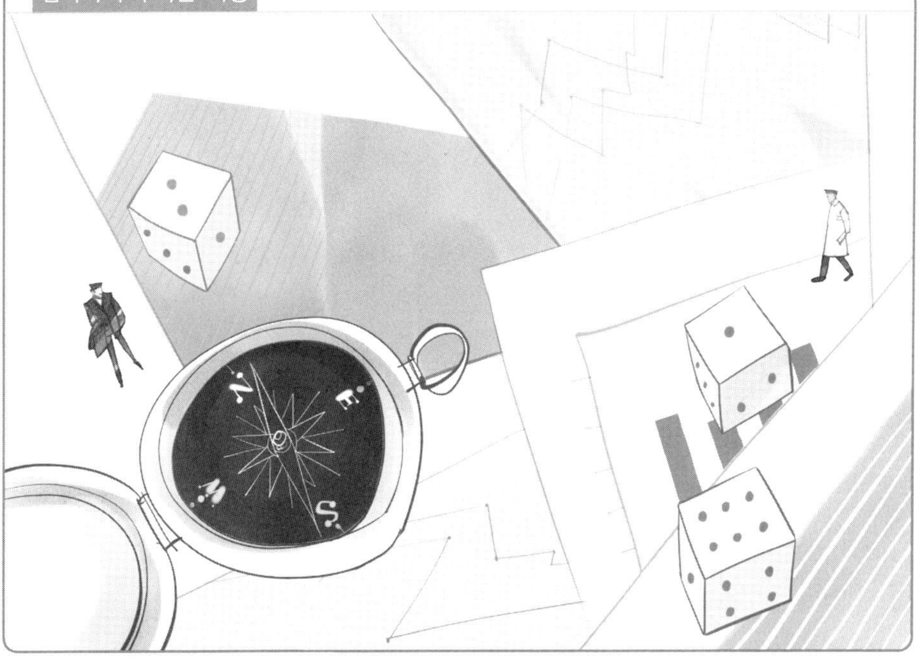

첫 번째 여행

투자, 투자론 그리고 재무관리

투자론(theory of investment)은 기업재무론(theory of corporate finance)과 함께 재무관리(finance)의 양대 핵심분야라고 할 수 있다. 이번 여행에서는 투자의 기본개념과 투자론의 의의에 대해 논의한다.

제 01 절 투자의 기본개념

1. 투자의 의의

투자(investment)는 경제주체가 미래의 소비를 늘리기 위하여 현재의 소비를 희생하는 경제적 행위를 뜻한다. 여기에서 유의할 점은 희생된 현재의 소비는 확실하나(certain), 미래의 소비는 불확실하다(uncertain)는 것이다. 따라서, 투자는 현재와 미래를 연결하는 시간(time)과 미래의 불확실성(uncertainty)이라는 두 가지 속성을 내포한다.

투자의 대상이 되는 자산(assets)은 부동산, 기계 등과 같은 실물자산(real assets)과 주식, 채권 등과 같이 실물자산에 대한 청구권을 갖는 금융자산(financial assets)으로 분류될 수 있다. 본서에서는 후자만을 투자의 대상으로 고려하기로 한다.

2. 투자와 투기

투자와 비슷한 개념으로 투기(speculation)라는 용어가 사용되는데, 투자와 투기 모두 미래의 소비를 늘리기 위해 현재의 소비를 희생하는 행위라는 점에서 구별이 거의 불가능하다고 할 수 있다. 심지어, 자기가 하면 투자, 남이 하면 투기라는 우스갯소리가 있을 정도이다.

전통적으로, 투자기간의 장단, 불확실성의 정도, 생산부문에의 기여도, 그리고 도덕적 건전성 등의 주관적인 기준에 의하여 투자와 투기를 구별하고 있으나, 엄밀한 구별은 거의 불가능하다고 할 수 있다.

3. 실물자산과 금융자산[1)]

한 사회의 물질적인 부는 궁극적으로 그 경제의 생산능력에 의하여 결정된다. 이 생산능력은 토지, 건물, 기계, 지식, 그리고 근로자와 같은 실물자산(real assets)의 함수이다. 물리적 자산과 함께 인적 자산이 그 사회에서 생산되고 소비되는 모든 산출물을 창출해 낸다.

이러한 실물자산과 대비되는 것이 주식(stock)이나 채권(bond)과 같은 금융자산(financial assets)이다. 이 금융자산은 그 자체로서 한 사회의 부(wealth)를 대표하지는 않는다. 예컨대, 주식은 종이조각에 불과하므로, 경제의 생산능력에 직접적으로 기여하지는 않는다. 대신에, 금융자산은 경제의 생산능력에 간접적으로 기여하는데, 그 이유는 금융자산이 기업의 소유와 경영의 분리를 가능하게 하기 때문이다. 금융자산은 물론 금융자산을 보유하는 개인이나 기업의 부에 기여한다. 이는 금융자

1) Bodie-Kane-Marcus(2008), pp. 2~3.

산이 실물자산에 의해 창출된 소득의 청구권 혹은 정부의 소득에 대한 청구권을 나타내기 때문에 가능하다.

기업이 사용하는 실물자산이 궁극적으로 소득을 창출하면, 이 소득은 기업이 발행한 금융자산 혹은 증권의 소유구조에 따라 투자자에게 배분된다. 예컨대, 채권보유자는 채권의 이자율과 액면가에 의거하여 기업의 소득흐름에 대한 청구권을 행사한다. 주주는 채권 보유자와 기타 채권자에게 지급되고 남은 소득에 대하여 배당금의 형태로 청구권을 행사할 수 있다. 이러한 방식으로 금융자산의 가치는 기업의 기초적인 실물자산의 가치로부터 파생되고 또한 이에 의존하게 된다.

실물자산이 소득을 창출하는 자산이라면, 금융자산은 투자자 간의 소득 혹은 부의 배분을 초래하는 자산이다. 여러분은 현재 주어진 부를 오늘 소비할 것인가 혹은 미래를 위해서 투자할 것인가에 관한 선택을 할 수 있다. 여러분이 미래를 위해 투자한다면 금융자산을 보유하기로 결정할 수 있을 것이다. 기업이 증권을 발행할 때 받는 현금은 실물자산을 구입하는 데 사용된다. 궁극적으로, 금융자산에 대한 수익은 증권 발행으로 조달된 실물자산에 의해 창출되는 소득으로부터 나온다.

따라서 금융자산을 개인이 실물자산에 대한 청구권을 보유하는 수단으로 보아도 무방하다. 여러분 대부분은 개인적으로 울산의 현대자동차 공장을 소유할 수 없다. 그러나, 여러분은 현대자동차의 주식은 보유할 수 있는데, 이 주식이 여러분에게 자동차 생산으로부터 파생된 소득을 제공하게 된다.

실물자산과 금융자산을 구별하기 위해서 개인과 기업의 대차대조표를 살펴보자. 실물자산은 오로지 대차대조표의 차변에만 나타난다. 반면에, 금융자산은 대차대조표의 차변과 대변에 모두 나타난다. 기업에 대한 청구권은 자산(asset)이지만, 기업의 청구권 발행은 부채(liability)이다. 모든 대차대조표를 합치면, 금융자산은 상계되고 오직 실물자산의 금액만이 경제의 부(wealth)로 남게 된다.

금융자산과 실물자산을 구별하는 또 하나의 방법은 금융자산이 통상적인 영업활동에서 생기고 사라진다는 점에 주목하는 것이다. 예컨대, 대출금이 상환될 때 채권자의 청구권(금융자산)과 채무자의 채무(금융부채)가 동시에 소멸한다. 반면에, 실물자산은 오직 사고나 시간에 따른 노후화에 의해 소멸될 뿐이다.

4. 투자의 목표

미래의 소비를 늘리기 위하여 현재의 소비를 희생하는 것이 투자이기 때문에, 투자의 기대수익률 극대화가 투자의 목표라는 주장이 설득력 있게 들릴지 모른다. 그러나, 투자자는 위험회피적(risk averse)이기 때문에 투자의 목표로서 기대수익률과 함께 위험이 고려되어야 한다. 기대수익률과 위험을 동시에 고려하는 것이 효용함수(utility function)이므로, 투자의 목표로서 투자자의 기대효용극대화(expected utility maximization)가 가장 합리적이라 할 수 있다. 기대효용극대화의 기준에서 투자의 기대수익률은 시간에 대한 보상(time premium)과 위험에 대한 보상(risk premium)으로 구분된다. 이에 대해서는 네 번째 여행의 위험과 수익에서 상세히 다루기로 한다.

5. 투자환경의 최근 추세

세계 금융시장에서 일어나고 있는 새로운 투자환경의 최근 추세는 다음과 같이 요약될 수 있다.[2)]

2) Bodie-Kane-Marcus(2008), pp. 15~19.

(1) 세계화(globalization)

세계화는 효율적인 통신기술과 규제제약의 혁파를 요구하고 있다. 세계적인 투자환경에서의 이러한 경향이 최근에 국제적인 투자를 촉진하고 있다.

(2) 증권화(securitization)

자금조달방식이 금융중개기관을 매개로 한 간접금융(indirect financing)에서 증권발행을 통한 직접금융(direct financing)으로 이행하는 소위, 금융의 증권화 현상이 두드러지고 있다.

(3) 금융공학(financial engineering)

주식, 채권과 같은 본원증권(primitive securities)과 옵션, 선물, 스왑과 같은 파생증권(derivative securities)을 합성 또는 분해하여 새로운 현금흐름을 갖는 금융상품의 개발이 활발하게 이루어지고 있다. 이와 같이 투자자들의 욕구에 맞는 현금흐름을 갖는 신종금융상품의 개발은 금융공학(financial engineering)이라고 일컬어진다.

(4) 컴퓨터 네트워크(computer networks)

인터넷과 컴퓨터네트워킹의 진보로 금융시장은 변혁을 겪고 있다. 온라인 주식매매는 매매수수료의 획기적인 감소를 초래하였고, 금융시장의 투자자들은 인터넷을 이용하여 막대한 양의 정보를 수집할 수 있게 되었다.

제 02 절 투자론의 의의

1. 재무관리의 의의

재무관리란 도대체 어떤 학문인가? 저자가 그 동안 재무관리를 강의해 오면서 학생들로부터 받은 비판은 재무관리가 돈과 관련되는 경영학의 한 분야로서 수학과 통계학 등 어려운 내용들을 많이 포함하고 있어 난해할 뿐만 아니라 돈 버는 데 별 도움도 주지 못하는 학문이라는 것이다. 저자는 이러한 불평으로 가득 찬 반응을 받을 때마다, 재무관리가 난해하다는 점에서는 동감하면서도 재무관리를 수강하면 돈을 벌 수 있다는 것은 오해라고 항변하곤 했었다.

재무관리의 의의를 이해하기 위하여 〈그림 1-1〉처럼 현실세계를 압축시켜 표시하여 보자.[3)]

〈그림 1-1〉에서 화살표는 현금흐름(cash flow)을 표시하고 있으며 재무관리자(financial manager)가 내리는 세 가지 주요 재무의사결정을 나타내고 있다.

(1)은 재무관리자가 기업에 필요한 자금을 자본시장에서 조달하는

그림 1-1 자본시장과 기업 사이의 현금흐름

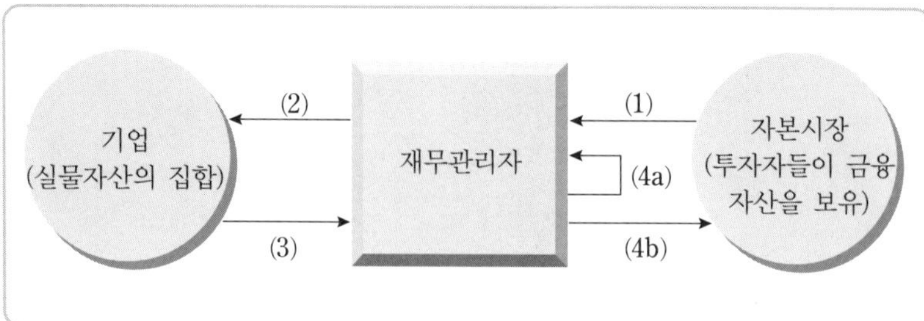

3) Brealey-Myers-Allen(2011), p. 6.

것을 나타내고 있으며, 이에 관한 의사결정은 자금조달결정(financing decision)이라 불린다. 자금조달방식은 그 기준에 따라 여러 가지로 분류가 가능하다. 주식 발행이나 회사채 발행처럼 투자자들로부터 직접적으로 자금을 조달하면 직접금융(direct financing)이고, 은행대출처럼 금융중개기관의 개입을 받아 간접적으로 자금을 조달하면 간접금융(indirect financing)이 된다. 특히, 중요한 분류는 자기자본조달과 타인자본조달인데, 1997년 IMF 금융위기를 겪은 우리나라의 경우에 기업의 과도한 차입경영이 금융위기의 한 원인으로 인구에 회자된 바 있다. (1)에 관련된 자금조달결정은 주로 자본구조(capital structure)와 자본비용(cost of capital)이라는 주제로 논의된다.

(2)와 (3)은 재무관리자가 기업의 투자사업에 자금을 투입하여 수익을 발생시키는 것을 나타내고 있는데, 이와 관련된 의사결정은 투자결정(investment decision)으로서 기업의 실물자산 투자를 다룬다. 투자결정은 흔히 자본예산편성(capital budgeting)이라고도 하며, 투자사업의 타당성을 검토하는 의사결정기법을 다룬다.

(4a)와 (4b)는 투자에서 발생한 수익을 자금의 제공자인 투자자에게 환원하거나 재투자의 재원으로 활용하기 위해 내부유보(retained earnings)를 하는 것을 나타낸다. 이는 배당결정(dividend decision)이라 불리며 기업의 배당정책이라는 주제로 논의된다.

그러면, 재무관리자는 어떤 목표 하에서 위의 재무의사결정들을 내리는가? 기업의 소유주인 주주의 부를 극대화하는 것(shareholder wealth maximization)이 재무관리자의 목표라는 것이 정설로 되어 있다. 이러한 주주의 부의 극대화 혹은 주가극대화는 주주와 경영자의 계약관계(principal-agent relationship)에서 오는 대리인(agent)으로서 재무관리자와 주인(principal)으로서의 주주 간의 이해상충(conflict of interest)의 문제가 해소되었다는 전제 하에서, 설득력 있는 목표임을 주목할 필요가 있다. 대리인이 주인의 부담으로 실속을 챙기는 데서 발생하는 문제를 대리인 문제(agency problem)라고 일컫는다.

대리인 문제의 경감을 가져오는 방편으로는 경영자에 대한 법적·규제적 요구, 경영자에 대한 적절한 보상, 이사회의 역할,[4] 경영자에 대한 감시, 기업인수·합병, 그리고 주주의 압력 등이 제시될 수 있다.

따라서, 재무관리자가 주주의 부를 극대화한다는 목표 하에서 기업과 자본시장 사이의 현금흐름과 관련된 자금조달결정, 투자결정, 그리고 배당결정을 내리는 과정을 좁은 의미의 재무관리 또는 기업재무론(theory of corporate finance)[5]이라고 정의할 수 있다.

2. 투자론의 의의

투자론(theory of investment)은 〈그림 1-1〉에서 자본시장에 있는 투자자들이 금융자산을 보유하는 과정을 연구하는 학문이라고 할 수 있다. 기업재무론에서 기업, 특히 소유주인 주주의 관점에서 의사결정이 내려진다면, 투자론에서는 금융자산을 보유하고자 하는 투자자의 관점에서 의사결정이 이루어진다는 점이 양자의 근본적인 차이라고 할 수 있다. 이러한 구별에도 불구하고, 투자론과 협의의 재무관리인 기업재무론의 내용이 많이 중복된다는 비판을 받고 있는데, 이는 기업재무론이나 투자론 모두 자본시장의 역할을 강조하고 있기 때문인 것으로 생각된다.

기업재무론과 투자론이라는 핵심분야에다 금융시장론, 자본시장론, 증권시장론, 금융기관경영론, 파생상품론 그리고 기업인수·합병론 등을 추가하여 넓은 의미의 재무관리로 정의하기도 한다.

투자론은 투자자의 관점에서 금융자산을 보유하는 데 있어서의 의

4) Brealey-Myers-Allen(2011), pp. 14~15.

5) 기업재무의 역사에 대해서는 Baskin-Miranti(1997)를 참조할 것.

사결정과정을 분석하는 학문이므로, 경제학, 통계학 그리고 수학 등에서 계량적이고 분석적인 방법론이 많이 원용된다. 따라서, 투자론을 이해하기 위해서는 인접 학문분야의 기초지식이 절실히 요구된다고 할 수 있다.

투자론은 미시경제학의 소비자행동론에서 출발한다고 할 수 있다. 즉, 예산제약 하의 효용극대화라는 소비자행동론의 목표함수가 불확실성(uncertainty)의 세계를 다루는 투자론에서는 기대효용극대화(expected utility maximization)로 바뀐다. 투자자들이 효용의 기대치인 기대효용을 극대화하도록 투자선택을 한다는 기대효용이론(expected utility theory)[6]은 불확실성 하의 투자결정의 이론적 지주라고 할 수 있다.

그러나, 기대효용이론은 추상적 개념인 효용을 다루고 있으므로, 투자실무에 적용하기가 거의 불가능하다고 할 수 있다. 위험자산의 수익률이 정규분포(normal distribution)를 따르고 투자자가 위험회피적이거나 혹은 투자자가 2차식의 효용함수(quadratic utility function)를 가지면, 기대효용극대화 이론은 평균-분산모형(mean-variance model)으로 단순화될 수 있다. 평균-분산모형에서는 동일한 기대수익률(평균)에서는 낮은 분산(혹은 표준편차)을 갖는 투자대안이 선호되고 동일한 분산(혹은 표준편차)에서는 기대수익률이 높은 투자대안이 채택된다는 지배원리(dominant principle)가 성립한다.

평균-분산모형은 위험회피적(risk averse) 투자자들이 분산투자를 통하여 위험을 분산할 수 있다는 포트폴리오이론(portfolio theory)[7]과 결합하여 자본자산가격결정모형(capital asset pricing model; CAPM)[8]으로 집

6) Von Neumann-Morgenstern(1947)에 의하여 체계화되었으므로, 기대효용 앞에 그들의 이름을 수식어로 붙이기도 한다.
7) Markowitz(1952, 1959)에 의하여 창시되었다.
8) Sharpe(1964), Lintner(1965) 그리고 Mossin(1966) 등에 의하여 개발되었으므로 샤프-린트너-마신모형으로도 불린다.

대성되기에 이르렀다. CAPM은 위험자산의 기대수익률과 위험의 상반관계(risk-return trade-off)를 제시하는 균형모형(equilibrium model)으로서 1960년대에 처음 등장하였음에도 불구하고 아직까지 투자론에서 막강한 영향력을 행사하고 있다.

1970년대에는 CAPM의 위험을 일차원에서 다차원으로 일반화시킨, 소위 차익거래가격결정이론(arbitrage pricing theory; APT)[9)]이 등장하여 CAPM과 쌍벽을 이루는 금융자산 가격결정모형으로서 투자론 분야에 큰 영향을 미치고 있다.

또한 비슷한 시기에 주식 등 본원증권(primitive securities)에서 파생된 옵션(option)이라는 파생증권(derivative securities)의 상대가격을 결정하는 옵션가격결정모형(option pricing model; OPM)[10)]이 개발되어, 파생증권 투자의 이론적 지주의 역할을 수행하고 있다.

본서에서는 CAPM, APT, OPM이라는 3대 금융자산 가격결정모형의 이해에 초점을 맞춘다. 왜냐하면, 투자론 분야에서 이론(theory)과 실제(practice)가 만나는 곳이 바로 이 세 가지 모형들이라고 생각되기 때문이다. CAPM과 OPM의 개발에 공헌한 학자들이 1997년까지 모두 영예로운 노벨 경제학상을 수상하였다. APT의 창시자인 미국 MIT의 Ross 교수가 앞으로 노벨 경제학상을 수상할 수 있을 것인지, 우리 모두 함께 지켜 볼 일이다.

---

9) Ross(1976)를 참조할 것.
10) Black-Scholes(1973)를 참조할 것.

주·요·용·어

- 투자(investment)
- 투기(speculation)
- 실물자산(real asset)
- 금융자산(financial asset)
- 증권화(securitization)
- 금융공학(financial engineering)
- 자금조달결정(financing decision)
- 투자결정(investment decision)
- 배당결정(dividend decision)
- 주주의 부의 극대화(shareholder wealth maximization)
- 대리인 문제(agency problem)
- 기대효용이론(expected utility theory)
- 평균-분산모형(mean-variance model)

연·습·문·제

1 투자(investment)와 투기(speculation)를 구별하시오.

2 실물자산(real assets)과 금융자산(financial assets)을 구별하시오.

3 기업재무론(theory of corporate finance)과 투자론(theory of investment)의 영역에 대해 설명하시오.

두 번째 여행

돈벌레 이야기

확실성(certainty)은 투자자가 미래의 투자수익을 1의 확률로 알고 있는 상황을 가리킨다. 정부가 발행한 국채에 대한 투자가 확실성 하의 투자의 본보기로 일컬어지고 있으나, 물가상승을 고려한다면, 실질가치 측면에서 확실한 투자대안은 현실적으로 존재하지 않는다.

확실한 투자는 현실세계에서 존재하지 않지만, 이 장에서는 확실성 하의 소비 및 투자결정에 대해서 논의한다.[1] 그 이유는 확실성 하의 투자결정에서 소개된 기본개념이 대부분 불확실성 하의 투자결정에도 적용될 수 있기 때문이다.

다음과 같은 동화로 이야기를 시작해 보자. 어느 외딴 섬마을에 돈벌레들이 살고 있다. 돈벌레는 돈을 먹고 사는데, 안타깝게도 수명은 하루에 불과하다. 즉, 오늘($t=0$) 태어나서 내일($t=1$) 세상을 떠난다. 돈벌레는 태어날 때 부모로부터 돈을 상속받는데, 상속재산을 오늘과 내일의 돈 소비로 어떻게 배분하는 것이 가장 행복한 삶인가를 결정하는 임무를 부여받고 있다. 돈벌레가 오늘 소비와 내일 소비를 교환하는

1) Levy-Sarnat(1984)의 제3장을 돈벌레 이야기로 꾸몄다. 보다 자세한 논의에 대해서는 Hirshleifer(1970)의 제2장과 Fama-Miller(1972)의 제2장을 참조할 것.

수단에는 돈나무를 심는 생산기회(production opportunity)와 이자를 주고 받고 돈놀이를 하는 교환기회(exchange opportunity)가 있다. 이 가엾은 돈벌레는 어떠한 선택을 할 것인가?

제 01 절 생산기회

W_0의 상속을 받은 돈벌레에게 주어진 생산기회는 〈표 2-1〉과 같

표 2-1 돈벌레의 생산기회

투자안	투자지출액	현금수입액	수익률
A	100	200	100%
B	100	150	50%
C	500	600	20%
D	300	315	5%

그림 2-1 돈벌레의 투자기회곡선

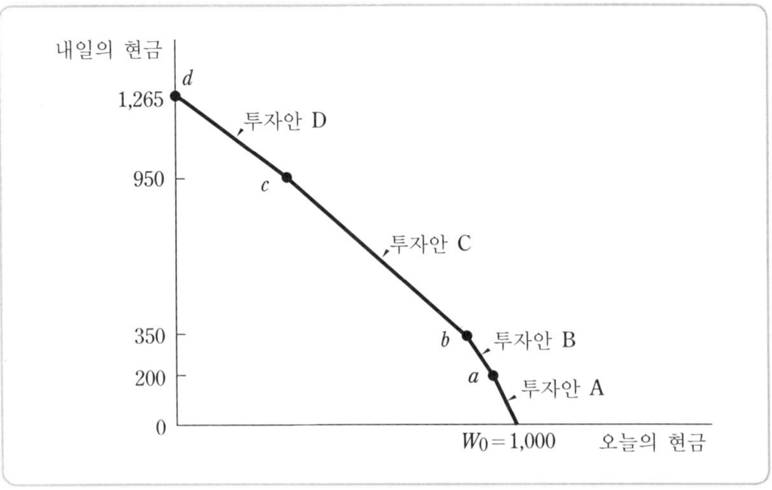

다. 수확체감의 법칙에 따라 수익률이 체감하고 있음을 유의하라. 상속재산이 1,000달러라고 가정하면, 이 돈벌레의 생산기회는 〈그림 2-1〉과 같이 표시된다.

W_0, a, b, c 그리고 d는 이 돈벌레의 오늘과 내일의 돈 소비의 가능한 조합을 나타낸다. 예컨대, 그는 오늘 1,000달러를 소비하고 내일은 굶을 수 있다. 그러나 이 대안은 내일에 살아 남으려는 돈벌레에게는 추천할 만한 것이 못될 것이다. 반면에, 투자안 A가 채택되면, 그는 오늘 900달러와 내일 200달러를 소비하는 a에 도달할 수 있다. 마찬가지로, 그는 다른 투자안 B, C, D를 채택함으로써 b, c 그리고 d에 도달할 수 있다.

이야기를 쉽게 풀어가기 위해서, 〈그림 2-1〉의 점들을 연결하여 생산기회를 곡선으로 이어보자. 이는 투자안이 무한히 분할 가능하다고 가정하는 것에 다름 아니다. W_0에서 d로 옮겨갈 때 투자기회곡선(investment opportunity curve)의 기울기가 감소함을 주목하라. 이를 부드러운 곡선으로 그리면 원점에 대해서 오목한 곡선이 된다. 그러면, 투자기회곡선 상의 어떤 점이 이 돈벌레를 가장 행복하게 할 것인가? 이 질문에 대답하기 위해서는 돈벌레의 선호를 나타내는 도구가 필요하다. 다음 절에서 이를 다룬다.

제 02 절 무차별곡선의 의미

자기만족을 극대화할 오늘과 내일의 돈 소비(c_0, c_1)를 선택하는 문제에 직면한 합리적 돈벌레를 생각해 보자.

가능한 하나의 조합은 〈그림 2-2〉의 M점으로 표시될 수 있다. M점과 같은 조합이 a로 표시된 화살표 방향으로 이동하면 만족의 정도가 증가한다. a방향으로 이동하면 오늘 돈 소비는 증가하고 내일 돈 소비는 변함이 없음을 주목하라. 반면에, b로 표시된 화살표 방향으로 움직이면 돈벌레의 만족의 정도는 감소함을 알 수 있다. a방향으로 움직이면 돈벌레의 만족이 증가하고 b방향으로 이동하면 만족이 감소하므로, 돈벌레의 만족이 증가하지도 않고 감소하지도 않는 점(예컨대, N)을 a와 b 사이에서 찾을 수 있다.

M을 N으로 대체하면, 돈벌레의 오늘 소비 c_0는 증가하고 내일 소비 c_1은 감소하지만 돈벌레의 만족에는 변함이 없다. 왜냐하면, c_0의 증가로 인한 만족의 증가가 c_1의 감소로 인한 만족의 감소에 의해 정확히 상쇄되기 때문이다. 따라서 여러분은 돈벌레가 M과 N에 대해 무차별하다고 말할 수 있다. 돈벌레의 만족에 변함이 없도록 하는 (c_0, c_1)의 조합을 곡선으로 연결한 것이 〈그림 2-2〉의 무차별곡선(indifference curve) I이다. M_1에서 출발하면 또 다른 무차별곡선 I_1을 그릴 수 있고, 이러한 무차별곡선의 집합을 우리는 무차별지도(indifference map)라고 부른다.

〈그림 2-2〉의 무차별곡선은 좌에서 우로 하향하고 있는데, 이는

그림 2-2 돈벌레의 무차별곡선

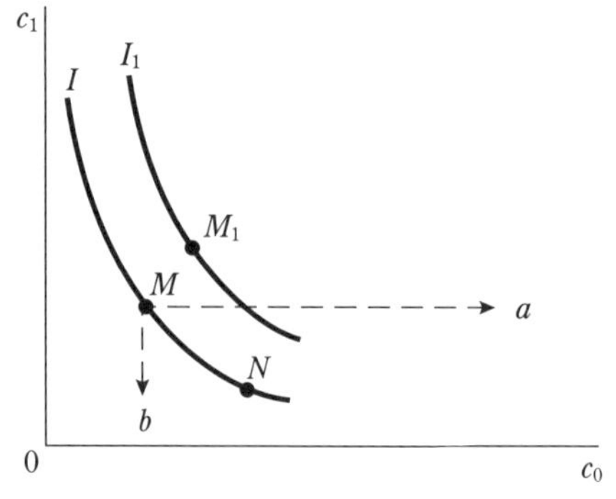

돈벌레의 오늘 소비의 감소가 내일 소비의 증가로 보상됨을 뜻한다. 무차별곡선이 또한 원점에 대해 볼록하게 나타나고 있는데, 이는 오늘 소비가 감소하면 할수록 일정한 만족수준을 유지하기 위해서는 더욱더 많은 내일 소비의 증가에 의해 보상되어야 한다는 가정을 반영한 것이다.

무차별지도의 또 다른 특징은 무차별곡선끼리는 서로 만날 수 없다는 점이다. 이는 무차별곡선 I와 I_1이 R에서 만나는 〈그림 2-3〉을 보면 알 수 있다. R과 R_1은 같은 무차별곡선 I에 있으므로, 돈벌레는 R_1과 R에 대해 동일한 만족을 느껴야 한다. 또한 R_2와 R이 동일한 무차별곡선 I_1에 있으므로, R_2와 R에 대해 무차별하다. 따라서 R_1과 R_2에 대해 돈벌레가 동일한 만족을 느껴야 하는데, 이는 돈벌레가 합리적이라는 가정을 위배한다. 왜냐하면, R_2가 R_1보다 더 많은 오늘과 내일의 돈 소비를 가져다 주기 때문이다.

돈벌레의 오늘 소비와 내일 소비의 최종적인 선택은 그의 기호에 달려 있다. 그는 자기만족 또는 경제적 용어로는 효용(utility)을 극대화하도록 하는 소비의 조합을 선택하려 한다. 〈그림 2-4〉에서는 a, b, d, e 그리고 f로 표시되는 소비조합의 기회집합 상에 무차별지도를 표시하

그림 2-3 **무차별곡선의 교차 불가능성**

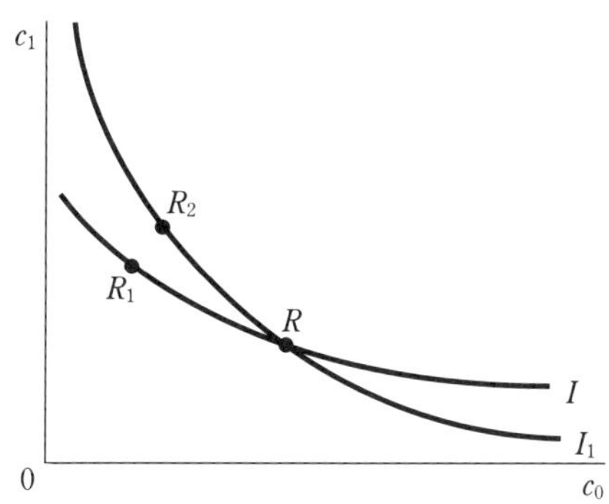

그림 2-4 돈벌레의 무차별곡선

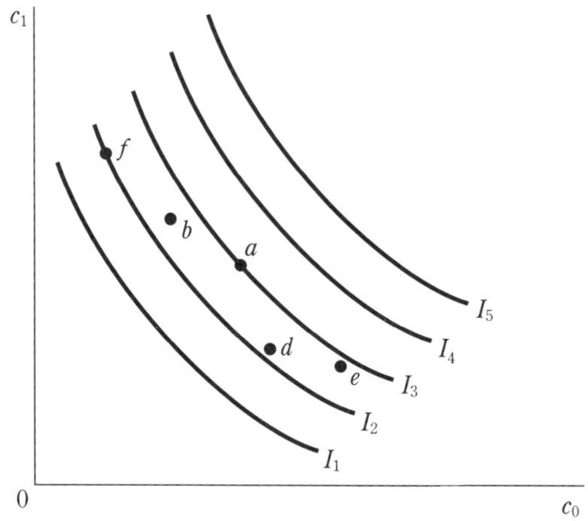

고 있다.

돈벌레는 무차별곡선 I_5에 도달할 수 있는 소비조합을 선호하겠지만, 그러한 소비조합은 달성할 수 없다. 주어진 기회집합에서 최선은 무차별곡선 I_3 상에 있는 a점을 택하는 것이다. 어떤 다른 선택도 그에게 보다 높은 효용을 가져다 주지 못하므로, a점으로 표시되는 소비조합이 그의 최적선택을 의미한다. 만약에 그가 f점을 택한다면, 그의 효용은 무차별곡선 I_2가 나타내는 낮은 수준으로 하락하게 될 것이다.

그러면, 모든 돈벌레들이 모두 a를 선택할 것인가? 그렇지는 않다. 무차별곡선의 모양은 돈벌레에 따라 다를 것이기 때문에, 어떤 돈벌레는 a점보다 f점에서 더욱 큰 만족을 얻을 것이다. 〈그림 2-5〉에 두 돈벌레들의 상이한 무차별곡선이 그려져 있다. I_A로 표시되는 기호를 갖는 돈벌레는 a를 선택하고 I_B를 갖는 돈벌레는 f를 택하게 됨을 이 그림에서 알 수 있다.

그림 2-5 돈벌레들의 상이한 무차별곡선

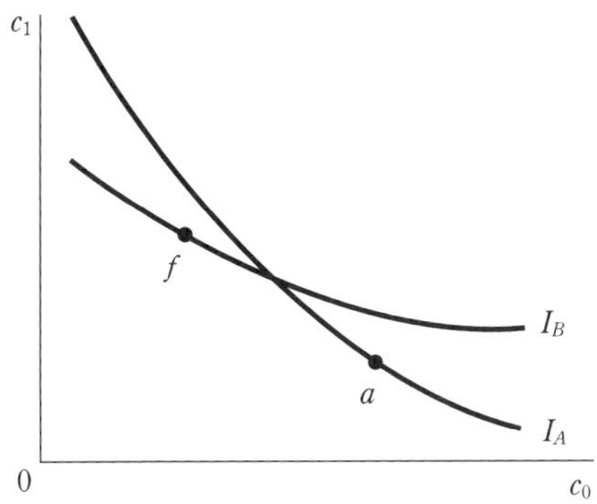

무차별곡선 I_A가 무차별곡선 I_B보다 가파른 모습을 하고 있음을 주목하라. 이는 오늘 소비가 한 단위 감소할 때 효용수준에 변함이 없으려면 돈벌레 A는 내일 소비가 한 단위보다 크게 증가하는 것을 보상으로 요구하고 있다는 것을 의미한다. 그 반면에, 돈벌레 B는 오늘 소비가 한 단위 감소할 때 내일 소비가 한 단위보다 작게 증가하는 것을 보상으로 요구한다

제 03 절 최적투자 – 소비결정

이제 투자기회곡선과 무차별지도의 개념을 결합하여 돈벌레의 최적투자 결정과정을 분석해 보자. 〈그림 2-6〉에서는 돈벌레의 투자기회곡선이 W_0d로 표시되고, 돈벌레의 무차별곡선들은 I_1과 I_2로 표시되고 있다. 이 그림에서 보면 c^*로 표시되는 (c_0^*, c_1^*)의 조합이 그로 하여금 달성 가능한 최고의 무차별곡선 I_2에 도달하게 하고 있다. 이는 투자기

그림 2-6 돈벌레의 최적투자-소비결정: 교환기회가 존재하지 않는 경우

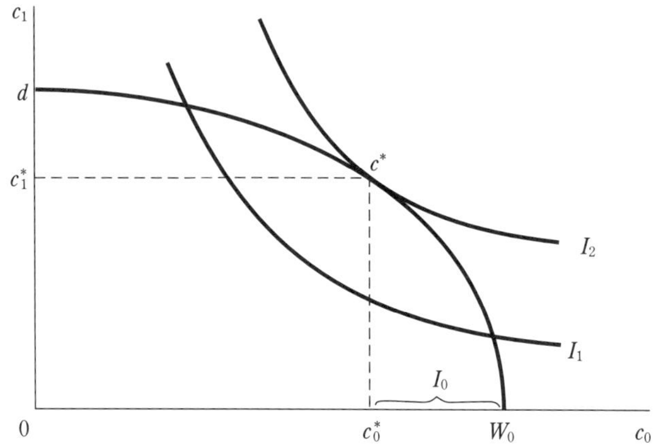

회곡선과 무차별곡선의 접점에서 이루어진다. 최적소비조합이 또한 최적투자결정을 나타낸다. 돈벌레는 오늘 c_0^*를 소비하고 $W_0 - c_0^* = I_0$를 투자함으로써 내일 c_1^*를 생산하여 소비할 수 있다.

상이한 무차별곡선을 갖는 돈벌레는 최초의 부존자원 W_0가 같고 투자기회곡선이 동일하더라도 상이한 투자-소비조합을 선택함을 알 수 있다. 이제 돈벌레들이 무위험이자율로 차입과 대여를 할 수 있을 때, 이러한 결론이 어떻게 변하는지 보기로 하자.

제 04 절 교환기회

오늘 c_0의 돈 소비와 내일 c_1의 돈 소비에 직면하고 있는 돈벌레를 생각해 보자. 그 돈벌레가 이자율 r로 차입하고 대여할 수 있다고 가정하면, 그는 오늘 $\frac{c_1}{(1+r)}$을 차입해서 오늘 소비를 $c_0 + \frac{c_1}{(1+r)}$로 늘릴

수 있다. 내일이 오면 그는 원리금 $\left[\frac{c_1}{(1+r)}\right](1+r)=c_1$을 상환해야 하며, 그의 내일 소비는 0이 될 것이다. 이 경우에 이 돈벌레의 소비조합의 현가는 $PV=c_0+\frac{c_1}{(1+r)}$로 주어진다. 이 식은 $c_1=PV(1+r)-c_0(1+r)$로 다시 쓸 수 있는데, 이 직선은 일정한 소비의 현가에 대하여 수없이 많은 소비조합이 존재함을 나타내고 있다. 이자율 r로 차입하고 대여함으로써 그 돈벌레는 자기가 원하는 곳으로 현가수준에 변함이 없이 이 직선을 따라 움직일 수 있다. 따라서 여러분은 이 직선에 자본시장선(capital market line)이라는 이름을 붙일 수 있다.

예를 들어, 돈벌레가 차입 및 대여이자율이 10%일 때 소비조합 $c_0=\$1$, $c_1=\$1.1$에 있다고 하자. 그의 소비현가는 $PV=1+1.1/1.1=\$2$이다. 〈그림 2-7〉의 PV_2가 이를 나타내고 있다. 그는 오늘 $1를 차입하여 내일 $1.1를 상환함으로써 $c_0=\$2$와 $c_1=0$으로 옮겨갈 수 있다. 또한 그는 오늘 $1를 대여하고 내일 $1.1를 회수함으로써 $c_0=0$와 $c_1=\$2.2$를 선택할 수 있다. 차입과 대여를 조절함으로써, 그는 PV_2로 표시되는 자본시장선의 어떤 점도 선택할 수 있다.

〈그림 2-7〉의 PV_1으로 표시된 직선으로 눈을 돌려 보자. 이 직선의 식은 $c_1=PV_1(1+r)-c_0(1+r)$이다. r이 상수이므로 이 직선의 절편은 $PV_1(1+r)$이고 기울기는 $-(1+r)$이 된다. 이 직선 상에 있는 현금흐름 (c_0, c_1)의 모든 조합은 동일한 현가를 갖는다. 이제 더 높은 현가, 예컨대, PV_2를 갖는 소비조합 (c_0, c_1)을 구해 보자. 이 경우에 여러분은 위 식에 PV_1 대신에 PV_2를 대입함으로써 $-(1+r)$의 같은 기울기와 더 높은 절편을 갖는 직선을 얻게 된다. 그러므로, 돈벌레가 더 높은 기초 소비조합을 가지면, 그는 PV_1보다 높은 자본시장선 PV_2를 따라서 이동할 수 있다. PV_2의 식은 $c_1=PV_2(1+r)-c_0(1+r)$이 된다. 여러 가지 PV값들을 고려함으로써, 여러분은 주어진 직선 상의 모든 소비조합이 동일한 현가를 나타내는 특성을 갖는 동일현가직선(iso-present value

그림 2-7 돈벌레의 현가직선

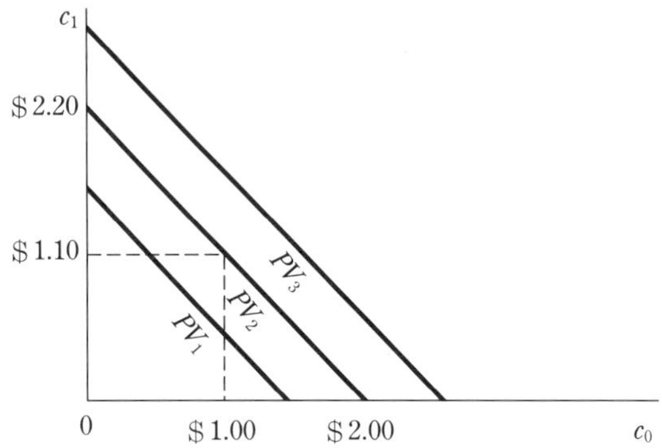

line)의 집합을 도출할 수 있다.

〈그림 2-7〉의 동일현가직선들의 집합을 살펴보자. 돈벌레는 어떤 현가직선에 도달하기를 원할 것인가? 물론, 그는 가장 높은 현가직선 PV_3를 원할 것이다. 그러나 현가직선들이 모두 달성 가능한 것은 아니다. 왜냐하면, 동일현가직선의 이용가능성은 돈벌레 자신의 부존자원 W_0와 이용 가능한 투자기회에 달려 있기 때문이다.

〈그림 2-8〉은 동일현가직선의 집합에 투자기회곡선을 나타내고 있다. 돈벌레의 부존자원은 c_0축 상에 W_0점으로 표시되고 있다. 그는 PV_4에 도달하고 싶어할 것이다. 그러나, 이 직선 상에 있는 (c_0, c_1)의 어느 조합도 달성 불가능한데, 그 이유는 이 직선이 투자기회곡선의 바깥쪽에 있기 때문이다. 그는 부존자원의 일부를 투자하여 투자기회곡선을 따라 a점으로 이동할 수 있다. 그러면, 그는 a점을 선택할 것인가?

돈벌레가 합리적이라면 그는 a점 대신에 c^*점을 택할 것이다. 왜냐하면, 그에게 이용 가능한 c^*점에서 현가가 a점에서보다 높기 때문이다. 투자기회와 부존자원이 주어졌을 때 c^*점으로 표시되는 (c_0^*, c_1^*)조

그림 2-8 돈벌레의 최적투자결정

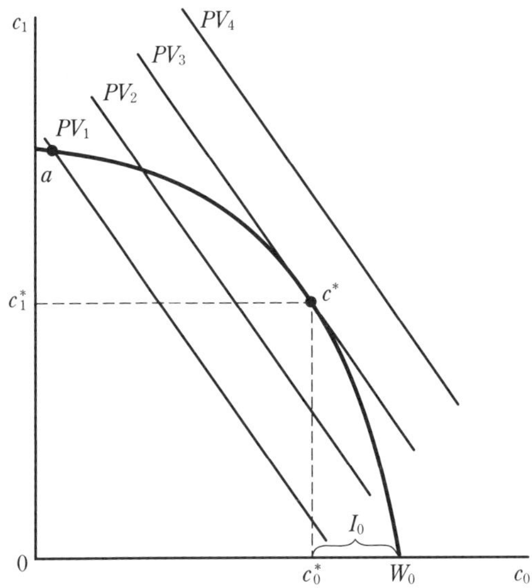

합과 이를 달성하기 위한 오늘의 투자지출 I_0가 현금흐름의 순현가를 극대화하는 의미에서 돈벌레의 최적선택이 된다.

이자율 r로 현금을 차입하고 대여할 수 있는 돈벌레는 필연적으로 c^*점으로 표시되는 소비조합을 선택할 것인가? 이 질문에 답하기 위해서는 돈벌레의 기호(무차별지도)가 고려되어야 하며, 나아가서 돈벌레는 물리적 투자기회인 생산기회뿐만 아니라 재무적 투자기회인 교환기회도 갖고 있다는 사실에 주목하여야 한다. 〈그림 2-9〉에서는 돈벌레의 투자기회곡선과 동일현가직선에 무차별곡선을 추가하고 있다.

돈벌레는 I_0를 투자하여 c^*점에 도달하는데, 이는 투자기회곡선과 현가직선 PV_3가 접하는 점이다. 그러나, c^*점을 통과하는 무차별곡선 I_1은 I_2 아래에 있는데, I_2는 교환기회가 주어지면 도달할 수 있음을 유

그림 2-9 돈벌레의 최적투자-소비결정(1): 교환기회가 존재하는 경우

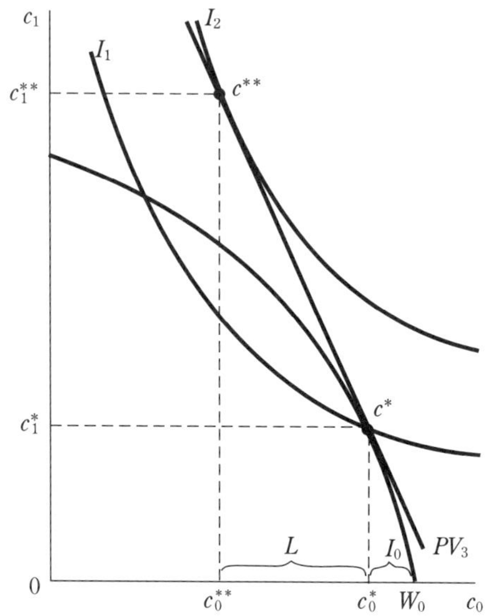

의하라. 돈벌레는 이자율 r로 L을 대여함으로써 만족수준을 높일 수 있다. 즉, 돈벌레는 무차별곡선 I_2와 현가직선 PV_3의 접점인 c^{**}점을 선택함으로써 c^*점에서보다 더 높은 만족을 얻을 수 있는 것이다.

만약에 c^{**}점이 c^*점의 오른쪽에 놓이면, 돈벌레는 〈그림 2-10〉처럼 B만큼 차입하여 현재소비를 늘릴 것이다. 〈그림 2-10〉에서 무차별곡선이 아주 가파른 모습을 하고 있는데, 이는 돈벌레가 내일의 돈 소비보다 오늘의 돈 소비에 더 높은 우선순위를 두고 있음을 의미한다. 그러나, 돈벌레는 그의 현재소비에 대한 선호에도 불구하고 우선 생산기회를 이용하여 I_0를 투자하여 c^*점에 도달한다. 그가 좋아하는 c^{**}점은 차입이라는 교환기회에 의해 달성된다.

마지막으로, 무차별곡선이 투자기회곡선과 c^*점에서 접한다면, 돈

그림 2-10 돈벌레의 최적투자-소비결정(2): 교환기회가 존재하는 경우

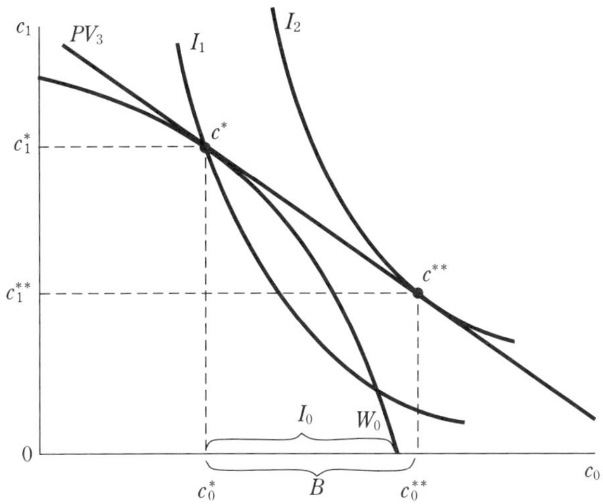

벌레는 차입도 대여도 하지 않으며, c^*점이 돈벌레의 효용을 최대로 하는 최적소비조합을 나타낸다.

결론적으로, 생산기회만을 고려할 때에는 c^*점이 최적이지만, 생산기회와 교환기회를 동시에 고려하면 c^{**}점이 최적이 되는 것이다.

제 05 절 투자결정과 소비결정의 분리

투자기회곡선의 기울기는 한계생산성비율, 즉 1달러 투자에 대한 한계수익률을 측정한다. 무차별곡선의 기울기는 현재소비와 미래소비 사이의 주관적 한계대체율(marginal rate of substitution)을 나타낸다. 한계대체율은 돈벌레가 1달러를 오늘 포기할 때, 돈벌레의 효용수준에 변함

이 없기 위해서 내일 보상되어야 할 금액이다. "주관적"이라고 부르는 것은 이 비율이 돈벌레마다 다르기 때문이다. 현가직선의 기울기는 돈의 가격, 즉 이자율을 측정한다.

투자기회곡선의 기울기와 자본시장선의 기울기를 일치시킴으로써 여러분은 최적투자를 구할 수 있다. 그리고, 무차별곡선의 기울기와 최적투자점을 통과하는 자본시장선의 기울기를 같게 놓음으로써 최적차입 · 대여금액, 즉 최적소비결정을 구할 수 있다.

여러분이 주목하여야 할 것은 c^*점으로 표시되는 최적투자결정이 무차별곡선의 기울기에 의존하지 않는다는 점이다. 돈벌레가 차입 혹은 대여를 통해서 그의 소비조합을 재배분하고 싶어하는지의 여부와 관계없이 투자결정은 동일하게 나타난다. 현재가치를 극대화하는 투자결정이 내려지기만 하면, 돈벌레는 차입 혹은 대여를 통해서 효용을 극대화할 수 있는 소비조합을 선택할 수 있는 것이다.

투자결정과 소비결정의 독립성을 여러분은 "분리정리(separation theorem)"라고 부를 수 있으며, 이는 현대재무이론의 심장부[2)]를 형성하고 있다.

제 06 절 최적투자 및 소비의 결정

최초의 부존자원이 $W_0=\$16{,}000$이고 효용함수가 $u(c_0,\ c_1)=c_0 \cdot c_1$이며, 투자기회곡선이 $c_1=240(16{,}000-c_0)^{\frac{1}{2}}$이고, 차입 및 대여 이자율이 $r=20\%$라고 하자. 투자기회곡선과 자본시장선은 〈그림 2-11〉에 나타나 있다.

2) Eichberger-Harper(1997), pp. 145~158을 참조할 것. 그들은 분리정리와 기업의 소유와 경영의 분리에 대해 상세히 논의하고 있다.

그림 2-11 돈벌레의 최적소비결정과정: 예제

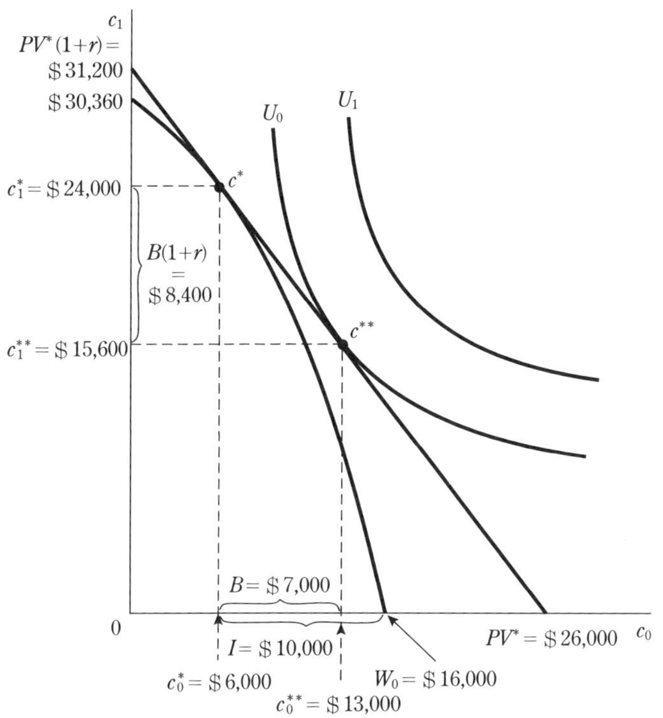

돈벌레가 오늘 돈을 다 소비하면($c_0=\$16,000$), 내일 한푼도 남지 않을($c_1=0$) 것이다. 반면에, 그가 오늘 한푼도 소비하지 않고 ($c_0=0$), \$16,000을 모두 투자하면, 그는 내일 $c_1=240(16,000)^{\frac{1}{2}}=240\times126.5=$ \$30,360을 받을 것이다. 따라서 투자기회곡선은 c_0축의 $c_0^{\max}=W_0=$ \$16,000에서 c_1축의 $c_1^{\max}=\$30,360$로 이어질 것이다.

제1단계 최적투자결정을 구하기 위해 투자기회곡선을 미분하여

$$\frac{dc_1}{dc_0}=-\frac{120}{(16,000-c_0)^{\frac{1}{2}}}$$

그 기울기를 자본시장선의 기울기와 같게 놓으라.

$$-\frac{120}{(16{,}000-c_0)^{\frac{1}{2}}}=-1.20$$

c_0에 대해 풀면, 여러분은 $c_0^*=\$6{,}000$을 구할 수 있다. 이를 투자기회곡선에 대입하면

$$\begin{aligned} c_0^* &= 240\times(10{,}000)^{\frac{1}{2}} \\ &= \$24{,}000 \end{aligned}$$

을 얻을 수 있다.

최초의 부존자원 $W_0=\$16{,}000$ 중에서 $c_0^*=\$6{,}000$을 소비함으로써, 돈벌레는 $I^*=W0-c_0^*=\$10{,}000$을 투자한다. 이 투자는 내일 \$24,000의 수익을 가져다 준다. 이 결과를 얻기 위해 여러분은 돈벌레의 효용을 고려하지 않았으며, 오직 모든 돈벌레에게 이용 가능한 투자기회와 자본시장선에 관한 정보를 사용하였다. 따라서 모든 돈벌레들이 20%의 이자율로 차입 · 대여기회에 직면할 때에는 $I^*=\$10{,}000$가 모든 돈벌레들에게 최적이다.

제 2 단계 돈벌레의 최적소비결정을 구하기 위해서 여러분은 자본시장선과 무차별곡선의 접점을 찾아야 한다.

먼저, (c_0^*, c_1^*)을 통과하는 자본시장선의 식을 구하라. 자본시장선의 식은 $c_1=PV^*(1+r)-c_0(1+r)$, 여기에서 PV^*는 (c_0^*, c_1^*)의 현가이다.

그러므로,

$$\begin{aligned} &PV^*(1+r)=c_0^*(1+r)+c_1^* \\ &c_0^*=\$6{,}000 \\ &c_1^*=\$24{,}000 \end{aligned}$$

$1+r=1.2$를 대입하면

$$c_1 = 31{,}200 - 1.2c_0$$

을 얻는다.

이제 효용함수의 전미분을 구하면, 음함수의 정리(implicit function theorem)에 의하여

$$\begin{aligned} du &= \frac{\partial u}{\partial c_0}dc_0 + \frac{\partial u}{\partial c_1}dc_1 \\ &= c_1 dc_0 + c_0 dc_1 \\ &= 0 \end{aligned}$$

무차별곡선의 기울기는

$$\frac{dc_1}{dc_0} = -\frac{c_1}{c_0}$$

이므로, 이를 자본시장선의 기울기와 일치시키면

$$-\frac{c_1}{c_0} = -1.20$$

접선은 자본시장선 상에 있으므로 c_1 대신에 $31{,}200-1.2c_0$를 대입하면,

$$\frac{31{,}200 - 1.2c_0}{c_0} = 1.2$$

이를 풀면,

$$c_0^{**} = 13{,}000$$
$$c_1^{**} = 15{,}600$$

두 개의 별표시는 투자기회와 교환기회를 동시에 고려했을 때 돈벌레의 최적소비조합이라는 뜻을 함축하고 있음을 주목하라.

$I^*=\$10{,}000$는 현재 $c_0^*=\$6{,}000$을 남겨 놓으므로, 돈벌레는 \$7,000을 차입하여야 할 것이다.

$$\begin{aligned} B &= c_0^{**} - c_0^* \\ &= \$13{,}000 - \$6{,}000 \\ &= \$7{,}000 \end{aligned}$$

그는 내일

$$\begin{aligned} &B(1+r) \\ &= \$7{,}000 \times 1.2 \\ &= \$8{,}400 \end{aligned}$$

을 상환하여야 하므로, 그의 미래소비는

$$\begin{aligned} c_1^{**} &= c_1^* - B(1+r) \\ &= \$24{,}000 - \$8{,}400 \\ &= \$15{,}600 \end{aligned}$$

이 될 것이다.

주·요·용·어

- 생산기회(production opportunity)와 교환기회(exchange opportunity)
- 투자기회곡선(investment opportunity curve)
- 무차별곡선(indifference curve)과 무차별지도(indifference map)
- 최적투자-소비결정(optimal investment-consumption decision)
- 자본시장선(capital market line)
- 동일현가직선(iso-present value line)
- 투자결정과 소비결정의 분리정리(separation theorem)

연·습·문·제

1 주식회사 조선은 다음과 같은 독립적인 투자안들을 고려하고 있다.

투자안	금년의 투자지출 소요액($)	내년의 순현금 수입액($)
A	750,000	900,000
B	400,000	420,000
C	200,000	260,000
D	300,000	330,000
E	250,000	400,000
F	100,000	140,000

이 회사의 최초의 부존자원은 200만 달러이다.

(a) 이 회사의 투자기회곡선을 도시하시오.

(b) 이 회사가 금년에 35만 달러를 소비하면 내년에는 얼마를 소비할 수 있는지 계산하고 도시하시오.

2 최초의 부존자원으로 $2,500를 받은 철수는 다음과 같은 독립적인 투자안들을 고려하고 있다.

투자안	금년의 투자지출 소요액($)	내년의 순현금 수입액($)
A	200	260
B	300	450
C	100	175
D	500	525
E	200	310
F	100	110
G	200	250
H	300	300
I	400	460
J	200	360

철수의 무차별곡선은 다음과 같이 정의된다. 즉, 금년의 소비가 1단위 감소하면 내년의 소비 1.35단위를 보상으로 요구한다. 돈을 차입하거나 대여하는 기회는 존재하지 않는다.

(a) 철수의 투자기회곡선을 도시하시오.

(b) 철수는 금년에 얼마를 투자할 것인가?

(c) 철수의 최적소비조합을 구하시오.

(d) 철수는 금년에 $1,300을 소비하는 것이 가능한가? 설명하시오.

3 최초의 부존자원으로 $32,000을 상속받은 영희는 다음과 같은 투자기회곡선에 직면하고 있다.

$$c_1 = 36(32{,}000 - c_0)^{\frac{1}{2}}$$

여기에서 c_0는 현재의 소비, c_1은 미래의 소비를 나타낸다. 차입 및 대여이자율은 20%이다. 영희의 효용함수는 다음과 같이 정의된다.

$$u(c_0,\ c_1) = -12c_0^2 + 10c_0c_1$$

(a) 영희는 얼마를 생산활동에 투자하겠는가?
(b) 영희가 선택한 투자의 순현가를 구하시오.
(c) 영희의 현재와 미래의 소비의 현재가치를 구하시오.
(d) 영희는 자본시장에서 차입하는가, 아니면 대여하는가?
(e) 영희의 현재와 미래의 최적소비조합을 구하고 도시하시오.

4 (1) (금년의 소비 $2,200, 내년의 소비 $2,500)와 (금년의 소비 $2,600, 내년의 소비 $2,000)에 대해 나는 무차별하게 느낀다.
(2) (금년의 소비 $2,800, 내년의 소비 $2,100)는 나에게 (금년의 소비 $2,200, 내년의 소비 $2,500)와 동일한 만족을 준다.
(a) (1)과 (2)가 동일한 사람이 말한 내용인지 설명하시오.
(b) (1)과 (2)가 서로 다른 사람에 의하여 언급되었을 가능성이 존재하는가? 설명하시오.

5 오늘과 내일의 투자기회곡선이 다음과 같은 식으로 주어져 있다.

$$c_1 = 300(12{,}000 - c_0)^{\frac{1}{2}}$$

여기에서 c_0=오늘의 소비, c_1=내일의 소비를 나타낸다.
이 투자자의 최초부존자원은 W_0=$12,000로 주어져 있다.
(a) 투자기회곡선을 $(c_0,\ c_1)$평면에 도시하시오.

(b) 오늘 소비의 최대금액은 얼마인가?

(c) 오늘 이루어질 수 있는 투자의 최대금액은 얼마인가?

(d) $12,000 중에서 $4,900이 투자된다고 하자. 이 투자자의 오늘과 내일의 소비 c_0와 c_1은 얼마인가?

6 "미래소비에 대해 관심을 두지 않는 소비자는 생산기회에 투자할 필요가 없다"라는 문장을 투자결정과 소비결정의 분리정리를 인용하여 논평하시오.

세 번째 여행

불확실성 측정의 도구

두 번째 여행에서 가정된 확실성의 세계는 허구이며, 불확실성을 가정한 투자결정이 보다 현실적이라고 할 수 있다. 세 번째 여행에서는 불확실성 하의 투자결정을 이해하는 데 필수적인 개념이라 할 수 있는 확률(probability)과 확률변수(random variable)에 대해 소개한다.[1)]

제 01 절 확 률

세 가지 공준들(axioms)로부터 확률의 수학적 구조를 완벽하게 개발할 수 있다. 이 공준들이 재무적 의사결정의 관점에서 합리적으로 받아들여진다면, 이 공준들을 논리적으로 연장한 확률이론(probability theory)이 불확실성 하의 투자결정에 적용될 수 있다.

주어진 사건들(events)의 집합이 존재하는 상황에서 공준들이 개발된다. 사건은 어떤 행동(action)으로부터 일어날 수 있는 가능한 결과

1) Haley-Schall(1979)의 제 4 장에 의거하였다. 확률이론의 입문서로는 Ross(1994)가 추천할 만하다고 사료된다.

(outcome)이거나 혹은 세상의 한 특성(characteristic)이 될 수 있다. 예를 들면, 주사위를 던지는 것은 행동이며, 이 경우에 사건은 주사위의 윗면에 나오는 점들로 정의될 수 있으며, 이 경우에 사건은 여섯 가지가 된다. 세상의 특성은 내년의 한국경제의 상태가 될 수 있을 것이다. 예컨대, 한국경제의 상태를 호황과 불황의 두 가지 사건으로 나타낼 수 있을 것이다. 내년의 한국의 국민총생산의 수치를 상이한 사건으로 볼 수도 있다. 또 다른 예를 들면, 삼성전자의 1년 후의 주가의 가능한 수치가 사건이다.

제 1 공준에 의하면, 모든 가능한 사건에는 그 사건의 상대적 발생도를 나타내는 0보다 작지 않은 숫자를 할당할 수 있다. 예를 들면, 삼성전자의 1년 후의 주가와 관련해서 한 숫자가 대응되어야 하며, 이 숫자는 주가가 발생할 가능성을 나타내야 한다는 것이다.

제 2 공준에서는 두 개의 상호배타적 사건들(mutually exclusive events) 중 어느 한 사건이 발생할 가능성은 두 사건 각각의 발생가능성의 합이라고 규정된다. "상호배타적"의 의미는 한 사건이 발생하면, 다른 사건은 발생할 수 없다는 것이다. 예를 들면, 어느 특정 시점에서 주가는 상호배타적이다. 왜냐하면, 어느 시점에서 주가는 단 하나의 값을 가져야지, 동시에 2개 이상 여러 값을 가질 수 없기 때문이다.

제 3 공준에 의하면, 모든 가능한 상호배타적인 사건들의 발생 가능성의 합은 1이다. 이 공준에서는 발생가능성이 상황과 무관하게 일관성 있게 측정되도록 요구된다.

제 1 공준과 제 3 공준은 모든 발생가능성이 0과 1 사이의 숫자가 되도록 측정되어야 함을 요구한다. 세 가지 공준이 모두 만족될 때, 발생가능성을 나타내는 숫자가 확률(probability)로 일컬어질 수 있는 것이다. 이제, 문제는 과연 이러한 공준들이 불확실성 하의 재무적 의사결정의 맥락에서 합리적인가의 여부인 것이다.

제 3 공준은 그 주요 목적이 일관성 있는 눈금을 확보하는 것이므로 아무런 문제를 유발하지 않는다. 사용된 눈금은 상대적 빈도로서의 확률의 개념과 일관성을 갖는다. 제 3 공준이 없다면, 발생가능성을 임의적으로 0부터 10까지 혹은 1부터 100까지로 측정하지 말아야 할 특별한 이유가 없다. 그러나, 발생가능성을 0과 1 사이의 확률로 측정하면 매우 편리하며, 제 1 공준과 제 2 공준이 성립한다는 전제 하에 확률이론을 불확실성 하의 의사결정에 적용할 수 있다.

제 2 공준에는 특별한 문제가 없다. 이 공준은 발생가능성의 가법관계를 부과하는데, 이는 매우 합리적으로 보인다. 예를 들면, 일기예보에서 내일 서울지역에 비가 올 가능성이 60%이고 눈이 올 가능성이 20%라고 한다면, 내일 서울지역에서 비가 오거나 눈이 내릴 가능성이 80%라고 말하는 것은 매우 적절하고 논리적이다 할 것이다. 마찬가지로, 동전을 던질 때 앞면이 나올 가능성이 0.5이고 뒷면이 나올 가능성이 0.5라면, 앞면이나 뒷면이 나올 가능성은 1.0이 아니고 무엇이겠는가?

제 1 공준은 발생가능성에 대한 평가를 요구하며, 따라서 가장 중요한 공준이다. 대부분의 재무적 의사결정문제에서는 발생가능성은 기껏해야 한 개인이 미래사건의 발생에 대해 갖는 신뢰도(degree of belief)를 숫자로 표시한 것에 다름 아니다. 따라서 이는 매우 주관적인 것으로 보여진다. 하지만 어떤 주어진 상황에서 미래사건에 대한 한 개인의 견해는 타인들과 상의될 수 있다. 발생가능성을 논의하는 위원회를 생각할 수 있다. 그는 또한 추가적인 객관적 정보를 수집할 수 있고 전문가에게 문제의 다양한 측면에 대한 견해를 문의할 수도 있다. 발생가능성을 눈금으로 매기는 것의 한가지 장점은 이것이 의사소통을 도와주는 균일적 측정을 가능하게 한다는 것이다.

우리 모두는 미래사건의 발생가능성에 대한 판단을 근거로 의사결정을 내린다. 제 1 공준에서 제 3 공준까지의 공준들은 이러한 판단을 신중하고 일관성 있게 측정하는 것이 때로는 유용하다는 것을 시사하고 있다. 물론, 여러분은 비가 올 가능성을 귀찮게 수치화하지 않고서도, 우산을 들고 갈 것인가의 여부에 대하여 의사결정을 내릴 수 있다. 그러나 문제가 100억 원짜리 공장을 설립할 것인지를 결정하는 것인 경우에는 사정이 달라진다. 또한 여러분이 수많은 개인투자자의 평균적인 행위를 묘사할 때에는 그 개인들이 훨씬 더 비공식적으로 의사결정을 내린다는 것을 알고 있는 경우에도 상황을 확률에 의해서 분석하는 것이 매우 도움이 된다. 세 가지 공준이 의미하는 것은 단지 미래사건의 발생가능성에 대한 개인의 판단에 의거해서 의사결정이 내려진다는 것이다.

세 가지 공준은 각 사건이 고유한 확률을 갖는 상황에 모두 적용된다는 사실을 명심하라. 즉, 각 사건에 일정한 확률이 할당되면, 모든 사건들에 대한 확률의 집합은 세 가지 공준을 모두 만족하여야만 한다. 이것이 모든 사람이 어떤 사건 혹은 모든 사건들의 확률에 의견의 일치를 보여야 한다는 것을 의미하는 것은 아니다. 정녕, 현실세계에서는 의견의 불일치가 특징이다. 사람들은 각자 사건의 발생가능성에 대해 스스로 평가를 내린다. 그러나, 발생가능성에 대한 한 개인의 평가가 확률이론과 일관성을 가지려면, 이 평가는 세 가지 공준을 모두 만족하여야 할 것이다.

이제부터 확률할당은 주어진 것으로 가정된다. 즉, 여러분이 삼성전자 주가가 어떤 특정한 값이나 값들의 범위를 가질 확률에 관하여 일정한 판단을 하고 있다고 가정된다. 이는 여러분이 한 의사결정자의 눈을 통해서 혹은 미래사건의 확률에 대해서 의견의 일치를 보이고 있는 많은 의사결정자들의 눈을 통해서 상황을 보고 있다는 것을 뜻한다.

제 02 절 확률변수와 확률분포

확률변수(random variable)는 미국 프로야구에서 활약하고 있는 추신수 선수가 한 시즌에서 치게 될 홈런의 갯수처럼 그 값이 불확실한 변수를 가리킨다. 여러분은 물결무늬 표시(tilde)를 하여 확률변수를 나타내라. 그러나, 전후관계가 분명하면 이를 생략할 수 있다. 확률변수 $\widetilde{X}$ 가 취할 수 있는 값들은 확률분포(probability distribution) $p(\widetilde{X})$로 묘사된다고 가정된다. 확률분포는 세 가지 기본공준에 따라 $\widetilde{X}$값에 확률을 할당하는 함수이다. 예를 들면, $\widetilde{X}$가 1년 후의 서울은행의 주가라면, $p(\widetilde{X})$는 다음과 같이 표시될 수 있다. 확률의 합이 1.0인데, 이는 여러분이 모든 가능한 $\widetilde{X}$값을 고려했음을 의미한다.

$\widetilde{X}$(단위: 원)	$p(\widetilde{X})$
6,000	0.1
5,000	0.2
4,000	0.4
3,000	0.2
2,000	0.1

주가는 4,500원이 될 수 없다고 가정하고 있음을 주목하라. 위의 표에서 5,000원은 4,500원과 5,500원 사이를 의미하는 것으로 변수를 단순화하는 것이 때로는 편리하다. 위의 보기처럼 확률변수가 특정한 몇 가지 값들을 가질 때 여러분은 이를 이산적 확률변수(discrete random variable)라고 부를 수 있다. 일정한 범위의 모든 가능한 값들을 가지는 확률변수는 연속적 확률변수(continuous random variable)라고 불린다. 대부분의 재무변수는 본질적으로 연속적 확률변수이지만, 연속적

확률변수의 모든 가능한 값들에 대해 확률을 추정하는 일은 상상하기 어렵다. 왜냐하면, 이러한 절차는 지극히 비실용적일 것이기 때문이다.

이러한 문제에 대해서는 세 가지 해법이 있는데, 각각 상황에 따라 적합성이 달라진다. 첫째 해법은 연속적 확률변수를 이산적 확률변수로 근사치를 구하는 방법이다. 특정한 값을 가질 확률을 생각하는 대신에 특정범위에 속하는 확률을 구하는 것이다. 이 방법을 이용하면 여러분은 서울은행의 주가가 4,500원과 5,500원 사이에 놓이게 될 확률을 결정할 수 있다. 그 확률이 0.2라고 하자. 5,000원이 중간점이므로 위의 표처럼 5,000원에 대하여 0.2의 확률을 부여할 수 있다. 이러한 형태의 분포는 〈그림 3-1〉과 같이 표시될 수 있다.

둘째 해법은 $p(\widetilde{X})$를 연속적 함수로 정의하는 것이다. 이 경우에 통상적인 절차는 그 분포에 가장 적합하게 보이는 함수를 선택하는 것이다. 고유한 함수를 정의하는 것도 대안이 될 수 있으나, 이는 수학적 소양을 필요로 한다. 여러 학문분야에서 널리 이용되는 연속적 확률분포는 종모양의 곡선으로 표시되는 정규분포(normal distribution)이다. 이

그림 3-1 이산적 확률분포

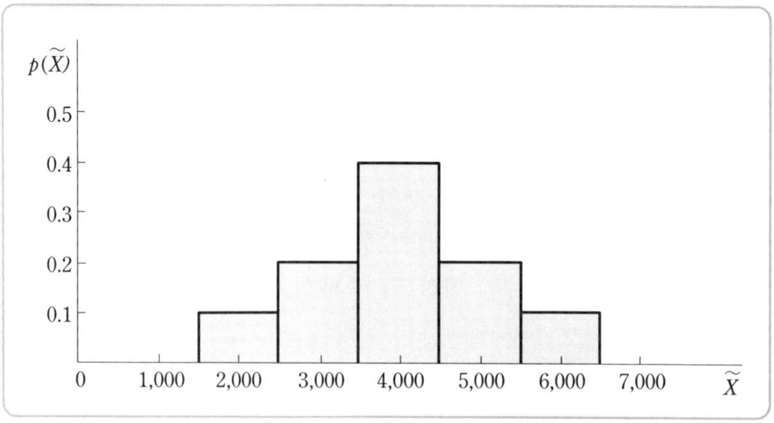

분포는 많은 형태의 빈도자료를 아주 잘 묘사하고 있는 것으로 판명되었으며, 편리한 수학적 특성[2]을 갖는 장점을 보유하고 있다. 정규분포의 그림이 〈그림 3-2〉에 표시되어 있으니, 참조하기 바란다.

세 번째 해법은 문제를 회피하는 방법으로, 진정한 해법이라고 보기 곤란하다. 확률분포의 정밀한 형태에 관심을 갖지 말고, 관심의 대상이 되는 확률분포가 일정한 형태의 분포를 갖는다고 가정하여, 분포의 특성을 일반적으로 나타내는 몇 가지 요약측정치(예를 들면, 평균과 분산)에 집중시키는 것이다. 다음 절에서는 이러한 측정치를 개발하기로 한다. 다행스럽게도 여러분은 많은 경우에 이 해법으로 충분하다는 것을 알게 될 것이다.

이 장에서 다루는 보기와 공식은 이산적 확률분포를 이용할 것이다. 모든 결과가 연속적 확률분포에도 똑같이 적용될 수 있다. 이산적 확률분포를 이용하는 이유는 오로지 이산적 확률분포와 달리 연속적 확

그림 3-2 연속적 확률분포로서의 정규분포

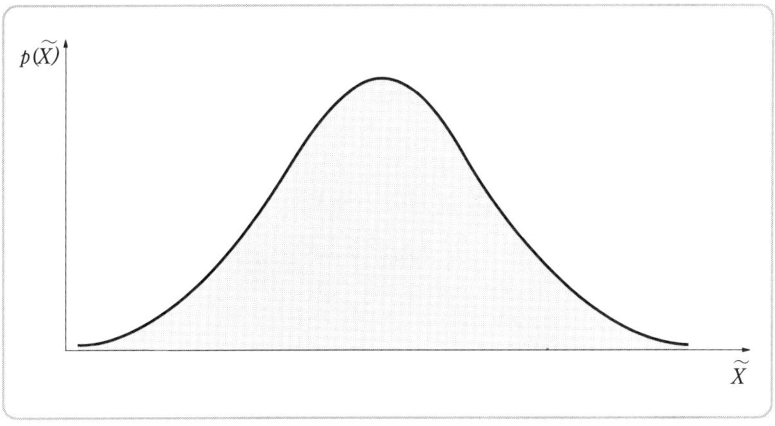

---

2) 정규분포를 따르는 확률변수들의 선형결합(linear combination)도 정규분포를 따른다. 따라서, 개별주식의 수익률이 정규분포를 따르면, 개별주식으로 구성된 포트폴리오의 수익률도 정규분포를 따르게 된다.

률분포의 경우에는 요약측정치를 계산하는 데 미적분이 필요하여 번거롭기 때문이다.

제 03 절 기대치와 적률

확률변수의 확률분포에서 가장 많이 이용되면서 동시에 가장 중요한 특성은 평균(mean) 또는 기대치(expected value)이다. 평균은 분포의 중심화 경향(central tendancy)을 나타내는 측정치이며, 확률변수의 평균치의 개념과 관련되어 있다. 평균은 확률변수의 가능한 값에 그 확률을 곱해서 합하여 줌으로써 계산된다.

$$\bar{X} = E(\widetilde{X}) = \sum X_i \cdot p(X_i), \quad \sum p(X_i) = 1 \tag{3-1}$$

평균 또는 기대치는 산술평균과 달리 확률가중평균이며, 또한 확률변수가 아니라 상수임을 유의하라.

수학적 기대치의 개념은 확률변수의 함수(예컨대 $u(\widetilde{X}) = a + b\widetilde{X}$)를 포괄하도록 일반화될 수 있다.

$u(\widetilde{X})$의 기대치는 $E[u(\widetilde{X})]$로 표기하며,

$$\begin{aligned}\sum u(X_i) \cdot p(X_i) &= \sum (a + bX_i) \cdot p(X_i) \\ &= a \sum p(X_i) + b \sum X_i \cdot p(X_i)\end{aligned}$$

로 계산할 수 있다. 여기에서 a와 b는 상수이므로

$$E(a + b\widetilde{X}) = a + b \cdot E(\widetilde{X})$$

가 성립한다.

기대치는 다음과 같은 유용한 성질을 갖는다.

첫째, 상수의 기대치는 상수 그 자신이 된다.

$$E(a) = a$$

둘째, 확률변수에 상수를 곱한 것의 기대치는 확률변수의 기대치에 상수를 곱한 것과 같다.

$$E(b \cdot \widetilde{X}) = b \cdot E(\widetilde{X})$$

셋째, 확률변수의 합의 기대치는 확률변수의 기대치의 합과 같다.

$$E(\widetilde{X} + Y) = E(\widetilde{X}) + E(\widetilde{Y})$$

위의 성질들은 매우 복잡하게 보일 것이나, 다음 보기처럼 아주 단순한 것이다. 여러분이 삼성전자 주식 1주와 한국통신 주식 1주를 보유하고 있다고 가정하라. 기대치의 셋째 성질에 의하면, 지금부터 1년 후의 여러분의 주식 2주 가치의 기대치는 삼성전자 주식 1주 가치의 기대치와 한국통신 주식 1주 가치의 기대치의 합과 같다. 기대치의 둘째 성질은 여러분이 삼성전자 주식 100주를 보유하고 있으면, 여러분의 주식보유액의 기대치는 삼성전자 주식 1주 가치 기대치의 100배임을 의미한다. 첫째 성질은 여러분이 현재 만원을 갖고 있으면, 여러분의 수중에 있는 현금의 기대치는 만원이라는 것을 의미한다.

불확실성 하의 재무의사결정의 많은 부분이 기대치의 개념에 바탕을 두기 때문에, 여러분은 반드시 기대치의 개념을 명확히 이해하여야 한다. 기대치에는 다음의 두 가지 개념이 내재되어 있다. 하나는 특정 확률변수의 기대치이며, 다른 하나는 그 값을 초래하는 수학적 연산이다. 여러분이 $\bar{X}$라고 표기할 때에는 여러분은 $\widetilde{X}$의 평균인 숫자를 가리킨다고 생각하면 된다. $E(\widetilde{X})$라는 표기는 여러분이 확률변수 $\widetilde{X}$의 기대치를 취한다는 사실에 주의를 환기시키고 있다고 생각하라.

다음으로, 확률변수 $\widetilde{X}$의 j제곱의 기대치, 즉 $E(\widetilde{X}^j)$를 생각해 보자. 이 기대치는 $\widetilde{X}$의 j차 적률(moment)이라고 불린다. j가 1이면, 이는 기대치가 된다. 확률분포의 적률은 분포의 특성을 묘사하는 데 있어 아주 유용한 도구가 된다. 보다 엄밀하게 말해서, 분포의 평균에 관한 적률 혹은 중심적률(central moment), 즉 $E[(\widetilde{X}-\bar{X})^j]$이 보다 유용하다.

$E[(\widetilde{X}-\bar{X})]=E(\widetilde{X})-E(\bar{X})=X-\bar{X}=0$이므로, 제 1차 중심적률은 0이 된다. 확률분포가 주어졌을 때, 평균 $\bar{X}$는 특정한 숫자이지 확률변수가 아님을 명심하라. 제 2차 중심적률은 분산(variance)으로 불리는데, 다음과 같이 정의된다.

$$
\begin{aligned}
\mathrm{Var}(\widetilde{X}) &= E[(\widetilde{X}-\bar{X})^2] = E(\widetilde{X}^2-2\widetilde{X}\bar{X}+\bar{X}^2) \\
&= E(\widetilde{X}^2)-2\bar{X}E(\widetilde{X})+\bar{X}^2 \\
&= E(\widetilde{X}^2)-\bar{X}^2 \qquad (3\text{–}2)
\end{aligned}
$$

분산의 양의 제곱근을 표준편차(standard deviation)라고 부르는데, 보통 σ로 표기한다. 분산이나 표준편차 모두 확률변수의 변동성을 측정하는 척도이다. 그런데, 왜 귀찮게 표준편차를 또 계산하는가? 이에 대한 대답은 간단하다. 분산은 제 2 차 중심적률이므로 기대치의 단위의 제곱이 분산의 단위가 된다. 예컨대, 기대치의 단위가 원이라면 분산의 단위는 원의 제곱이 되어 기대치의 단위와 일치하지 않는다. 이러한 기술적인 문제를 해결하기 위해 고안된 것이 표준편차라고 생각하면 된다.

〈그림 3–3〉에서 A분포는 B분포보다 덜 분산되어 있으므로 A의 분산이나 표준편차가 B의 분산이나 표준편차보다 작다. 두 분포의 기대치 혹은 평균은 같다. 분산이나 표준편차는 음의 값을 가질 수 없음을 유의하라. 확률변수가 상수일 때에만 분산이 0이고 그 외에는 양의 값을 갖는다. 이제 여러분은 분산이나 표준편차가 확률변수 $\widetilde{X}$와 관련된 불확실성의 정도를 나타내는 자연스러운 측정치임을 깨닫게 되었을 것

그림 3-3 평균이 같고 분산이 다른 두 분포

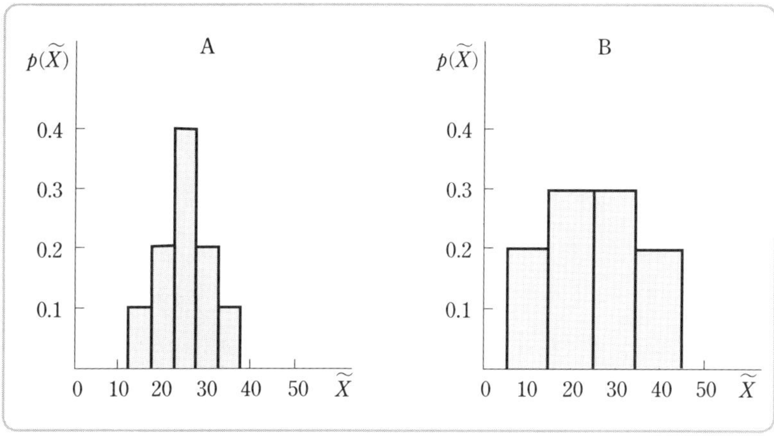

이다.

평균, 분산 그리고 표준편차는 위의 보기처럼 이산적 확률분포가 주어지면 쉽게 계산될 수 있다. 〈그림 3-3〉의 A와 B의 분포에 대하여 평균, 분산 그리고 표준편차를 구해 보자.

A와 B는 평균이 25로서 똑같다. A의 분산은 $655-25^2=30$이고, B의 분산은 $730-25^2=105$이다.

A의 표준편차는 5.48이고 B의 표준편차는 10.25이다. B의 변동성

A					B				
X_i	$p(X_i)$	X_i^2	$X_i p(X_i)$	$X_i^2 p(X_i)$	X_i	$p(X_i)$	X_i^2	$X_i p(X_i)$	$X_i^2 p(X_i)$
15	0.1	225	1.5	22.5	10	0.2	100	2	20
20	0.2	400	4	80	20	0.3	400	6	120
25	0.4	625	10	250	30	0.3	900	9	270
30	0.2	900	6	180	40	0.2	1,600	8	320
35	0.1	1,225	3.5	122.5				$\Sigma=25$	730
			$\Sigma=25$	655					

이 A의 변동성보다 높다는 사실을 숫자로서 다시 확인할 수 있다.

분산이나 표준편차는 다음과 같은 수학적 성질을 갖는다.

$$\mathrm{Var}(a\widetilde{X}) = a^2\mathrm{Var}(\widetilde{X}) \tag{3-3}$$

$$\sigma_{aX} = a\sigma_X \tag{3-3a}$$

분산, 즉 제2차 중심적률은 기대치의 일종이므로 위의 성질이 성립함을 여러분이 증명할 수 있을 것이다. 위의 성질의 유용성을 보기를 들어 설명해 보자. 여러분이 삼성전자 주식 100주를 현재 매입하여 1년간 보유한다고 가정하자. 그러면, 1년 후의 삼성전자 주식 100주의 가치의 분산은 삼성전자 주식 1주의 가치의 분산의 100^2배가 됨을 알 수 있으리라.

제3차 중심적률은 분포의 왜도(skewness)의 측정치이다. 이는 분포의 대칭도(degree of symmetry)를 재며, 비대칭이 존재하는 경우에 그 방향을 지적해 준다. 〈그림 3-3〉에 있는 A와 B는 평균에 대하여 대칭이므로, $\widetilde{X}=\bar{X}+\Delta$의 확률은 $\widetilde{X}=X-\Delta$의 확률과 모든 Δ에 대해서 같다.

그림 3-4 왜도가 다른 두 분포

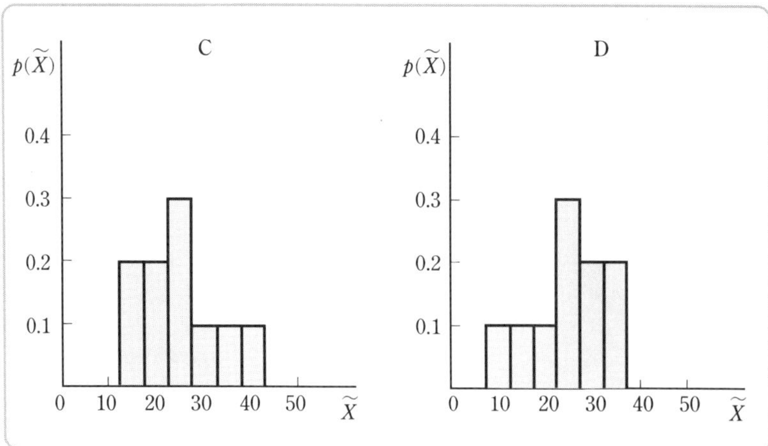

따라서, A와 B의 제 3차 중심적률은 0이다. 물론 평균에 대해 대칭인 분포는 모두 제 3차 중심적률이 0이 된다. 〈그림 3-4〉의 C와 D는 평균에 대해 대칭을 이루지 않는다. C와 D의 평균과 분산은 각각 25와 60으로 동일하다. 그러나, C분포는 확률변수가 평균보다 큰 값을 가질 가능성이 그렇지 않을 경우보다 크고, D분포는 C분포와 반대의 특성을 나타낸다. C의 제 3차 중심적률은 양의 값을 가지므로, 여러분은 C가 양의 왜도를 갖는다(positively skewed)라고 말할 수 있을 것이다. 반면에 D의 제 3 차 중심적률은 음의 값을 가지므로 D는 음의 왜도를 갖는다(negatively skewed)라고 할 수 있을 것이다.

〈그림 3-4〉의 C와 D에 대해 각각 제 3 차 적률, 즉 왜도를 계산하면 다음과 같다.

C				D			
X_i	$p(X_i)$	$p(X_i-25)^3$	$(X_i-25)^3p(X_i)$	X_i	$p(X_i)$	$p(X_i-25)^3$	$(X_i-25)^3p(X_i)$
15	0.2	−1,000	−200	10	0.1	−3,375	−337.5
20	0.2	−125	−25	15	0.1	−1,000	−100
25	0.3	0	0	20	0.1	−125	−12.5
30	0.1	125	12.5	25	0.3	0	0
35	0.1	1,000	100	30	0.2	125	25
40	0.1	3,375	337.5	35	0.2	1,000	200
			$\Sigma=225$				$\Sigma=-225$

불확실성 하의 투자결정을 다룰 때 여러분은 제 1 차 적률과 제 2 차 중심적률, 즉 평균과 분산이 아주 중요한 역할을 한다는 것을 깨닫게 될 것이다.

제 04 절 확률변수의 조합

지금까지는 하나의 확률변수의 분포에 대해서 논의하였다. 그러나, 많은 경우에 상이한 확률변수들의 조합이 관심의 대상이 된다. 예컨대, 상이한 두 기업의 주식을 동시에 보유하는 문제, 즉 포트폴리오를 구성하는 문제를 생각해 보자. 이 포트폴리오 수익률은 두 주식의 가격에 의존하며, 따라서 결합확률분포(joint probability distribution)에 의해 분석되어야 한다. 다음과 같이 우리은행과 현대건설의 1년 후의 주가를 동시에 고려하여 보자.

$\widetilde{X}$: 우리은행의 주가

		2,000	3,000	4,000	
$\widetilde{Y}$: 현대건설의 주가	2,000	0.1	0.1	0.1	0.3
	3,000	0.1	0.1	0.2	0.4
	4,000	0.1	0.1	0.1	0.3
		0.3	0.3	0.4	

위 표의 네모 안에 있는 숫자들은 결합확률(joint probability), $p(\widetilde{X}, \widetilde{Y})$의 값이므로, 그 합이 1이 되어야 함을 유의하라. 표의 주변에 있는 숫자들은 행과 열의 합이므로 주변확률(marginal probability)이라 불린다.

$\widetilde{X}$의 확률분포는 다음과 같이 주어진다. 결합확률이 아니라 주변확률이 사용되고 있음을 유의하라.

$\widetilde{X}$	$p(\widetilde{X})$
2,000	0.3
3,000	0.3
4,000	0.4

$\widetilde{Y}$의 확률분포도 마찬가지로 다음과 같이 주어진다.

$\widetilde{Y}$	$p(\widetilde{Y})$
2,000	0.3
3,000	0.4
4,000	0.3

여러분이 두 개 이상의 확률변수를 내포하는 문제를 고려할 때에는 반드시 확률변수들의 결합분포와 각 확률변수의 주변분포를 구별하여야 한다. 결합분포는 확률변수의 각 값의 조합이 발생할 확률을 일컫는다. 예를 들면, 위의 보기에서 우리은행의 주가가 2,000원이고 동시에 현대건설의 주가가 2,000원일 확률이 0.1임을 주목하라. 주변분포는 한 확률변수가 어떤 특정한 값을 가질 확률을 나타낸다. 위의 예에서 우리은행의 주가가 2,000원일 확률은 0.3인 것이다. 결합분포와 주변분포의 구별은 매우 중요하다는 것을 다시 한번 강조한다.

사실, 현실세계에서 결합분포를 지정하는 것은 매우 어려운 일이다. 그러나, 다행히 두 확률변수 사이의 변동관계를 나타내는 측정치로서 공분산(covariance)이 있다. 공분산은 두 확률변수가 같은 방향으로 움직이면 양의 값을 갖고, 다른 방향으로 변동하면 음의 값을 갖도록 다음과 같이 정의된다.

$$\begin{aligned}\text{Cov}(\widetilde{X},\ \widetilde{Y}) &= E[(\widetilde{X}-\bar{X})(\widetilde{Y}-\bar{Y})] \quad (3\text{-}4)\\ &= E[(\widetilde{X}\,\widetilde{Y}-\bar{X}\,\widetilde{Y}-\widetilde{X}\,\bar{Y}+\bar{X}\,\bar{Y})]\\ &= E(\widetilde{X}\,\widetilde{Y})-\bar{X}\,\bar{Y} \quad (3\text{-}4a)\end{aligned}$$

그러나, 공분산은 두 확률변수가 함께 움직이는 방향을 측정하지만, 정도는 재지 못한다는 단점을 갖고 있다. 따라서, 두 확률변수가 직선관계(linear relationship)를 가질 때 절대값이 1이 되도록 하여, 1에서 많이 이탈할수록 직선관계에서 멀어지도록 고안된 측정치가 다음과 같이 정의되는 상관계수(correlation coefficient)이다.

$$\rho_{XY} = \frac{\text{Cov}(\widetilde{X},\ \widetilde{Y})}{\sigma_X \sigma_Y} \tag{3-5}$$

상관계수의 장점은 이 계수가 -1과 $+1$ 사이의 값을 갖는다는 것이다. $\rho=+1$일 때, 두 확률변수는 완전 양의 상관(perfect positive correlation)을 갖고, 두 확률변수는 양의 기울기를 갖는 직선 상에 정확히 놓이게 된다. $\rho=-1$일 때는, 두 확률변수가 완전 음의 상관(perfect negative correlation)을 갖는다. 물론 이 경우에는 두 확률변수가 음의 기울기를 갖는 직선 상에 정확히 놓이게 된다. $\rho=0$일 때는 두 확률변수는 무상관(no correlation)이라고 한다. 여러분은 상관계수가 직선관계를 중심으로 측정되고 있음을 깨달았을 것이다.

공분산은 다음과 같은 유용한 성질을 갖는다. 여러분이 확률변수 $\widetilde{X}$에 상수 a를 곱하고 확률변수 $\widetilde{Y}$에 상수 b를 곱하면,

$$\text{Cov}(a\widetilde{X},\ b\widetilde{Y}) = ab\ \text{Cov}(\widetilde{X},\ \widetilde{Y}) \tag{3-6}$$

또한 공분산의 계산에는 가법원리가 적용된다.

$$\text{Cov}[(\widetilde{X}+\widetilde{Y}),\ \widetilde{Z}] = \text{Cov}(\widetilde{X},\ \widetilde{Z}) + \text{Cov}(\widetilde{Y},\ \widetilde{Z}) \tag{3-7}$$

이러한 공분산의 성질은 공분산도 기대치의 일종이라는 사실을 여러분이 상기하면 쉽게 이해될 것이다.

여러분이 우리은행과 현대건설의 주식을 각각 1주씩 매입한다고 하자. 1년 후의 우리은행과 현대건설의 주가는 각각 확률변수로 $\widetilde{X}$와 $\widetilde{Y}$로 나타내자. 두 회사의 주식을 1주씩 매입하면 그 결과는 새로운 확률변수 $\widetilde{Z}=\widetilde{X}+\widetilde{Y}$로 표시될 수 있다. 여러분이 관심을 갖는 것은 $\widetilde{X}$와 $\widetilde{Y}$의 결합분포가 주어졌을 때의 $\widetilde{Z}$의 특성일 것이다. 일반적으로 $\widetilde{Z}$의

분포를 구하는 것은 어려운 일이며, 본서의 범위를 넘는 것으로 생각된다. 다행히, $\widetilde{Z}$의 평균과 분산은 쉽게 구할 수 있다. $\widetilde{Z}$의 평균은 $\widetilde{X}$의 평균과 $\widetilde{Y}$의 평균의 합과 같은데, 이는 기대치의 성질에서 비롯되는 것이다.

$$E(\widetilde{Z}) = E(\widetilde{X} + \widetilde{Y}) = E(\widetilde{X}) + E(\widetilde{Y}) \tag{3-8}$$

$\widetilde{Z}$의 분산은 기대치의 정의와 성질로부터 쉽게 유도될 수 있다.

$$\begin{aligned}
\mathrm{Var}(\widetilde{Z}) &= E[(\widetilde{Z} - \bar{Z})^2] \\
&= E[\{(\widetilde{X} + \widetilde{Y}) - (\bar{X} + \bar{Y})\}^2] \\
&= E[\{(\widetilde{X} - \bar{X}) + (\widetilde{Y} - \bar{Y})\}^2] \\
&= E[(\widetilde{X} - \bar{X})^2 + 2(\widetilde{X} - \bar{X})(\widetilde{Y} - \bar{Y}) + (\widetilde{Y} - Y)^2] \\
&= E[(\widetilde{X} - \bar{X})^2] + 2E[(\widetilde{X} - \bar{X})(\widetilde{Y} - \bar{Y})] + E[(\widetilde{Y} - \bar{Y})^2] \\
&= \mathrm{Var}(\widetilde{X}) + 2\,\mathrm{Cov}(\widetilde{X},\ \widetilde{Y}) + \mathrm{Var}(\widetilde{Y})
\end{aligned} \tag{3-9}$$

식 (3-8)과 식 (3-9)는 여러 회사의 주식을 서로 다른 수만큼 매입하는 것처럼 여러 확률변수에 상이한 상수를 곱해 더해 준 경우에도 일반화된다. $\widetilde{Z}$를 n개의 확률변수 $\widetilde{X}_i$의 선형결합(linear combination)이라고 하자, 즉

$$\widetilde{Z} = b_1\widetilde{X}_1 + b_2\widetilde{X}_2 + \cdots + b_n\widetilde{X}_n$$

그러면,

$$\bar{Z} = b_1\bar{X}_1 + b_2\bar{X}_2 + \cdots + b_n\bar{X}_n = \sum_{i=1}^{n} b_i\bar{X}_i \tag{3-10}$$

$\widetilde{Z}$의 분산은 $\widetilde{Z}$의 평균보다 그 계산이 어려운데, 그 이유는 분산은 $\widetilde{X}_i$의 모든 가능한 짝의 공분산을 포함하기 때문이다. $\widetilde{X}$와 $\widetilde{X}$의 공분산은 $\widetilde{X}$의 분산이 되므로 $\widetilde{Z}$의 분산은 다음과 같이 표시될 수 있다.

$$\mathrm{Var}(\widetilde{Z}) = \sum_{i=1}^{n} \sum_{j=1}^{n} b_i b_j \mathrm{Cov}(\widetilde{X}_i,\ \widetilde{X}_j) \tag{3-11}$$

n=2인 경우에 식 (3-11)은 다음과 같이 정리된다.

$$\mathrm{Var}(\widetilde{Z}) = b_1^2 \mathrm{Var}(\widetilde{X}_1) + 2b_1 b_2 \mathrm{Cov}(\widetilde{X}_1, \widetilde{X}_2) + b_2^2 \mathrm{Var}(\widetilde{X}_2)$$

식 (3-10)과 식 (3-11)은 포트폴리오이론과 불확실성 하의 자본시장균형이론의 기초가 되므로, 여러분은 이들을 반드시 숙지하여야 한다.

주·요·용·어

- 사건(event)
- 상호배타적 사건(mutually exclusive events)
- 확률분포(probability distribution)
- 확률변수(random variable)
- 이산적 확률변수(discrete random variable)와 연속적 확률변수(continuous random variable)
- 정규분포(normal distribution)
- 기대치(expected value)와 적률(moment)
- 분산(variance)과 표준편차(standard deviation)
- 왜도(skewness)
- 결합확률(joint probability)과 주변확률(marginal probability)
- 공분산(covariance)
- 상관계수(correlation coefficient)
- 완전 양의 상관(perfect positive correlation)
- 완전 음의 상관(perfect negative correlation)
- 무상관(no correlation)

연·습·문·제

1 $Cov(\widetilde{X}, \widetilde{Y})=20$, $Cov(\widetilde{X}, \widetilde{Z})=30$일 때 $Cov(5\widetilde{X}, 6\widetilde{Y}+\widetilde{Z})$를 구하시오.

2 확률변수(random variable)가 무엇인지, 보기를 세 가지만 들어보시오.

3 공분산(covariance)과 상관계수(correlation coefficient)의 차이를 설명하시오.

4 $Var(\widetilde{X})=10$, $Var(\widetilde{Y})=20$, $Cov(\widetilde{X}, \widetilde{Y})=5$일 때 $Var(2\widetilde{X}+5\widetilde{Y})$를 구하시오.

5 확률변수 $\widetilde{X}$와 확률변수 $\widetilde{Y}$의 결합확률분포가 다음과 같이 주어졌다.

$\widetilde{Y}$ \ $\widetilde{X}$	20	30
10	$\frac{1}{4}$	$\frac{1}{4}$
20	$\frac{1}{4}$	$\frac{1}{4}$

(a) $E(\widetilde{X})$와 $E(\widetilde{Y})$를 구하시오.

(b) $Var(\widetilde{X})$와 $Var(\widetilde{Y})$를 구하시오.

(c) 상관계수 ρ_{XY}를 구하시오.

제 2 편

불확실성 하의 투자선택

| 네 번째 여행 | 위험과 수익

| 다섯 번째 여행 | 계란을 한 바구니에 담지 않는 이유

김박사의 투자론 여행

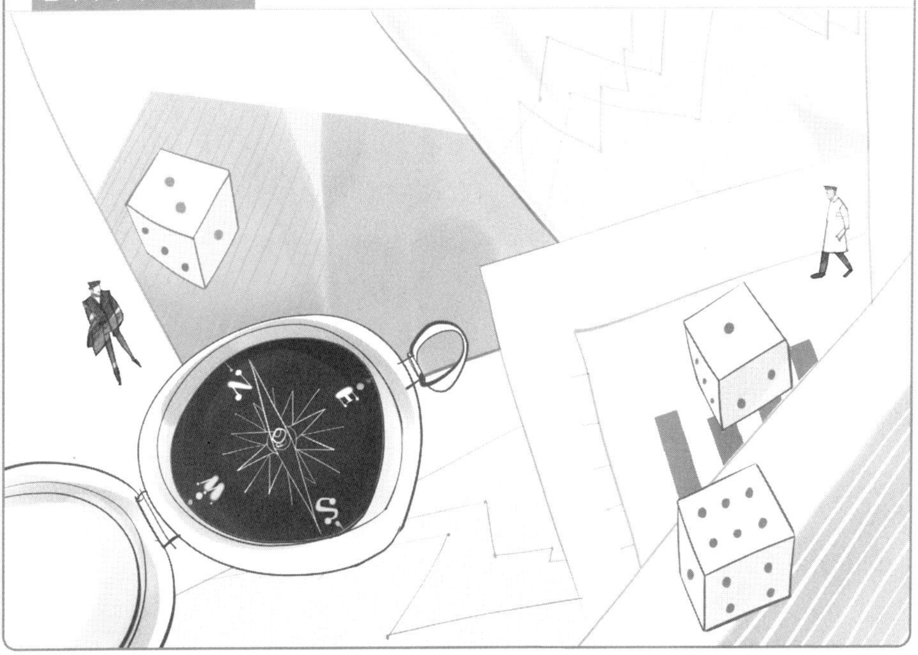

네 번째 여행

위험과 수익

두 번째 여행에서 여러분은 투자에 대한 수익이 확실하다는 현실과 다소 동떨어진 가정 하에 투자결정과정을 분석하였다. 이제 투자수익이 불확실하다는 보다 현실적인 가정 하에 투자결정과정을 분석하기로 한다.

제 01 절 위험의 본질

공식적으로, 여러분은 투자자들의 미래에 대한 기대를 확실성, 위험 그리고 불확실성의 세 가지 상태로 구분할 수 있다.[1)]

1. 확 실 성

엄격히 말하면, 확실성(certainty)은 투자자들의 기대가 하나의 값을 갖는 것을 일컫는다. 또한 여러분은 미래의 수익에 대한 투자자들의 기대가 아주 좁은 범위 내에 한정되어 있는 상황을 지칭하기 위해 확실성

1) Levy-Sarnat(1984), pp. 104～110.

이라는 용어를 사용할 수도 있을 것이다. 그러나, 여러분은 이러한 확실한 투자기회가 과연 실제 증권시장에 존재하는가 하는 의문이 들 것이다. 언뜻 보기에는 어떤 증권도 완벽하게 확실한 소득을 보장해 줄 것 같지 않으나, 곰곰이 생각해 보면 몇 가지 보기를 들 수 있다. 정부에서 발행하는 국채, 한국은행에서 발행하는 통화안정증권 등의 수익은 확실한 것으로 간주될 수 있는데, 이 경우에는 국가파산의 확률이나 인플레이션은 무시되고 있다.

2. 위 험

위험(risk)이라는 용어는 그 수익이 확실하게 알려져 있지는 않으나, 그 확률분포(probability distribution)가 알려져 있는 투자대안을 일컫는 데 사용된다. 수익률의 확률분포는 객관적 확률 혹은 주관적 확률에 의거해서 추정되었다고 가정한다.

어떤 증권에 대한 과거 40년 동안의 투자수익률이 〈표 4-1〉과 같은 확률분포를 따른다고 가정하자.

표 4-1 수익률분포의 보기

수익률(%)	빈도(연수)
−30.00 ~ −20.01	2
−20.00 ~ −10.01	3
−10.00 ~ −0.01	5
0.00 ~ 9.99	10
10.00 ~ 19.99	9
20.00 ~ 29.99	6
30.00 ~ 39.99	3
40.00 ~ 49.99	2
합 계	40

〈표 4-1〉의 자료를 막대그림표로 표시하면 〈그림 4-1〉과 같다. 간혹 이러한 종류의 역사적 자료가 증권투자용으로 이용가능하며, 현재의 투자결정에 도움을 줄 수 있다. 그러나, 장기간의 과거수익률의 시계열 자료가 입수 가능한 경우에도 현재의 투자결정은 복잡하기만 하다. 미래의 수익률분포가 과거의 수익률분포를 닮아야 할 이유가 없으며, 투자결정을 내리기 전에 그 분포의 미래에 예상되는 변화를 나타내는 모든 요소들을 신중하게 검토해야 할 것이다.

설령 확률분포가 시간에 따라 변하지 않는다 하더라도 어떤 특정한 연도에 높은 수익률 혹은 낮은 수익률을 실현하는 것은 대체로 운(luck)이라고 할 수 있다. 다시 말하면, 과거가 미래에도 반복될 것이라는 것을 여러분이 알고 있다 하더라도, 어느 한 연도에 투자하는 것은 확률변수의 분포에서 하나의 관측치를 추출하는 것과 같다. −30%에서 −0.01%의 집단에서 관측치를 뽑는 확률은 양의 값을 갖는데, 이 경우에는 여러분이 투자손실을 보게 될 것이다. 그럼에도 불구하고, 확률분포가 변하지 않는 것으로 기대된다면, 어느 한 연도에 손실이 30%를

그림 4-1 **수익률의 막대그림표**

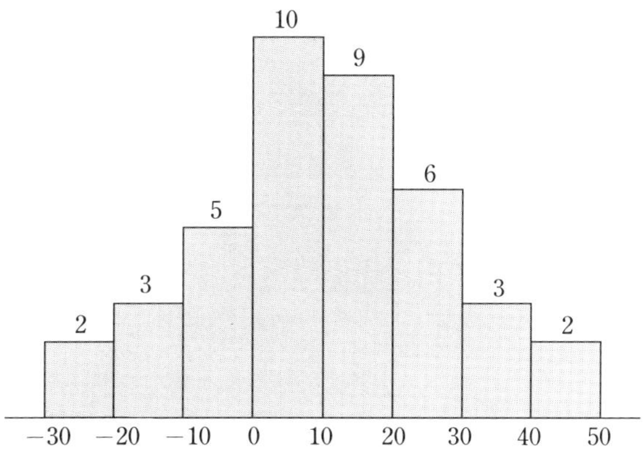

넘거나 이윤이 50%를 초과하는 일은 없을 것이라고 여러분이 확신해도 좋을 것이다.

3. 불확실성

불확실성(uncertainty)이 존재하는 경우에는 가능한 투자수익의 범위는 알려져 있으나 그 발생확률은 알려져 있지 않다. 물론, 불확실성과 위험의 경계선은 다소 애매모호하여 주관적 확률을 도입함으로써 불확실성을 위험으로 항상 전환할 수 있다. 증권투자의 경우에는 확률의 믿음은 거의가 주관적이므로, 이 교재에서는 불확실성과 위험을 동의어로 사용하기로 한다.

제 02 절 수익률극대화 기준

1년의 투자기간을 상정하여 투자자가 단 하나의 투자대안을 선택할 수 있다고 가정하자. 예를 들어, 여러분이 〈표 4-2〉에 주어진 다섯 가지의 투자대안 중에서 최선의 대안을 선택한다고 하자.

A와 B는 확실한 투자를 나타내는 반면에, C, D, E는 불확실한 투자를 의미한다. 투자자는 무위험 국채를 매입하거나 초우량은행에 예금

표 4-2 다섯 가지 투자대안의 확률분포

A		B		C		D		E	
수익률	확률	수익률	확률	수익률	확률	수익률	확률	수익률	확률
8%	1	10%	1	−8%	1/4	−4%	1/4	−20%	1/10
				16%	1/2	8%	1/2	10%	6/10
				24%	1/4	12%	1/4	30%	3/10

할 수 있으며, 또한 수익률이 매우 불확실한 보통주를 매입할 수 있기 때문에 이러한 상황은 매우 현실적이다.

투자자가 안전한 투자(A와 B)에 한정한다면, 선택은 매우 단순해진다. 이 경우에 요구되는 유일한 기준은 수익률이 가장 높은 대안을 선택하는 것이며, 위의 보기에서는 B가 선택된다. 이러한 단순한 선택상황은 현대 증권시장에서 거의 유례를 찾기 힘들다. 현실은 훨씬 더 복잡하며, 이러한 점 때문에 더욱 흥미롭다. 투자자는 보통 안전한 투자에만 한정하지 않는다. 그러므로, 보다 현실적인 문제는 다섯 가지 투자대안 A, B, C, D, E에서 어떻게 최선의 대안을 선택하느냐 하는 것이다.

여전히 여러분은 수익률극대화 기준을 적용할 수 있을 것인가? 대답은 지극히 부정적이다. 여러분이 B와 C를 비교한다고 하자. B의 수익률은 10%이나 C의 수익률은 얼마인가? C의 수익률을 −8%로 보면, B가 선택된다. 그러나, C의 수익률을 16%나 24%로 보면, C가 보다 나은 대안이 된다. C의 가능한 수익률들 중에서 어느 하나를 선정할 사전적 이유가 존재하지 않으므로, 수익률극대화 기준은, 비현실적인 확실성 하의 투자선택에 한정하지 않는다면, 붕괴되고 만다.

제 03 절 기대수익률극대화 기준

불확실성 하에서 투자선택기준을 제시하기 위해서는 여러분이 수익률의 분포를 전반적으로 반영하는 종합지수를 고안해 내야 한다. 가장 인기 있는 방법들 중 하나는 투자대안의 기대수익률(expected return)을 계산하여 비교하는 것이다. 예를 들면, 여러분이 〈표 4-2〉에서 C의 기대수익률을 계산하면

$$\frac{1}{4}\cdot(-8)+\frac{1}{2}\cdot 16+\frac{1}{4}\cdot 24 = 12(\%)$$

이러한 방식으로, 여러분은 다섯 가지 투자대안의 기대수익률을 다음과 같이 구할 수 있다.

투자대안	기대수익률
A	8%
B	10%
C	12%
D	6%
E	13%

따라서, 기대수익률극대화 기준(maximum expected return criterion)에 따르면 여러분은 기대수익률이 13%인 E를 선택할 것이다.

기대수익률극대화의 기준은 아주 단순하다. 그러나, 이 기준이 모든 유형의 투자자에게 모두 적합한가? 예컨대, 모든 투자자들이 기대수익률이 높다고 해서 확실한 투자안 B보다 불확실한 투자대안 C와 E를 선호할 것인가? 여러분이 불확실한 투자대안 C와 E 중에서 선택한다 해도 유사한 문제가 발생한다. 기대수익률극대화 기준에 따르면, 여러분은 항상 E를 선택해야 한다. 그러나, 모든 측면에서 E가 C를 지배하는 것은 아니라는 것을 주목하라. 여러분이 C를 선택한다면 발생할 수 있는 최대의 손실수익률은 8%이나, E의 경우에는 그것이 20%가 된다. 즉, 불확실성 하의 투자결정에서 기대수익률극대화의 기준은 각 투자안의 수익성만 고려할 뿐 위험을 무시한다는 문제점을 갖는 것이다. 따라서 수익성과 위험을 동시에 고려하여 투자하는 투자자에게는 이 기준이 적합하지 않다고 할 수 있다.

18세기에 스위스의 수학자 베르누이(Nikolaus Bernoulli)가 최초로 고안해 낸 세인트 피터스버그의 역설(St. Petersburg Paradox)이라 일컬어지는 게임을 고려해 보자. 그러면, 기대수익률극대화 기준의 단점이 극명하게 드러날 것이다.

철수는 영희에게 다음과 같은 동전던지기 게임을 제안한다. 철수가 동전을 던지는데, 앞면이 처음 나올 때까지 계속하며, 앞면이 나오면 동전던지기를 중단한다. 만약 첫 번째 던지기에서 앞면이 나오면 철수가 영희에게 현금 만 원을 주고, 게임은 끝난다. 만약 첫 번째 던지기에서 앞면이 나오지 않고 두 번째 던지기에서 앞면이 나오면 철수가 영희에게 2만 원을 주고 게임은 끝난다. 이런 식으로, 처음 앞면이 나올 때까지 동전던지기가 계속되는데, n번째 던지기에서 처음 앞면이 나오면 $2^{n-1}\times$만 원이 철수로부터 영희에게 건네진다. 철수는 이러한 게임을 영희에게 제안하면서, 참가비를 요구하였다. 영희는 얼마의 참가비를 내고 이 게임에 참가할 것인가? 동전던지기에서 앞면과 뒷면이 나올 확률은 각각 $\frac{1}{2}$과 같다고 가정하라.

영희의 당첨상금은 여러분이 제 3 장에서 배운 확률변수이며, 언제 처음으로 앞면이 나오느냐에 달려 있다. 그러나, 앞면이 처음으로 나오는 순간 상금이 지급되고 게임은 끝나므로, 오직 1회의 당첨상금만을 받을 수 있을 뿐이다. 자연히, 영희는 아주아주 늦게 앞면이 나오도록 해 주시라고 천지신령님께 기도할 것이다.

영희가 철수에게 지급할 참가비의 공정한 가격은 얼마인가? 앞면이 첫 번째 던지기에서 나오면, 상금은 만 원이고 당첨확률은 $\frac{1}{2}$이다. 영희가 2만 원의 상금을 받을 확률은 얼마인가? 2만 원의 상금을 받으려면 첫 번째 던지기에서 뒷면이 나오고 두 번째 던지기에서 앞면이 나와야 한다. 첫 번째 던지기와 두 번째 던지기는 독립적인 사건들(independant events)이므로, 첫 번째에 뒷면이 나오고 두 번째에 앞면이 나올 결합확률(joint probability)은 $\frac{1}{2} \times \frac{1}{2} = \frac{1}{4}$ 이다. 이론적으로는 처음으로 앞면이 나올 때까지 동전던지기가 아주 오랫동안 계속될 수 있으나, 동전던지기의 횟수가 늘어남에 따라 이러한 확률은 0에 가까워진다.

영희가 기대수익률극대화 기준에 따른다면, 상금의 기대치가 영희가 지급하고자 하는 공정한 참가비의 상한이 될 것이다. 상금의 기대치를 쉽게 계산하기 위해서, 〈표 4-3〉에 당첨상금의 확률분포를 작성하였다. 가능한 상금액수를 확률변수 $\widetilde{X}$로 표시하면, 상금의 기대치는 다음과 같이 계산될 수 있다.

$$\begin{aligned} E(\widetilde{X}) &= \left(\frac{1}{2}\right)\cdot 1(\text{만 원}) + \left(\frac{1}{4}\right)\cdot 2(\text{만 원}) + \cdots + \left(\frac{1}{2^n}\right)\cdot 2^{n-1} \\ &\quad (\text{만 원}) + \cdots \\ &= \left(\frac{1}{2}\right)(\text{만 원}) + \left(\frac{1}{2}\right)(\text{만 원}) + \cdots + \left(\frac{1}{2}\right)(\text{만 원})\cdots \\ &= \infty \end{aligned}$$

동전던지기 횟수에 제한이 없으므로, 상금의 기대치는 무한대이다. 즉, 기대수익률극대화 기준에 따라 의사결정을 한다면, 영희는 이

표 4-3 당첨상금의 확률분포

횟수	결과	확률	상금
1	앞	1/2	1만 원
2	뒤 앞	1/4	2만 원
3	뒤 뒤 앞	1/8	4만 원
4	뒤 뒤 뒤 앞	1/16	8만 원
•	•	•	•
•	•	•	•
•	•	•	•
n	$(n-1)$뒤 앞	$1/2^n$	2^{n-1} 만 원

게임에 참가하기 위해 어떤 금액이라도 지급할 용의가 있다!

여러분이 영희라면, 참가비로 얼마를 내겠는가?

저자가 조선대학교 경영학부 학생들을 대상으로 실시한 조사결과에 의하면, 대부분이 참가비로 2만 원이나 3만 원을 내겠다고 답했으며, 소수의 학생들은 8만 원까지는 내겠다고 했으나, 아무도 이보다 많은 금액을 제시하지 않았다. 합리적인 사람들이 이 게임에 참가하기 위해 지급하고자 하는 금액과 기대당첨상금액과의 모순은 소위 세인트 피터스버그의 역설(St. Petersburg Paradox)[2)]이라 일컬어진다.

물론 철수뿐만 아니라 어느 누구도 무한한 현금을 갖고 있지는 않으며, 실제로는 상금을 지급할 수 없는 경우도 발생할 것이다. 또한 이론적으로는 이 게임이 영원히 지속될 수 있으나, 아무리 상금이 많을지라도 아무도 그렇게 오래 기다릴 수 없을 것이다. 흥미로운 것은 대부분의 사람들은 이 게임에 대해서 백만 원이라는 금액도 지불하려 들지 않는다는 것이다. 이는 기대수익률극대화의 기준이 불확실성하의 투자결정기준으로 적합하지 않다는 것을 시사한다.

세인트 피터스버그 게임의 함정은 무엇인가? 이 게임의 수익성을 나타내는 기대상금은 무한대이지만, 내재된 위험[3)]도 무한대라는 사실을 상기하라. 앞면이 나중에 나올수록 상금액이 증가하지만 당첨확률도 감소함을 유의하라. 따라서, 여러분은 불확실성 하의 투자결정기준으로 수익성과 동시에 위험을 고려하는 기준을 선택하여야 할 것이다. 다음 절에서 논의되는 기대효용극대화의 이론이 바로 수익과 위험을 동시에 고려하는 불확실성 하의 설득력 있는 기준인 것이다.

---

2) 이 게임의 창시자(Nikolaus Bernoulli)의 사촌동생(Daniel Bernoulli)이 18세기 중반에 세인트 피터스버그라는 도시에서 연구활동을 하면서 스위스의 유명한 수학자인 그의 사촌형의 업적을 논문으로 발표하였다는 사연에서 붙여진 이름이다.

3) 세인트 피터스버그 게임의 당첨금액의 분산도 무한대임을 분산의 정의에 의해 확인할 수 있다.

제 04 절 기대효용극대화 이론

1. 불확실성 하의 선택의 기본공준

불확실성 하의 합리적 의사결정의 이론으로서 기대효용극대화 이론을 개발하기 위해서는 개인의 행동에 대한 몇 가지 정확한 가정들이 필요하다. 이 가정들은 공준(axioms)으로 불리는데, 이들이 기대효용이론을 위한 최소한의 필요조건을 제공한다.[4)]

(1) 제 1 공준: 비교가능성(comparability) 또는 완성성(completeness)

불확실한 대안들의 전체집합 S로부터 추출된 임의의 대안 x, y에 대하여 한 개인은 y보다 x를 선호하거나($x>y$) 또는 x보다 y를 선호하거나($y>x$) 또는 x와 y에 무차별하다($x \sim y$)고 말할 수 있다.

(2) 제 2 공준: 이행성(transitivity) 또는 일관성(consistency)

한 개인이 y보다 x를 선호하고, z보다 y를 선호하면, z보다 x를 선호하는 결과를 낳는다. 마찬가지로, 한 개인이 x와 y에 대해 무차별하고, y와 z에 대해 무차별하면, x와 z에 대해 무차별한 셈이 된다.

(3) 제 3 공준: 강한 독립성(strong independence)

한 개인이 대안 x를 얻을 확률이 α이고 대안 z를 얻을 확률이 $(1-\alpha)$인 겜블을 구성한다고 하자. 이를 $G(x, z: \alpha)$로 표기하기로 하자. 강한 독립성에 의하면, 한 개인이 x와 y에 대해 무차별하면, x를 얻을 확률이 α이고 상호 배타적인 대안 z를 얻을 확률이 $(1-\alpha)$인 겜블과 y를 얻을 확률이 α이고 z를 얻을 확률이 $(1-\alpha)$인 겜블에 대해 무차별하게 된다. 즉, $(x \sim y)$이면 $G(x, z: \alpha) \sim G(y, z: \alpha)$가 된다.

4) Copeland-Weston(1988), pp. 79～82.

(4) 제 4 공준: 측정가능성(measurability)

y가 x보다는 덜 선호되지만 z보다는 더 선호되면, 한 개인이 x를 얻을 확률이 α이고 z를 얻을 확률이 $(1-\alpha)$인 겜블과 y에 대해 무차별하게 되는 고유한 α(확률)가 존재한다.

즉, $x > y \gtrsim z$ 또는 $x \gtrsim y > z$이면, $y \sim G(x,\ z:\ \alpha)$가 성립하는 고유한 α가 존재한다.

(5) 제 5 공준: 순위측정(ranking)

대안 y와 u가 모두 대안 x와 z 사이에 위치하고, 한 개인이 x를 얻을 확률이 α_1이고 z를 얻을 확률이 $(1-\alpha_1)$인 겜블과 y에 대해 무차별하고, x를 얻을 확률이 α_2이고 z를 얻을 확률이 $(1-\alpha_2)$인 겜블과 u에 대해 무차별한 겜블을 구성한다고 하자. 그러면 α_1이 α_2보다 크면 u보다 y를 선호하게 되고, α_1과 α_2가 같으면 u와 y에 대해 무차별하게 된다. 즉,

$x \gtrsim y \gtrsim z,\ x \gtrsim u \gtrsim z$ 이고,
$y \sim G(x,\ z:\ \alpha_1),\ u \sim G(x,\ z:\ \alpha_2)$이면
$\alpha_1 \geqq \alpha_2$은 $y \gtrsim u$를 의미한다.

위의 공준들 중에서 가장 받아들이기가 어려운 것은 제 3 공준, 즉 강한 독립성의 공준이다. 보기를 들어 설명하기로 하자. x, y, z를 각각 왼쪽 구두, 오른쪽 구두, 오른쪽 구두를 얻는 대안이라고 정의하자. 철수는 두 개의 겜블을 구성한다. 첫 번째 겜블은 x와 z를 얻을 확률이 각각 0.5인 겜블이고, 두 번째 겜블은 y와 z를 얻을 확률이 각각 0.5인 겜블이다. 철수가 왼쪽 구두와 오른쪽 구두에 대해 무차별하다면, 강한 독립성의 공준에 따라 철수는 또한 첫 번째 겜블과 두 번째 겜블에 대해 무차별할 것이다. 그러나, 오른쪽 구두와 왼쪽 구두는 보완재

(complementary goods)이어서 철수는 가능하면 두 짝을 모두 갖고 싶어할 것이다.

위의 다섯 공준들에 개인은 항상 보다 많은 부(wealth)를 선호한다는 가정을 추가하기로 한다. 부는 많을수록 좋다는 가정과 위의 다섯 공준들을 이용하여 기대효용함수를 논리적으로 도출하여 보자.

2. 기대효용함수의 도출

효용함수는 다음과 같은 두 가지 성질을 갖는다.

첫째, 효용함수는 순위보존적(order preserving)이다. 다시 말해서, $u(x) > u(y)$는 y보다 x가 선호됨을 뜻한다.

둘째, 불확실한 대안들의 조합의 순위를 정하는 데는 기대효용(expected utility)이 이용될 수 있다. 즉, 이를 수학적으로 표현하면 다음과 같다.

$$u(G(x,\ y:\ \alpha)) = \alpha u(x) + (1-\alpha)u(y)$$

첫째 성질을 증명하기 위해 다음과 같은 대안들을 고려하자.

$a > x \gtrsim b$ 또는 $a \gtrsim x > b$ 그리고

$a > y \gtrsim b$ 또는 $a \gtrsim y > b$

제 4 공준을 이용하여, $x \sim G(a,\ b:\ \alpha(x))$, $y \sim G(a,\ b:\ \alpha(y))$가 만족되는 고유한 확률 $\alpha(x)$와 $\alpha(y)$를 선택할 수 있다. 그러면 제 5 공준에 따라, x와 y의 순위를 정할 수 있는 효용함수로 $\alpha(x)$와 $\alpha(y)$를 지정할 수 있다.

제 5 공준에 의하면,

$\alpha(x) > \alpha(y)$이면, $x > y$

$\alpha(x) = \alpha(y)$이면, $x \sim y$

$\alpha(x) < \alpha(y)$이면, $x < y$

이런 식으로 여러분은 순위보존적인 효용함수를 만들 수 있다.

다음으로, 둘째 성질을 증명하여 보자.

〈그림 4-2〉처럼 기초겜블(elementary gambles)을 구성하자. 다음으로 제 3의 대안 z를 고려하자. 제 3 공준(강한 독립성)에 따라 z의 선택이 x와 y의 관계에 영향을 미치지 않는다는 것을 주목하라. 제 4 공준에 의하여, 여러분이 x와 y로 이루어지는 겜블과 z에 대해 무차별하게 느끼는 고유한 확률, $\beta(z)$이 존재한다. 이에 대해서는 〈그림 4-3〉을 참조하라. 이제 여러분들은 z를 a와 b에 연관시킬 수 있다. 〈그림 4-3〉에 표시된 의사결정수(decision tree)의 가지를 추적하면, 여러분은 확률 γ로 a를 얻고 확률 $(1-\gamma)$로 b를 얻는 겜블과 z에 대해 무차별하다는 것을 알게 될 것이다. 이는 〈그림 4-4〉에 나타나 있다.

여러분은 이 겜블을 다음과 같이 쓸 수 있다.

$$z \sim G[a,\ b:\ \beta(z)\alpha(x) + (1-\beta(z))\alpha(y)]$$

그림 4-2 기초적 겜블

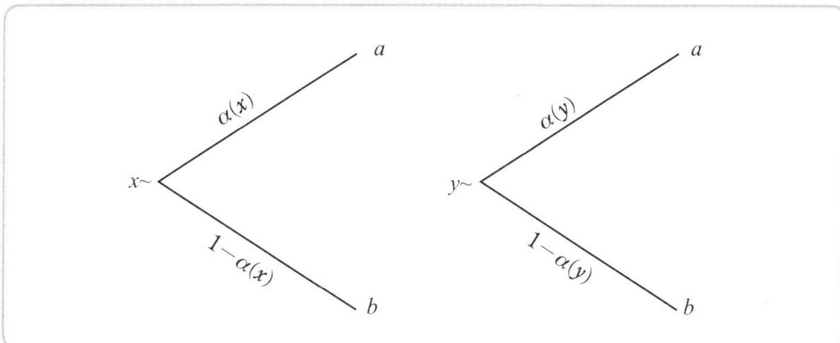

그림 4-3 x와 y간의 겜블에 비교된 z

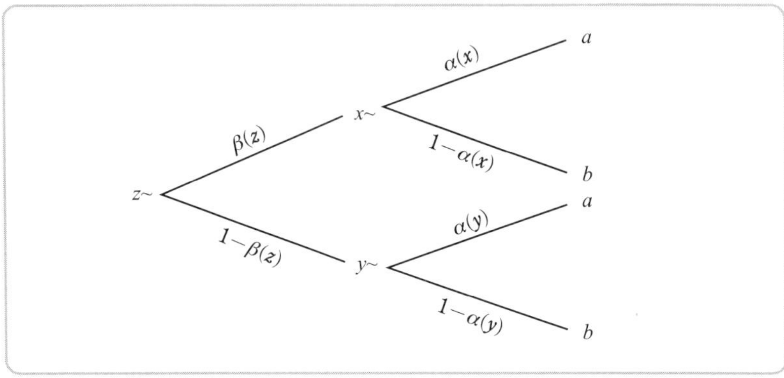

그림 4-4 a와 b에 연결된 z

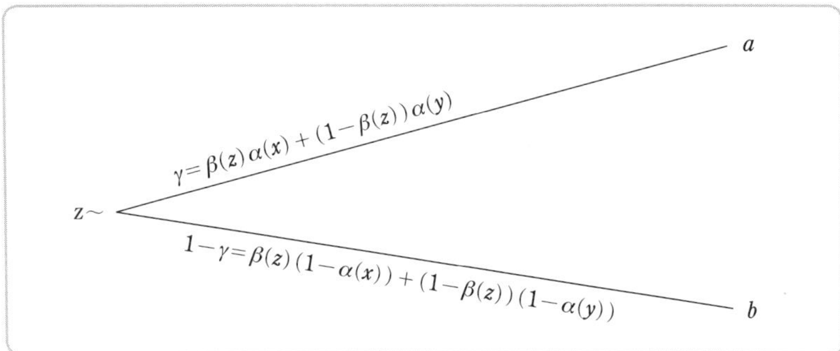

여러분은 이미 제 4 공준과 제 5 공준에 의하여 x와 y의 효용을 그들의 확률로 대표할 수 있다는 것을 입증하였다.

따라서, $u(x)=\alpha(x)$, 그리고 $u(y)=\alpha(y)$로 놓으면,

$$z \sim G[a,\ b:\ \beta(z)u(x)+(1-\beta(z))u(y)]$$

마지막으로, 제 4 공준과 제 5 공준을 다시 한번 이용하면 z의 고유한 확률이 a와 b에 대한 상대적인 효용의 크기로 사용될 수 있음을 알

수 있다. 따라서,

$$u(z) = \beta(z)u(x) + (1-\beta(z))u(y)$$

이와 같은 방식으로 여러분은 불확실한 대안에 대하여 정확한 순위를 지정하는 함수는 기대효용(expected utility)이라는 것을 증명하였다.

일반적으로, 여러분은 부의 기대효용을 다음과 같이 쓸 수 있다.

$$E[u(\widetilde{W})] = \sum_{i=1}^{n} P_i \, u(W_i)$$

여기에서 $\sum_{i=1}^{n} P_i = 1$

위의 다섯 가지 공준과 더욱 많은 부가 선호된다는 추가적인 가정이 있으면, 투자자들은 항상 그들의 부의 기대효용을 극대화하려 할 것이라는 사실을 여러분은 이미 깨달았을 것이다. 기대효용극대화 기준은 기대효용이론(expected utility theory)[5)]으로 알려져 있으며, 불확실성 하의 투자이론의 핵심을 형성하고 있는 매우 중요한 이론이라고 할 수 있다.

3. 위험회피

투자자의 위험에 대한 태도(attitude toward risk)는 투자자의 효용함수의 형태에 따라 위험선호(risk loving), 위험중립(risk neutrality) 그리고 위험회피(risk aversion)로 분류될 수 있다.

이를 이해하기 위하여, 〈그림 4-5〉처럼 한계효용(marginal utility)이 양의 값을 갖는 세 가지 형태의 효용함수를 고려하자. 여러분이 a를 얻을 확률이 α이고 b를 얻을 확률이 $(1-\alpha)$인 겜블, $G(a, b: \alpha)$를 만들었을 때, 여러분은 이 겜블과 이 겜블의 기대치를 확실하게 갖는 것 중에서 어느 것을 선호할 것인가? 다시 말해서 10만 원을 확률 1로 받는 것

5) Von Neumann-Morgenstern(1947)을 참조할 것.

그림 4-5 한계효용이 양인 세 가지 형태의 효용함수

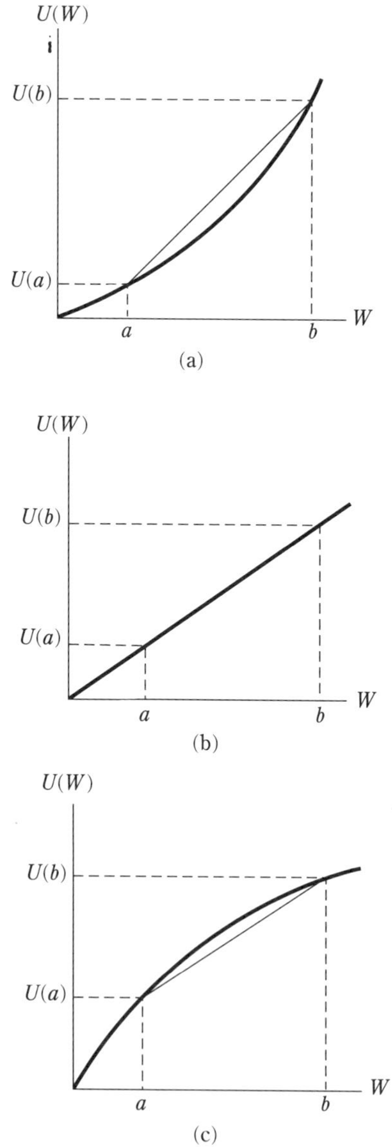

과 100만 원을 얻을 확률이 0.1이고 0.9의 확률로 한푼도 받지 못하는 겜블 중에서 어느 것을 택할 것인가?

여러분이 겜블을 선호한다면 여러분은 위험선호자(risk lover)이고, 확실한 10만 원을 선호한다면 위험회피자(risk averter)가 된다. 만약에 무차별하게 느낀다면, 위험중립자(risk neutral person)가 된다. 이들 중에서 어느 형태가 현실에 맞는 것일까? 물론, 투자자들은 위험을 싫어하므로, 위험회피가 현실에 맞는 형태이다.

〈그림 4-6〉은 영희의 효용함수인 자연대수의 효용함수, $u(W) = \ln W$를 나타내고 있다. 어느날 용돈이 떨어져 빈털털이 신세이던 영희는 아버지로부터 바둑을 두어 그 날의 용돈을 결정하자는 제의를 받았다. 영희가 이기면 30달러, 아버지가 이기면 5달러를 용돈으로 주신다는 것이었다. 과거의 전적으로부터 영희의 승률은 20%, 아버지의 승률은 80%로 예측되고 있다. 바둑두기가 싫으면, 그 날 용돈으로 확실하게(확률 1로) 10달러를 주시겠다고 하셨다. 영희는 바둑내기에 참여할 것인가, 아니면 바둑을 포기하고 확실하게 하루 용돈으로 10달러를 챙

그림 4-6 자연대수 효용함수

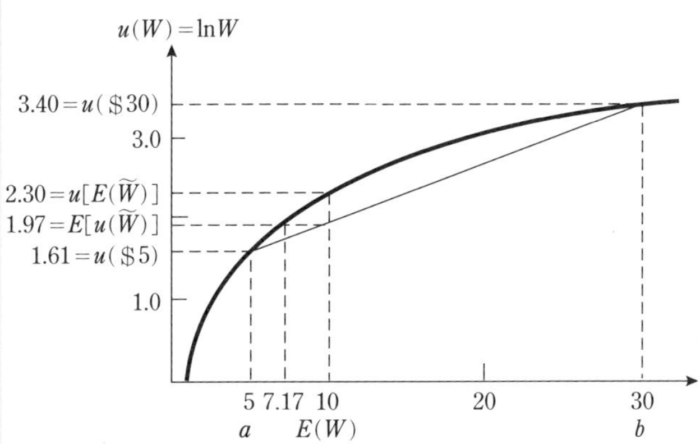

W	$u(W)$
1	0
5	1.61
10	2.30
20	3.00
30	3.40

길 것인가?

이 물음에 답하기 위해서는 먼저 바둑내기에 참여하는 경우의 영희의 기대효용을 계산하여야 한다. 영희의 기대효용은 다음과 같이 계산될 수 있다.

$$\begin{aligned} E[u(\widetilde{W})] &= 0.8 \times u(5) + 0.2 \times u(30) \\ &= 0.8 \times 1.61 + 0.2 \times 3.40 \\ &= 1.97 \end{aligned}$$

영희가 10달러를 확실하게 용돈으로 받는 경우의 영희의 효용은

$$u(W) = \ln W = \ln 10 = 2.30$$

2.30>1.97이므로, 영희는 바둑내기에 참여하지 않을 것이다.

그러면, 영희는 확실하게 주어지는 용돈이 얼마일 때 바둑내기에 참여하는 것과 확실하게 용돈을 받는 것에 대해 무차별하게 느낄 것인가? 확실하게 주어지는 용돈의 금액을 x라고 하면 $u(x) = E[u(\widetilde{W})]$가 성립하여야 한다.

$$u(x) = \ln x = E[u(\widetilde{W})] = 1.97$$

이므로,

$$x = \exp(1.97) = 7.17$$

이 된다.

이러한 7.17달러는 확실성 등가(certainty equivalent; *CE*)로 일컬어진다. 영희는 바둑내기에 참여하는 것과 7.17달러를 확실하게 받는 것에 대해 동일한 만족을 느끼게 된다. 영희는 확실하게 주어지는 용돈이 7.17달러보다 많으면, 바둑내기에 참여하지 않을 것이다. 그러나, 확실

한 용돈이 7.17달러 미만이라면, 바둑내기에 참여할 것이다.

부의 기대치(expected wealth; $E(\widetilde{W})$)에서 확실성 등가(certainty equivalent; *CE*)를 뺀 값을 위험프리미엄(Markowitz risk premium; *RP*)[6] 또는 보험프리미엄(insurance premium)이라고 부른다. *RP*는 위험회피의 정도를 나타내는 데 이용된다. 즉, *RP*가 클수록 더욱 위험회피적이다.[7]

영희의 위험프리미엄은 다음과 같다.

$$
\begin{aligned}
E(\widetilde{W}) - CE &= \$10 - \$7.17 \\
&= \$2.83
\end{aligned}
$$

그러면, 위험프리미엄의 경제적 의미는 무엇인가?

위험프리미엄은 위험회피적인 투자자가 위험한 겜블을 회피하기 위해 지불할 용의가 있는 최대한의 금액 또는 위험회피적인 투자자로 하여금 위험한 겜블에 참여시키기 위해 보상해 주어야 할 최소한의 금액으로 해석될 수 있다. 예를 하나 들어보자. 철수는 어느날 평소 알고 지내던 생활설계사 아줌마로부터 한 통의 전화를 받았다. 철수가 최근 구입한 빨간색 아반테 승용차에 대한 자가운전종합보험을 90만 원에 가입하라고 권유하는 전화였다. 철수는 이 제의를 흔쾌히 받아들였다. 왜, 철수는 이 제의를 받아들였을까? 이는 철수의 위험프리미엄(혹은 보험프리미엄)이 90만 원 이상임을 뜻한다. 위험회피적인 철수는 90만 원을 지불하고 자동차사고로 인한 금전손실에서 해방되고 싶었던 것이다.

투자자가 위험회피적이라는 것을 표시하는 방법에는 다음과 같은 세 가지가 있다.

첫째, 한계효용이 양의 값을 갖고, 부가 늘어남에 따라 한계효용

6) Markowitz(1959)를 참조할 것.
7) 위험프리미엄은 투자자가 위험회피적일수록, 그리고 겜블이 위험해질수록 증가한다.

은 체감한다. 즉, $u'(W)>0$, $u''(W)<0$이 성립한다.

둘째, 기대부의 효용이 부의 기대효용보다 크다. 즉, $u[E(\widetilde{W})]>E[u(\widetilde{W})]$이 된다.

셋째, 위험프리미엄이 양의 값을 갖는다. 즉, $RP=E(\widetilde{W})-CE>0$이 성립한다. 위험중립과 위험선호의 경우도 마찬가지로 표현할 수 있다. 따라서, 투자자의 위험에 대한 태도의 세 가지 유형의 표현방식은 〈표 4-4〉와 같이 정리될 수 있다.

위험회피의 정도를 위험프리미엄의 크기로 측정하는 것은 개념적으로는 매우 유용하지만, 이를 계산하기 위해서는 투자자의 효용함수뿐만 아니라 특정한 겜블에 대한 정보가 필요하므로 무척 번거롭다. 따라서, 투자자의 효용함수로부터 직접 위험회피의 정도를 측정할 수 있다면 매우 편리할 것이다.

철수의 최초의 부는 W인데, 기대치가 0이 되는 $\tilde{z}$로 표시되는 중립적인 겜블에 참여할 것를 고려하고 있다고 하고, 철수의 위험프리미엄, $RP=\pi(W, \tilde{z})$를 계산하여 보자. 확실성 등가의 정의에 의하여 다음 식이 성립하여야 한다.

$$E[u(W+\tilde{z})]=u(CE)=u[W+E(\tilde{z})-\pi(W, \tilde{z})] \tag{4-1}$$

표 4-4 위험회피, 위험중립, 위험선호의 상이한 표현

위험에 대한 태도	효용함수	위험프리미엄의 부호	기대부의 효용과 기대효용의 비교
위험회피	$u'(W)>0$ $u''(W)<0$	$RP=E(W)-CE>0$	$u[E(W)]>E[u(W)]$
위험중립	$u'(W)>0$ $u''(W)=0$	$RP=E(W)-CE=0$	$u[E(W)]=E[u(W)]$
위험선호	$u'(W)>0$ $u''(W)>0$	$RP=E(W)-CE<0$	$u[E(W)]<E[u(W)]$

$E(\tilde{z})=0$이므로 식 (4-1)의 우변은 다음과 같이 쓸 수 있다.

$$u[W+E(\tilde{z})-\pi(W,\ \tilde{z})]=u[W-\pi(W,\ \tilde{z})]$$

$u(W-\pi)$를 W를 중심으로 테일러 전개(Taylor's series expansion)하면[8)]

$$u(W-\pi)=u(W)-\pi u'(W)+\text{기타항} \tag{4-2}$$

식 (4-1)의 좌변을 W를 중심으로 테일러 전개하면

$$\begin{aligned} E[u(W+\tilde{z})] &= E\Big[u(W)+\tilde{z}u'(W)+\frac{1}{2}\tilde{z}^2u''(W)+\text{기타항}\Big] \\ &= u(W)+\frac{1}{2}\mathrm{Var}(\tilde{z})u''(W)+\text{기타항} \end{aligned} \tag{4-3}$$

식 (4-3)의 우변이 도출되는 과정에서 여러분은 $E[u(W)]=u(W)$, $E(\tilde{z})=0$, $\mathrm{Var}(\tilde{z})=E(\tilde{z}^2)$ 등이 이용되었음을 유의하라.

식 (4-2)와 식 (4-3)을 일치시키면

$$u(W)-\pi u'(W)+\cdots=u(W)+\frac{1}{2}\mathrm{Var}(\tilde{z})u''(W)+\cdots \tag{4-4}$$

식 (4-4)를 π에 대해서 풀면

$$\pi \cong \frac{1}{2}\mathrm{Var}(\tilde{z})\Big[-\frac{u''(W)}{u'(W)}\Big] \tag{4-5}$$

$\mathrm{Var}(\tilde{z})>0$이므로 π 대신에 $-\dfrac{u''(W)}{u'(W)}$를 근사치로 사용하여도 무방할 것이다. 따라서, 여러분은 절대위험회피(absolute risk aversion; *ARA*)

---

8) $f(x)$를 c를 중심으로 테일러 전개하면,

$$f(x)=f(c)+f'(c)+f''(c)\frac{(x-c)^2}{2!}+\cdots+f^{(n)}(c)\frac{(x-c)^n}{n!}+\text{기타항}$$

이에 대해서는 Buck(1978), pp. 148~149를 참조할 것.

를 다음과 같이 정의할 수 있다.[9)]

$$ARA = -\frac{u''(W)}{u'(W)} \tag{4-6}$$

절대위험회피라고 부르는 이유는 주어진 부의 수준에 대하여 위험회피가 측정되기 때문이다.

절대위험회피의 부의 수준에 대한 변화의 부호에 따라 증가하는 절대위험회피(increasing absolute risk aversion; IARA), 일정한 절대위험회피(constant absolute risk aversion; CARA), 그리고 감소하는 절대위험회피(decreasing absolute risk aversion; DARA) 등으로 분류될 수 있으나, 실증분석결과에 의하면 DARA가 현실에 맞는다고 한다. 부에 대한 절대위험회피의 변화를 요약하면 〈표 4-5〉와 같다.

한편, 여러분은 절대위험회피에 부의 수준을 곱하여 상대위험회피(relative risk aversion; *RRA*)를 다음과 같이 정의할 수 있다.

$$RRA = W \cdot -\frac{u''(W)}{u'(W)} \tag{4-7}$$

표 4-5 부에 대한 절대위험회피의 변화

유형	함 축	효용함수
IARA	부가 증가함에 따라 위험자산에 대한 투자금액이 감소한다.	$u(W)=W-aW^2,\ a>0$
CARA	위험자산에 대한 투자금액은 부의 변화와 관계없이 일정하다.	$u(W)=-\exp(-aW),\ a>0$
DARA	부가 증가함에 따라 위험자산에 대한 투자금액이 증가한다.	$u(W)=\ln W$ $u(W)=\frac{1}{1-a}W^{1-a},\ a\neq 1,\ a>0$

9) Arrow(1971)와 Pratt(1964)에 의하여 개발되었으므로, Arrow-Pratt 위험회피라고도 일컬어진다.

표 4-6 부에 대한 상대위험회피의 변화

유형	함 축	효용함수
IRRA	부가 증가함에 따라 위험자산에 대한 투자비율이 감소한다.	$u(W)=-\exp(-aW)$, $a>0$
CRRA	위험자산에 대한 투자비율은 부의 수준에 관계없이 일정하다.	$u(W)=\ln W$ $u(W)=\frac{1}{1-a}W^{1-a}$, $a>0$, $a\neq 1$
DRRA	부가 증가함에 따라 위험자산에 대한 투자비율이 증가한다.	$u(W)=W-aW^2$, $a>0$

상대위험회피의 경우에도 부의 수준에 대한 변화의 부호에 따라 증가하는 상대위험회피(increasing relative risk aversion; IRRA), 일정한 상대위험회피(constant relative risk aversion; CRRA) 그리고 감소하는 상대위험회피(decreasing relative risk aversion; DRRA) 등으로 분류될 수 있으며, 이 중에서 IRRA가 현실에 맞는 위험회피라고 알려져 있다. 부에 대한 상대위험회피의 변화를 요약하면 〈표 4-6〉과 같다.

현실적으로, 실증분석결과와 일관성을 갖는 DARA와 IRRA를 동시에 만족하는 효용함수는 존재하지 않는다. $RRA=W\times ARA$이므로 CRRA는 DARA를 함축하고, CARA는 IRRA를 함축한다. 따라서, 투자자의 일반적인 효용함수로 CRRA와 CARA의 효용함수가 널리 이용되고 있다.

4. 확률지배

한 개인이 어떤 자산으로부터 다른 자산보다 모든 자연상태에서 보다 많은 부를 얻으면, 그 자산이 다른 자산을 확률적으로 지배한다고 할 수 있다. 이러한 정의는 제1차 확률지배(first order stochastic dominance; FSD)로 알려져 있다. 수학적으로는, 다음과 같은 조건이 만족되면 누적확률분포(cumulative probability distribution), $F_x(W)$를 갖는 자산 x가 누적확률분포, $G_y(W)$를 갖는 자산 y를 양의 한계효용을 갖는 모든 효용함수의 집합에 대하여 제 1 차 확률지배한다고 할 수 있다.[10)]

$$\text{모든 } W\text{에 대하여, } F_x(W) \leq G_y(W) \tag{4-8}$$
$$\text{일부 } W_i\text{에 대하여, } F_x(W_i) < G_y(W_i)$$

식 (4–8)은 자산 y에 대한 누적확률분포가 항상 자산 x에 대한 누적확률분포의 왼쪽에 놓임을 뜻한다. 〈그림 4–7〉에서는 제 1 차 확률지

그림 4–7 제1차 확률지배의 예

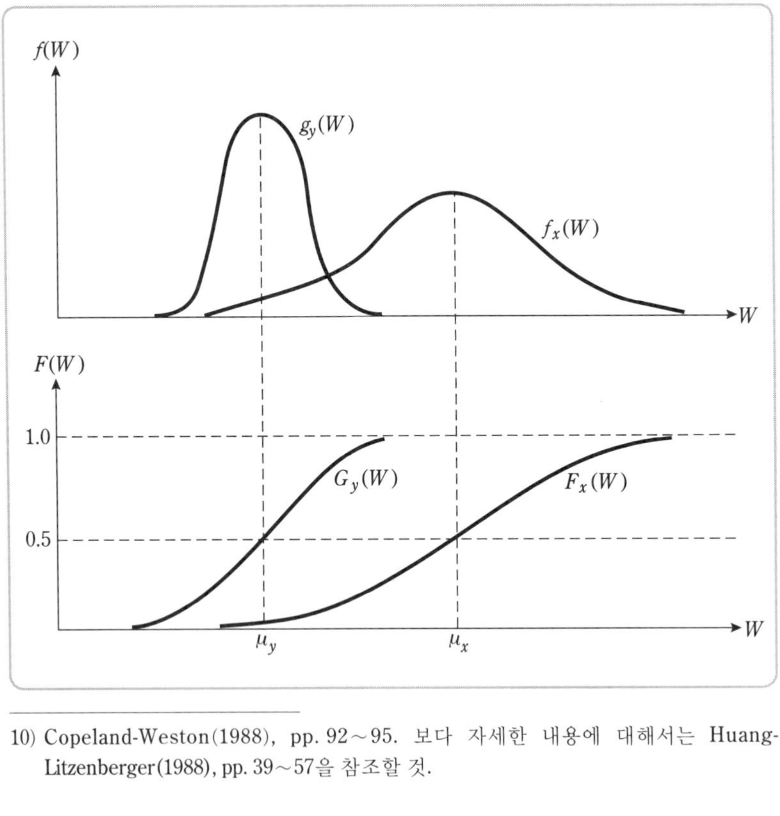

10) Copeland-Weston(1988), pp. 92～95. 보다 자세한 내용에 대해서는 Huang-Litzenberger(1988), pp. 39～57을 참조할 것.

배의 한 보기를 보여주고 있다. y의 누적확률분포가 항상 x의 누적확률분포의 왼쪽에 위치하므로 여러분은 x가 y를 제 1 차 확률지배함을 알 수 있을 것이다.

제 1 차 확률지배는 한계효용이 0보다 큰 모든 효용함수에 적용됨을 유의하라. 이는 〈그림 4-5〉에 있는 세 가지 형태의 효용함수를 갖는 투자자들이 모두 자산 y보다 자산 x를 선호한다는 것을 뜻한다. 왜냐하면, 한계효용이 0보다 큰 모든 효용함수에 대하여, 제 1 차 확률지배가 x의 기대효용이 y의 기대효용보다 크다는 것을 보증하기 때문이다.

이 사실은 〈그림 4-8〉 및 다음과 같은 기대효용의 정의에 의하여 밝혀질 수 있다.

$$E[u(\widetilde{W})] = \int_{-\infty}^{\infty} u(W)f(W)dW \qquad (4\text{-}9)$$

여기에서 $u(W)$ = 효용함수
W = 부의 수준
$f(W)$ = 부의 확률밀도함수

〈그림 4-8〉의 효용함수는 직선으로 표시되어 있다. 기대효용은 모든 가능한 부의 수준을 확률로 가중평균한 값이다. 〈그림 4-8〉의 윗부분에서 주어진 부의 분포 $f_i(W)$에 대하여 한계효용이 0보다 큰 효용함수는 자산 y에 의해 제공되는 부의 수준보다 자산 x에 의해 제공되는 부의 수준에 더 높은 효용을 할당하고 있다. 이는 모든 분포에 대해 모두 적용된다. 결과적으로, 자산 x로부터의 부의 기대효용이 자산 y로부터의 부의 기대효용보다 높게 된다. 물론, 한계효용이 0보다 작은 효용함수의 경우에는 그 반대이다.

제 2 차 확률지배(second order stochastic dominance; SSD)는 한계효용이 0보다 크고 체감하는 효용함수, 즉 위험회피를 나타내는 효용함수를 가정한다. 다음과 같은 조건이 만족되면 자산 x가 자산 y를 제 2 차

그림 4-8 제1차 확률지배와 기대효용

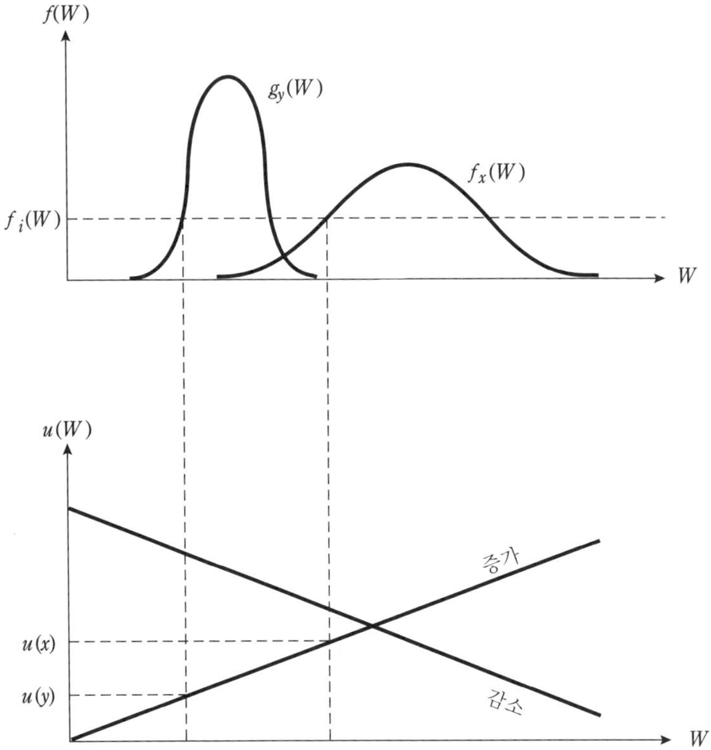

확률지배한다고 할 수 있다.

$$\text{모든 } W\text{에 대하여, } \int_{-\infty}^{W_i}[G_y(W)-F_x(W)]dW \geq 0 \qquad (4\text{-}10)$$

$$\text{일부 } W_i\text{에 대하여, } G_y(W_i) \neq F_x(W_i)$$

모든 위험회피적인 투자자에 대하여 자산 x가 자산 y를 지배하려면, 어떤 주어진 부의 수준 밑에서는 y의 누적확률분포 아래의 면적이 x의 누적확률분포 아래의 면적보다 커야 한다. 이는 제 1 차 확률지배와는 달리 누적확률분포함수가 교차할 수 있음을 의미한다.

〈그림 4-9〉에서 투자자가 위험회피적이면 x가 y를 지배함을 알 수 있다. 왜냐하면, x와 y 모두 기대치가 동일하지만($\mu_x = \mu_y$), y가 x보다 위험하기 때문이다. 제 2 차 확률지배기준에서는 어떤 부의 수준 W_i 밑으로는 누적밀도함수 아래에 있는 면적들의 차이가 양의 값을 갖도록 요구된다. 평균에 이르기까지는 $G_y(W)$가 $F_x(W)$보다 훨씬 크다. 그러나, 평균을 넘어서면 그 반대이다. 〈그림 4-10〉에서는 두 누적밀도함수들의 차이가 항상 0보다 크거나 같으므로 x가 y를 지배한다는 것을 보여준다.

〈그림 4-9〉(b)는 제 2 차 확률지배를 기대효용극대화의 개념과 연결시키고 있다. 한계효용이 체감하는 효용함수는 부의 일정한 증가에 따른 효용의 증대가 부가 증가함에 따라 감소하는 특성을 갖는다. 그러므로, 여러분이 $f_i(W)$와 주어진 부의 분포를 선택하면 부의 동일한 변화 ΔW_1과 ΔW_2가 초래된다. 평균 밑에서 x와 y 사이의 효용의 차이가 평균 위에서 부의 동일한 변화에 대한 효용의 차이보다 훨씬 크다. 결과적으로, 여러분이 모든 이러한 차이들을 같은 확률로 대칭시킴으로써 기대효용을 구하면, x의 기대효용이 y의 기대효용보다 훨씬 큰 것으로 판명될 것이다. 투자자가 위험중립적이라면, 평균 위와 평균 아래의 효용의 차이가 항상 같을 것이다. 따라서, 위험중립적인 투자자는 x와 y에 대해 무차별할 것이다.

확률지배는 지극히 중요하고 강력한 결과를 낳는다. 확률지배는 기대효용극대화에 의거하고 있으며, 더욱 중요한 것은 모든 확률분포에 두루 적용된다는 점이다. 왜냐하면, 확률지배는 확률분포의 모든 점을 전부 고려하기 때문이다. 더욱이, 어떤 자산이 제 2 차 확률지배를 실현하면, 효용함수의 형태와 관계없이 그 자산이 모든 위험 회피적인 투자자들에 의해 선호될 것이라고 여러분은 확신할 수 있을 것이다. 여러분

그림 4-9 제2차 확률지배의 예

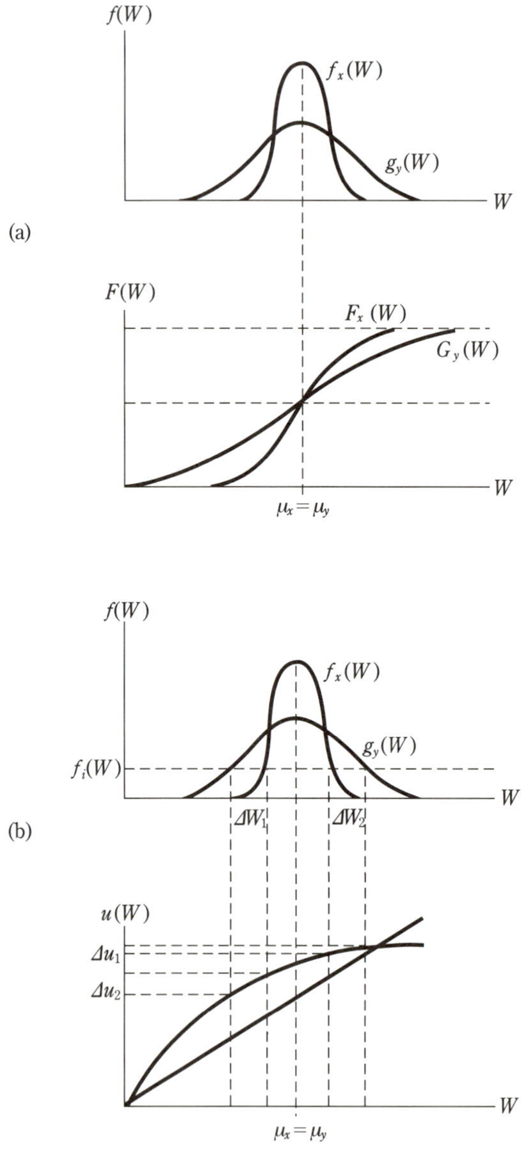

그림 4-10 누적확률들의 차이와 합계

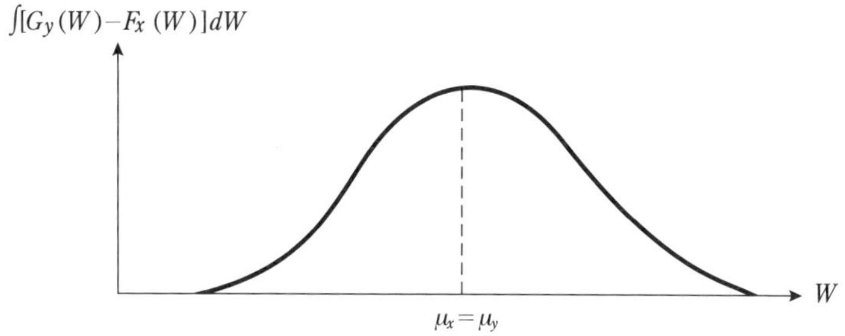

은, 위험회피적인 투자자들이 많은 불확실한 투자대안들 중에서 선택하는 방법에 관한 이론의 기초로, 확률지배를 이용할 수 있다. 여러분이 투자자로서 해야 될 일은 확률지배하는 포트폴리오의 집합을 구한 다음에 이들 중에서 어느 하나의 포트폴리오를 선택하는 것이다.

5. 평균-분산기준

기대효용극대화 이론은 불확실성 하의 투자결정기준으로 흠잡기 어려운 바람직한 이론이지만, 이를 투자실무에 적용하기 위해서는 투자자의 효용함수를 가정해야 하는 문제점을 내포하고 있다. 또한 확률지배기준도 투자대안의 확률분포에 대한 완전한 정보를 전제로 하고 있다. 평균-분산기준(mean-variance criterion)의 가장 두드러진 장점은 투자대안의 수익률 분포 중에서 평균과 분산의 두 모수만 고려한다는 것이다. 이러한 장점으로 인하여 평균-분산모형은 투자분석분야에서 가장 널리 이용되는 자산선택기준이 되었다.

평균-분산모형은 지배원리(dominant principle)라고 불리는 다음과 같은 기준에 의거하고 있다. 동일한 기대수익률(평균)에서는 표준편차

(또는 분산)가 낮은 대안이 선호된다. 동일한 표준편차(또는 분산)에서는 기대수익률(평균)이 높은 대안이 선호된다. 다섯 번째 여행의 포트폴리오이론에서는 이러한 평균-분산모형이 성립한다고 가정된다.

그러면, 평균-분산모형은 어디에서 연유하는가? 결론부터 말하면, 평균-분산모형은 기대효용이론에 그 뿌리를 두고 있다. 다음과 같은 두 조건들 중 어느 하나만 성립하면 기대효용극대화의 기준은 평균-분산기준으로 단순화될 수 있다.

첫째, 투자자가 2차식의 효용함수(quadratic utility function)를 갖는다.

둘째, 자산들의 수익률분포가 정규분포(normal distribution)를 따르고, 투자자가 위험회피적이다.

먼저 투자자의 효용함수가 2차식으로 표시되는 경우를 살펴보자. 영희의 효용함수가 다음과 같이 2차식으로 표시된다고 하자.

$$u(W) = a + bW + cW^2$$

여기서 a는 임의의 상수
$b > 0,\ c < 0.$

한계효용이 0보다 커야 하므로 $u'(W) = b + 2cW > 0$.
그러므로 $W < -\dfrac{b}{2c}$ 로 한정되어야 한다.
영희는 위험회피적이므로 $u''(W) = 2c < 0$.
기대치의 성질을 이용하여, 기대효용을 계산하면

$$E[u(\widetilde{W})] = a + bE(\widetilde{W}) + cE(\widetilde{W}^2)$$

$$\begin{aligned}\mathrm{Var}(\widetilde{W}) &= E[(\widetilde{W} - E(\widetilde{W}))^2] \\ &= E(\widetilde{W}^2) - [E(\widetilde{W})]^2\end{aligned}$$

이므로

$$E(\widetilde{W}^2) = \mathrm{Var}(\widetilde{W}) + [E(\widetilde{W})]^2$$

이 성립한다.

이를 기대효용을 계산하는 식에 대입하면

$$E[u(\widetilde{W})] = a + bE(\widetilde{W}) + c[\mathrm{Var}(\widetilde{W}) + [E(\widetilde{W})]^2]$$

기대효용을 평균으로 편미분하면

$$\frac{\partial E[u(\widetilde{W})]}{\partial E(\widetilde{W})} = b + 2cE(\widetilde{W}) > 0$$

기대효용을 분산으로 편미분하면

$$\frac{\partial E[u(\widetilde{W})]}{\partial \mathrm{Var}(\widetilde{W})} = c < 0$$

따라서, 기대효용은 평균의 증가함수이고 분산의 감소함수이다. 다시 말해서, 평균-분산모형의 지배원리가 성립한다.

다음으로 투자자가 위험회피적이고 자산의 수익률들이 정규분포를 따르는 경우에도 평균-분산모형의 지배원리가 성립함을 보일 수 있다. 여러분은 정규분포의 확률밀도함수(probability density function)는 평균과 분산의 두 가지 모수(parameter)에 의해서만 결정된다는 사실을 상기하라. 따라서, 자산의 수익률들이 정규분포를 따르는 경우에는 기대효용이 평균과 분산만의 함수로 표시될 수 있다. 이는 투자자가 위험회피적이라는 가정과 함께 기대효용이 평균의 증가함수이고 분산의 감소함수임을 함축한다는 것을 수학적으로 증명할 수 있다.[11] 이는 본서의 범위를 넘으므로 생략하기로 한다.

---

11) Copeland-Weston(1988), pp. 96~98.

주·요·용·어

- 위험(risk)
- 불확실성(uncertainty)
- 기대수익률극대화 기준(maximum expected return criterion)
- 세인트 피터스버그의 역설(St. Petersburg paradox)
- 기대효용이론(expected utility theory)
- 위험회피(risk aversion), 위험중립(risk neutrality)과 위험선호(risk loving)
- 위험프리미엄(risk premium)과 확실성등가(certainty equivalent)
- 절대위험회피(absolute risk aversion)와 상대위험회피(relative risk aversion)
- 제 1 차 확률지배(first order stochastic dominance)와 제 2 차 확률지배(second order stochastic dominance)
- 2차식의 효용함수(quadratic utility function)
- 정규분포(normal distribution)
- 평균-분산모형(mean-variance model)

연·습·문·제

1 다음과 같은 세 가지 투자대안을 고려하자.

투자대안 A		투자대안 B		투자대안 C	
확률	수익률	확률	수익률	확률	수익률
1/2	1%	1/4	1%	1/4	1%
1/2	4%	1/2	3%	1/2	2%
		1/4	4%	1/4	4%

여러분은 A와 B 사이의 선택 혹은 A와 C 사이의 선택만을 고려한다. 두 가지 선택의 경우에 최초부존자원 $W_0=\$100$으로 주어져 있다.

(a) 여러분이 기대수익률극대화 기준에 따른다면 어떤 투자대안을 선택하겠는가?

(b) 여러분의 효용함수가 $u(W)=W$로 표시된다면, 어떤 투자대안을 선택하겠는가?

(c) 여러분의 효용함수가 $u(W)=W^2$로 표시된다면, 어떤 투자대안을 선택하겠는가?

(d) 여러분의 효용함수가 $u(W)=\sqrt{W}$로 표시된다면, 어떤 투자대안을 선택하겠는가?

2 효용함수 $u(W)=\sqrt{W}$와 최초의 부 $W_0=\$100$을 가진 위험회피자가 다음과 같은 확률분포를 갖는 복권을 보유하고 있다.

확 률	당첨상금
α	\$ 0
$1-\alpha$	\$ 96

(a) 그녀가 복권을 \$10.25 이상으로 팔고 싶어한다고 가정하고 α를 구하시오.

(b) $W_0=\$100$에서 $W_0=\$10,000$으로 변하면 α는 어떻게 변할 것인가?

3 효용함수 $u(W)=W^2$를 갖는 철수는 다음의 투자대안 A와 B에 대해 무차별하게 느끼고 있다.

투자대안 A		투자대안 B	
확률	최종의 부	확률	최종의 부
1/2	\$96	P	\$ 90
1/2	\$102	$1-P$	\$ 105

위의 표에 있는 p를 구하시오.

4 영희는 \$1,000를 딸 확률과 잃을 확률이 각각 $\frac{1}{2}$인 불확실한 겜블을 고려하고 있다. 보험회사에서 보험프리미엄으로 \$500를 요구한다면, 영희는 얼마의 부의 수준에서 겜블에 참여하는 것과 보험을 드는 것에 대해서 무차별하게 느낄 것인가? 영희의 효용함수는 $u(W)=-W^{-1}$로 알려져 있다.

5 증권수익률이 정규분포를 따른다고 가정하고, 다음의 세 가지 경우에 제 2 차 확률지배에 의하여 포트폴리오 A와 포트폴리오 B를 비교하시오.

(a) $\sigma_A > \sigma_B$, $E_A = E_B$

(b) $\sigma_A = \sigma_B$, $E_A > E_B$

(c) $\sigma_A < \sigma_B$, $E_A < E_B$

6 "조선대학교의 김규영 교수는 나들이 갈 때마다 유료주차장에 자기 승용차를 주차시키는 것을 철칙으로 삼고 있다." 김 교수의 위험회피나 위험프리미엄과 관련시켜 위의 문장을 논평하시오.

다섯 번째 여행

계란을 한 바구니에 담지 않는 이유

네 번째 여행에서 공부한 바와 같이 여러분이 위험회피적이면, 집중투자보다는 분산투자를 선호할 것이다. 이것이 포트폴리오(portfolio)의 원리이다. 예를 하나 들어보자. A회사는 우산을 만들어 파는 회사이고 B회사는 아이스크림을 만들어 파는 회사라고 하자. 여러분은 A회사나 B회사의 주식에 대한 집중투자보다는 A회사와 B회사에의 분산투자를 선호할 것이다. 즉, 미래의 날씨에 따라 A회사와 B회사의 흥망성쇠가 갈릴 것이기 때문에, 위험회피적인 여러분은 A회사와 B회사에의 분산투자를 통해 날씨의 불확실성으로 인한 손실을 보전하려 할 것이다.

다섯 번째 여행에서는 위험회피적인 투자자들이 평균-분산모형(mean-variance model)에 따라 행동한다고 가정하고 포트폴리오이론을 전개한다.[1)]

1) Haley-Schall(1979), pp. 120~142. 보다 상세한 내용은 Markowitz(1952, 1959)를 참조할 것.

제 01 절 증 권

여러분이 평균-분산모형의 지배원리에 따라 증권을 선택한다고 하자. 즉, 여러분은 기대수익률 혹은 평균이 일정하면 분산 혹은 표준편차가 작은 대안을 선호하고, 분산 혹은 표준편차가 같으면 기대수익률 또는 평균이 큰 대안을 선호한다고 가정하자. 이 장에서는 위험의 측정치로서 분산보다는 표준편차를 자주 사용하는데, 그 이유는 기대수익률-표준편차 평면에서 포트폴리오에 대한 기하학적 분석이 기대수익률-분산 평면에서의 그것보다 용이하기 때문이다.

여러분이 〈표 5-1〉과 같이 5개의 증권에 대하여 기대수익률과 표준편차를 추정하였다고 가정하자.

표 5-1 증권들의 기대수익률과 표준편차

증 권	기대수익률	표준편차
A	0.05	0
B	0.10	0.08
C	0.22	0.20
D	0.10	0.18
E	0.15	0.20

여러분이 5개의 증권 중에서 어느 하나를 선택한다면, 어떤 증권을 택할 것인가? 〈그림 5-1〉을 보면 보다 선택이 용이해질 것이다. 지배원리에 따라, B가 D를 지배하고 C가 E를 지배하므로, D와 E는 선택의 대상에서 배제될 것이다. 그러면 A, B, C 중에서 어느 증권을 선택할 것인가? 이에 대해 대답하기 위해서는 여러분의 위험에 대한 태도

그림 5-1 표준편차-기대수익률 평면에 표시된 증권들

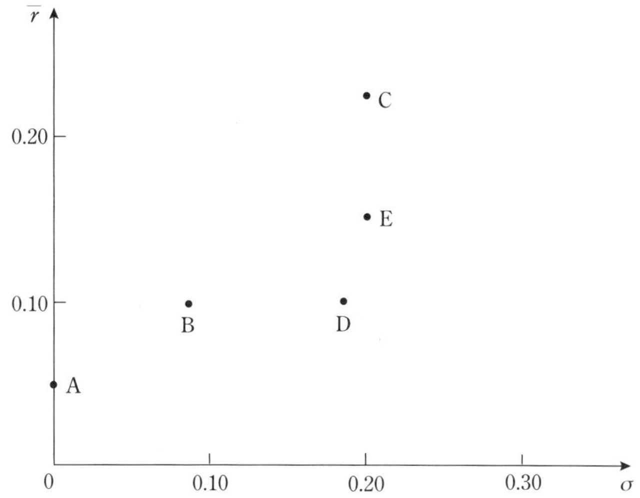

에 대한 추가적인 정보가 필요하다. 그러나, 두 개 이상의 증권에 투자할 수 있으며, 무위험이자율로 차입과 대여가 가능하다면, 여러분은 아주 많은 투자대안에 직면하게 될 것이다.

제 02 절 분산투자와 포트폴리오

증권의 조합(combination of securities)을 포트폴리오(portfolio)라고 부르며, 분산투자는 두 개 이상의 위험자산에 투자하는 것을 뜻한다.

B증권과 C증권으로 포트폴리오를 구성해 보자. x와 $(1-x)$를 각각 B에 투자하는 비율, C에 투자하는 비율로 정의하자. 이 포트폴리오의 수익률($\widetilde{r}_P$)은 현재시점에서 보면 확률변수이며 B의 수익률 $\widetilde{r}_B$와 C의 수

익률 $\widetilde{r_C}$의 선형결합으로 표시된다.

$$\widetilde{r_P} = x\widetilde{r_B} + (1-x)\widetilde{r_C} \tag{5-1}$$

그러므로, 이 포트폴리오의 기대수익률은 다음과 같이 계산된다.

$$E(\widetilde{r_P}) = xE(\widetilde{r_B}) + (1-x)E(\widetilde{r_C}) \tag{5-2}$$

〈표 5-1〉에서 $E(\widetilde{r_B}) = 0.10$, $E(\widetilde{r_C}) = 0.22$이므로,

$$E(\widetilde{r_P}) = 0.1x + (1-x)0.22 = 0.22 - 0.12x$$

여러분이 투자비율 x를 증가시키면 포트폴리오의 기대수익률은 0.22($x=0$)에서 0.10($x=1$)으로 감소하게 된다.

제 3 장에서 여러분은 확률변수의 선형결합의 분산을 구하는 방법을 배웠다. 식 (3-9)를 이용하면

$$\sigma_P^2 = x^2\sigma_B^2 + (1-x)^2\sigma_C^2 + 2x(1-x)\mathrm{Cov}(\widetilde{r_B},\ \widetilde{r_C}) \tag{5-3}$$

또는

$$\sigma_P^2 = x^2\sigma_B^2 + (1-x)^2\sigma_C^2 + 2x(1-x)\rho_{BC}\sigma_B\sigma_C \tag{5-4}$$

이제 ρ_{BC}값에 따라 포트폴리오의 표준편차가 어떻게 변하는지를 살펴보기로 한다.

두 확률변수간의 상관계수는 -1과 1 사이의 값을 취할 수 있음을 상기하라. $\rho_{BC}=1$일 때 두 증권수익률은 완전 양의 상관관계를 가지며, 식 (5-4)는 다음과 같이 표시될 수 있다.

$$\begin{aligned}\sigma_P^2 &= x^2\sigma_B^2 + (1-x)^2\sigma_C^2 + 2x(1-x)\sigma_B\sigma_C \\ &= [x\sigma_B + (1-x)\sigma_C]^2\end{aligned}$$

따라서,

$$\sigma_P = x\sigma_B + (1-x)\sigma_C \tag{5-5}$$

$$\sigma_B = 0.08,\ \sigma_C = 0.20$$

이므로

$$\sigma_P = 0.2 - 0.12x$$

여러분이 B에 대한 투자비율을 늘리면, x는 증가하고 포트폴리오의 위험은 감소된다. 그러나, 여러분은 위험감소의 대가로 기대수익률의 감소를 감수하여야 한다. 〈그림 5-2〉(a)에는 $\rho_{BC} = 1$일 때 x값의 변화에 따른 $E(\widetilde{r_P})$와 σ_P의 가능한 조합이 표시되어 있다. 이 그림으로부터 여러분은 포트폴리오를 구성하는 두 증권의 수익률이 완전 양의 상관관계에 있으면, 포트폴리오의 기대수익률과 표준편차간에 선형관계가 존재한다는 사실을 깨닫게 될 것이다.

$\rho_{BC} = -1$일 때, 분산투자효과가 극대화된다.
$\rho_{BC} = -1$을 식 (5-4)에 대입하면

$$\sigma_P^2 = x^2\sigma_B^2 + (1-x)^2\sigma_C^2 - 2x(1-x)\sigma_B\sigma_C$$

$$= [x\sigma_B - (1-x)\sigma_C]^2$$

$$\sigma_P = |\,x\sigma_B - (1-x)\sigma_C\,| \tag{5-6}$$

식 (5-6)의 우변이 절대값의 형태를 가지는 이유는 표준편차는 정의에 의해서 음의 값을 취할 수 없기 때문이다.

$\sigma_B = 0.08$, $\sigma_C = 0.20$을 (5-6)에 대입하면

$$\sigma_P = |\,0.28x - 0.20\,|$$

그림 5-2 상관계수와 포트폴리오의 형태

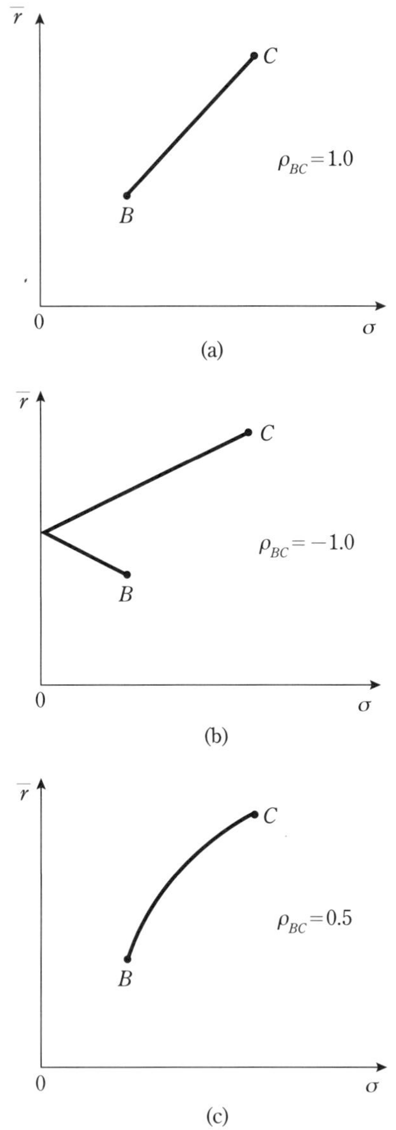

포트폴리오의 표준편차는 $x=\frac{5}{7}=0.715$일 때 0이 됨을 알 수 있다. 여러분은 $x=0.715$일 때 분산투자효과가 극대화됨을 주목하라. 두 증권이 완전 음의 상관관계를 가질 때 포트폴리오의 기대수익률과 표준편차의 관계를 〈그림 5-2〉(b)에 도시하였다.

대부분의 증권들은 완전 양 또는 음의 상관관계를 갖기보다는 -1과 1 사이의 상관관계를 갖는다. 현실적으로 음의 상관관계를 갖는 증권들을 찾기가 힘들며, 대부분의 증권들은 양의 상관관계를 갖는다. $\rho_{BC}=0.5$라고 하고 하자. 이 경우에도 분산투자효과는 존재한다. $\sigma_P=[0.0304x^2-0.064x+0.04]^{\frac{1}{2}}$가 되며 기대수익률과 표준편차를 도시하면 〈그림 5-2〉(c)와 같다.

일반적으로, 포트폴리오를 구성하는 증권들의 수익률들 간에 상관관계가 낮을수록 분산투자효과가 크다고 할 수 있다. 현실적으로 증권수익률들 간의 상관계수는 0과 1 사이에 있는 것이 대부분이므로 포트폴리오의 기대수익률과 표준편차는 〈그림 5-2〉(c)와 같은 곡선으로 표시될 수 있다.

이제 n개의 증권으로 구성되는 포트폴리오의 기대수익률과 표준편차를 구해보자. $E(\widetilde{r_i})$가 증권 i의 기대수익률이고 x_i가 i증권이 포트폴리오에 투자된 비율이라고 하면

$$E(\widetilde{r_P})=\sum_{i=1}^{n}x_iE(\widetilde{r_i}) \qquad (5-7)$$

σ_i가 증권 i의 수익률의 표준편차이고 ρ_{ij}가 증권 i와 j의 수익률들 간의 상관계수라고 하면

$$\sigma_P=\left[\sum_{i=1}^{n}\sum_{j=1}^{n}x_ix_j\rho_{ij}\sigma_i\sigma_j\right]^{\frac{1}{2}} \qquad (5-8)$$

제 03 절 효율적 경계

*n*개의 증권으로 구성되는 포트폴리오의 기대수익률과 표준편차를 식 (5-7)과 (5-8)처럼 계산한다는 사실이 어떤 증권들을 어느 비율로 포트폴리오에 포함시킬 것인가에 대한 해답을 제시하지는 않는다.

여러분이 최소 두 개의 증권으로 포트폴리오를 구성할 때에는 무한히 많은 수의 포트폴리오 구성이 가능한 것이다. 많은 증권들로 포트폴리오를 구성한다고 가정하고, 포트폴리오의 가능한 집합을 살펴보기로 하자. 모든 가능한 포트폴리오의 기대수익률과 표준편차가 〈그림 5-3〉의 빗금친 부분으로 표시될 수 있다고 하자. 여러분이 위험회피적인 투자자라면, 여러분은 왼쪽 경계선에 관심을 둘 것이다. 왜냐하면, 곡선 *GH* 상에 있는 포트폴리오가 *GH*의 오른쪽에 있는 포트폴리오보다 동일한 표준편차에서 더 높은 기대수익률 혹은 동일한 기대수익률에서 더 낮은 표준편차를 제공하기 때문이다.

GH 곡선 상에 있는 포트폴리오는 빗금친 부분에 있는 모든 다른 포트폴리오를 평균-분산의 의미에서 지배하기 때문에 "효율적 포트폴리오(efficient portfolio) 또는 효율적 경계(efficient frontier)"라고 불린다. 효율적 경계를 결정하는 컴퓨터 프로그램이 있으나, 이는 본서의 범위를 넘는다고 생각되어 생략하기로 한다. 여기서 초점이 되는 것은 효율적 경계의 존재와 그 특성이다.

여러분이 평균-분산기준에 따라 위험자산들만으로 포트폴리오를 구성하려 한다면, 여러분은 효율적 경계 상에 있는 포트폴리오를 선택하게 됨을 이제 깨달았을 것이다. 그러나, 증권시장에 무위험자산이 존재한다면 효율적 포트폴리오는 어떻게 변할 것인가?

그림 5-3 위험증권들로 구성된 효율적 포트폴리오

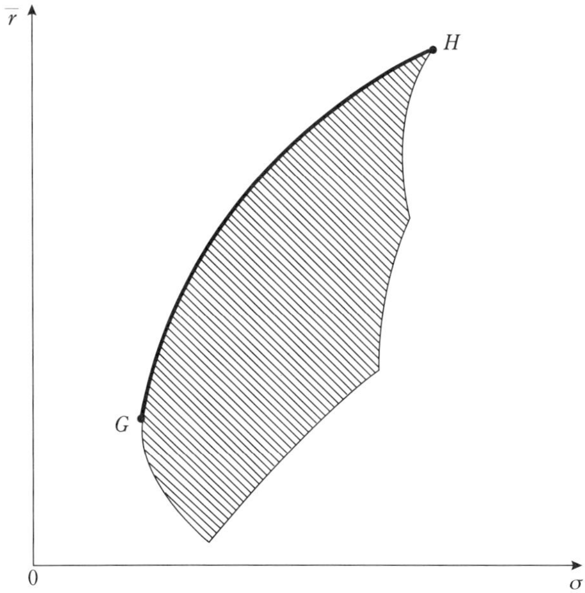

제 04 절 대여포트폴리오

〈표 5-1〉의 증권 A는 무위험자산이므로, A에 투자한다는 것은 무위험이자율로 여러분의 돈을 다른 사람들에게 빌려 준다는 것을 뜻한다. 여러분이 증권 A와 증권 B로 포트폴리오를 구성한다고 하자. f가 증권 B에 투자하는 비율이면, $1-f$는 증권 A에 투자하는 비율이 된다. 이 포트폴리오의 수익률은 확률변수이며 다음과 같이 표시된다.

$$\widetilde{r_I} = (1-f)r_A + f\,\widetilde{r_B} \tag{5-9}$$

포트폴리오의 기대수익률과 표준편차는 다음과 같다.

$$E(\widetilde{r_I}) = (1-f)r_A + fE(\widetilde{r_B}) \tag{5-10}$$

$$\sigma_I^2 = (1-f)^2\sigma_A^2 + f^2\sigma_B^2 + 2f(1-f)\rho_{AB}\sigma_A\sigma_B$$
$$= f^2\sigma_B^2$$

$$\sigma_I = f\sigma_B \tag{5-11}$$

식 (5-11)을 유도하기 위해 $\sigma_A = \rho_{AB} = \mathrm{Cov}(r_A,\ \widetilde{r_B}) = 0$ 이라는 사실을 이용하였음을 여러분은 주목하라.

f 값에 대하여 $E(\widetilde{r_I})$와 σ_I값을 계산하면 〈그림 5-4〉(a)처럼 A와 B를 잇는 직선을 얻게 된다. 이 직선 상에 있는 각 점은 A와 B의 특정한 조합이다. 마찬가지로, C와 A로 포트폴리오를 구성하면 A와 C를 잇는 직선이 된다. 이제 $\rho_{BC} = 0.2$라고 가정하여 B와 C로 포트폴리오를 구성하면 〈그림 5-4〉(b)의 곡선 BC를 얻게 된다.

여러분이 500만 원을 가지고 있는데, 이 중에서 100만 원으로 증권 B와 증권 C를 매입하고 나머지 400만 원으로 증권 A를 매입한다고 하자. 100만 원 중에서 B에 투자하는 비율을 x라고 한다면, x값이 〈그림 5-4〉(b)의 곡선 BC 상의 한 점을 나타낸다. 여러분이 B와 C로 구성된 포트폴리오 P에 일부 (f)를 투자하고 나머지 $(1-f)$를 A에 투자한다면, 여러분의 투자에서 비롯되는 기대수익률과 표준편차는 AP선 상에 놓이게 될 것이다. 위의 보기에서 $f = 0.2$, $x = 0.75$라고 하면, 여러분의 투자에서 비롯되는 기대수익률과 표준편차는 식 (5-10)과 식 (5-11)을 이용하여 0.066, 0.017이 되며 AP선 상의 D점으로 표시된다.

위의 분석에서 한 단계 더 나아가면 〈그림 5-4〉(c)에 있는 포트폴리오 P^*가 평균-분산기준에 따르는 투자자들이 가장 선호하는 포트폴리오의 하나가 될 수 있음을 알 수 있다.

즉, AP^*C 상에 있는 점들이 효율적 포트폴리오이며 다른 포트폴

그림 5-4 대여포트폴리오의 구성과정

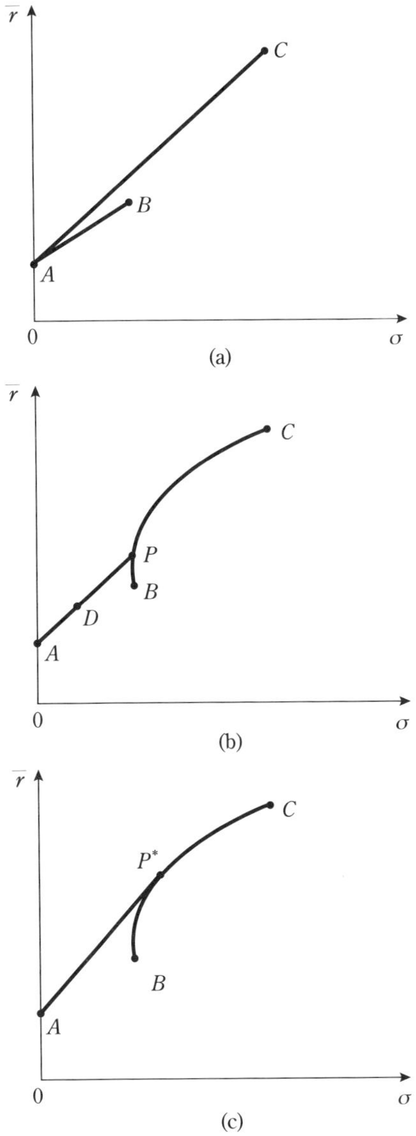

리오들을 평균-분산 의미에서 지배하게 된다. 여기서 여러분이 주목할 점은 AP^*는 A점에서 곡선 BC에 그은 접선이라는 사실이다.

물론 현실적으로는 위험증권의 수가 두 개보다 훨씬 많으나, 효율적 포트폴리오 결정에는 동일한 원칙이 적용된다. 즉, 대여로 이루어진 효율적인 접점포트폴리오는 단 하나만 존재한다. 〈그림 5-5〉에서 GH가 효율적 경계이지만, 고려의 대상이 되는 포트폴리오는 AP^*H 상에 있는 점들이다. 이 점들 중에서 어느 것을 선택할 것인가 하는 것은 여러분의 위험에 대한 태도, 즉 효용함수에 달려 있음은 물론이다.

그림 5-5 효율적 포트폴리오: 무위험이자율로 대여가 가능한 경우

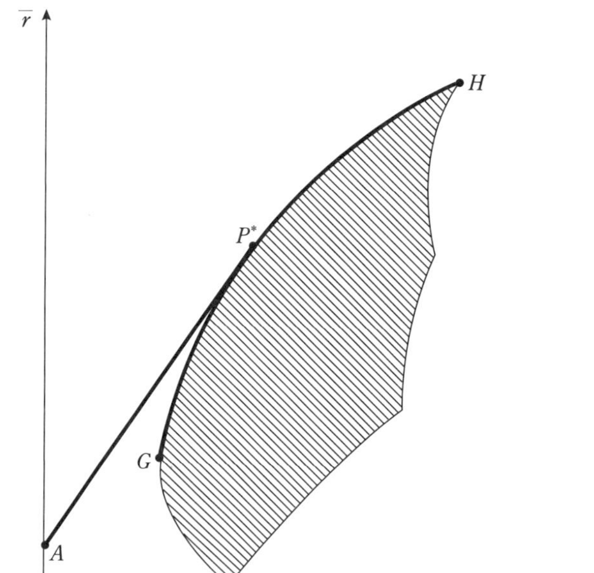

제 05 절 차입포트폴리오

이제 여러분이 위험자산에 투자하기 위하여 자금을 차입할 수 있다고 가정하자. 차입이자율은 6%이며 원리금 상환은 확실하게 보장된다고 하자. 먼저 단일 위험증권에 투자하기 위하여 차입하는 경우를 살펴보자. 위험증권에 투자하는 비율 f 는 1보다 크며, 무위험자산에 투자하는 비율 $(1-f)$는 음수가 된다. 다음과 같은 보기를 들어보자.

최초의 자금=1,000만 원

차입자금=500만 원

위험증권 C에 투자하는 금액=1,500만 원, f=1.5, $1-f$=−0.5

증권 C의 기대수익률=22%

증권 C의 수익률의 표준편차=20%

증권 C의 기대수익=1,500×0.22=330(만 원)

차입이자=500×0.06=30(만 원)

자기자본의 기대수익=330−30=300(만 원)

자기자본의 기대수익률$=\bar{r}_I=\dfrac{300}{1{,}000}=0.3$

자기자본의 기대수익률은 다음과 같이 계산될 수도 있다.

$$
\begin{aligned}
E(\tilde{r}_I) &= fE(r_C)+(1-f)r_F \\
&= 1.5\times 0.22+(-0.5)\times 0.06 \\
&= 0.33-0.03 \\
&= 0.3
\end{aligned}
$$

그리고,

$$\sigma_I = f\,\sigma_C$$
$$= 1.5 \times 0.2$$
$$= 0.3$$

여기서 여러분이 주목할 점은 차입은 기대수익률과 표준편차를 동시에 증가시킨다는 것이다. 차입포트폴리오도 대여포트폴리오처럼 일직선 상에 놓이게 된다. 〈그림 5-6〉은 6%의 이자율로 자금을 차입하여 증권 B 또는 증권 C에 투자하는 경우를 나타내고 있다.

개별증권 대신에 포트폴리오를 고려하더라도 차입이 미치는 영향은 마찬가지이다. 여러분이 5%의 이자율로 자금을 대여할 수 있고, 6%의 이자율로 자금을 차입할 수 있으며, 증권 B와 증권 C에 투자할 수 있다고 하면, 여러분의 포트폴리오의 기대수익률과 표준편차를 〈그림

그림 5-6 차입포트폴리오

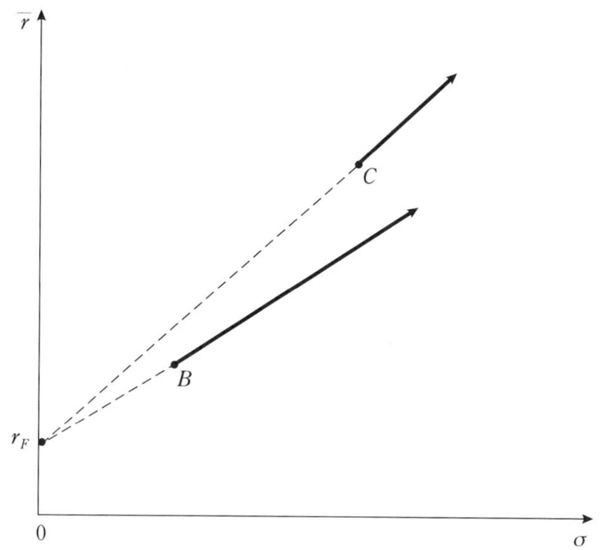

그림 5-7 효율적 포트폴리오: 차입이자율이 대여이자율보다 높은 경우

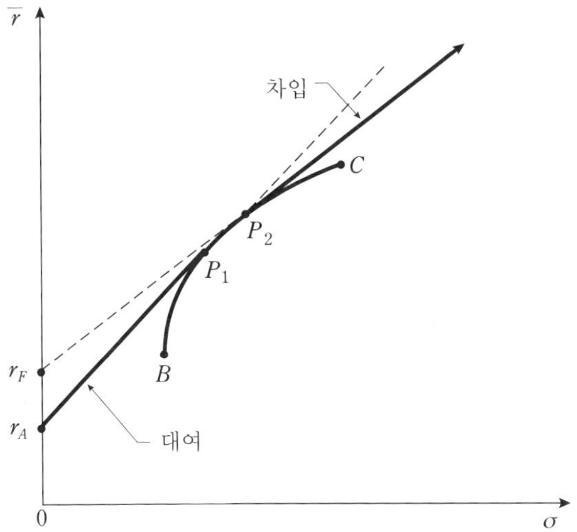

5-7〉에 나타낼 수 있다. $r_A P_1 P_2$와 차입직선으로 이루어지는 포트폴리오가 다른 모든 포트폴리오들을 평균-분산의 의미에서 지배하므로 효율적 포트폴리오가 된다. 이 효율적 포트폴리오 중에서 여러분이 최종적으로 선택하는 최적포트폴리오는 물론 여러분의 위험에 대한 태도에 달려 있을 것이다.

차입이자율과 대여이자율이 동일하면 차입포트폴리오와 대여포트폴리오가 〈그림 5-8〉처럼 동일직선 상에 놓이게 된다. 위험증권들을 보유하는 경우에는 오직 하나의 포트폴리오 P^*가 BC 상의 다른 포트폴리오들을 지배하게 됨을 주목하라. 여러분의 효용함수가 결코 P^*의 위치를 결정하지 않는다. P^*는 무위험이자율과 증권시장에 존재하는 위험증권들의 기대수익률과 표준편차 그리고 수익률들의 상관계수에 의해 결정됨을 알 수 있다.

그림 5-8 효율적 포트폴리오: 차입이자율과 대여이자율이 같은 경우

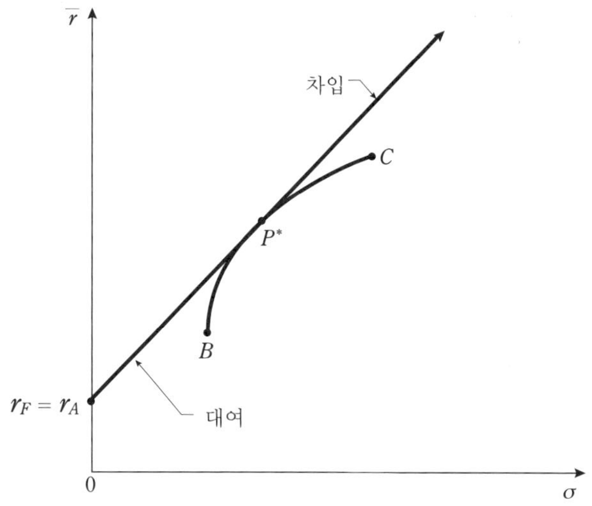

제 06 절 분리정리

투자자가 동일한 무위험이자율로 자금을 차입하거나 대여할 수 있으며, 위험증권들의 효율적 경계가 주어졌다고 가정하면, 다음과 같은 포트폴리오이론에서 중요한 분리정리(separation theorem)[2]가 성립하게 된다. 투자자의 (위험증권들로 구성된) 포트폴리오의 선택은 그 투자자의 위험에 대한 태도로부터 분리되어 독립적으로 결정된다. 다시 말해서, 분리정리에 의하면 기대수익률과 표준편차만이 투자자의 관심이 되는 특성인 경우에 위험증권들만으로 구성된 효율적 포트폴리오는 그 투자

2) Tobin(1958)이 처음 발견하였으며, 그의 이름을 붙여 토빈의 분리정리라고 부른다. 보다 자세한 내용은 Ingersoll(1987), pp. 140~164를 참조할 것.

그림 5-9 무위험자산과 위험자산들로 구성된 효율적 포트폴리오

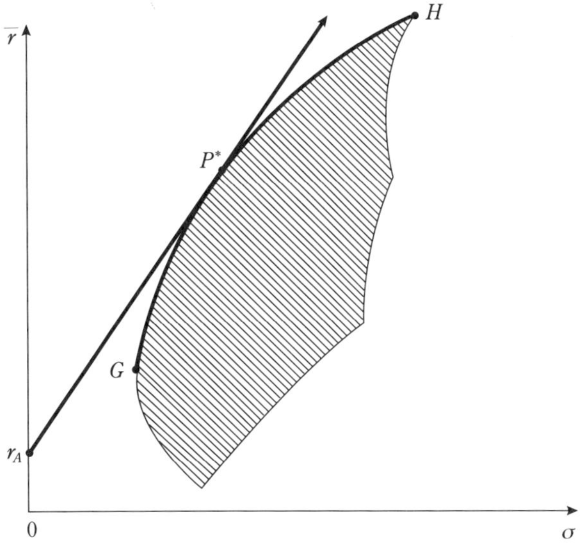

자의 위험에 대한 태도와 무관하게 결정된다.

〈그림 5-9〉는 증권시장에 하나의 무위험자산과 수없이 많은 위험증권들이 존재하는 경우에 효율적 포트폴리오(efficient portfolio)를 나타내고 있다. 위험증권들로만 구성된 효율적 포트폴리오는 곡선 GH로 표시되고 있다. 여러분이 위험증권들에만 투자한다면, 여러분은 포트폴리오 P^*를 선택할 것이다. 물론, 여러분은 전액을 무위험자산에 투자하여 r_A의 무위험수익률을 얻을 수 있다. 그러나, 여러분이 재산의 일부를 위험증권들에 투자한다면 r_A와 P^*를 잇는 직선(r_A를 제외) 중에서 어느 한 점을 선택할 것이다. 여기서 주목할 점은 P^*를 결정하는 데 여러분의 위험에 대한 태도가 전혀 영향을 미치지 않는다는 것이다. 그러나, 여러분의 만족을 극대화하는 최적포트폴리오(optimal portfolio)의 결정에는 여러분의 위험에 대한 태도가 영향을 미친다.

그러면, 무엇이 P^*를 결정하는가? 무위험이자율, 증권시장에 존재하는 위험자산들의 기대수익률과 표준편차 및 수익률의 상관계수가 P^*를 결정하는 요인들이다. 분리정리가 성립하는 데 있어서 가장 중요한 가정은 투자자가 동일한 무위험이자율로 자금을 차입하거나 대여할 수 있다는 것이다. 현실세계에서처럼 차입이자율이 대여이자율보다 높으면, 접점 포트폴리오가 2개 존재하므로 분리정리가 붕괴하게 된다.

분리정리에 의하면, 투자자가 가장 선호하는 최적포트폴리오는 다음과 같은 두 단계를 거쳐서 결정된다.

첫째, 무위험이자율과 증권시장에 존재하는 위험증권들의 수익률 구조(기대수익률, 표준편차, 상관계수)로부터 효율적 포트폴리오가 결정된다. 〈그림 5-9〉에서 r_A에서 효율적 경계 GH에 긋는 접선이 바로 효율적 포트폴리오가 되어 평균-분산의미에서 기존의 효율적 경계 GH를 지배한다.

둘째, 투자자의 위험에 대한 태도, 즉 무차별곡선과 효율적 포트폴리오인 r_AP^*직선이 접하는 점에서 투자자의 만족을 극대화하는 최적포트폴리오가 결정된다.

그러면 P^*는 무엇인가? P^*는 한 증권시장에 존재하는 모든 위험증권들의 시장가치비율로 구성된 포트폴리오이다. 따라서, 여러분은 이 포트폴리오를 시장포트폴리오(market portfolio)라고 부를 수 있다.

주·요·용·어

- 지배원리(dominant principle)
- 포트폴리오(portfolio)
- 분산투자효과(diversification effect)
- 효율적 경계(efficient frontier)
- 대여포트폴리오(lending portfolio)와 차입포트폴리오(borrowing portfolio)
- 분리정리(separation theorem)
- 효율적 포트폴리오(efficient portfolio)와 최적포트폴리오(optimal portfolio)
- 시장포트폴리오(market portfolio)

연·습·문·제

1 철수는 다음과 같은 수익률 자료를 갖는 증권 A와 증권 B에의 투자를 고려하고 있다.

	A	B
기대수익률	10	20
분 산	5	40

(a) 철수가 평균-분산기준에 따라 행동한다면 자신의 부를 100% A에 집중 투자하겠는가? 여러분의 답을 제시하고 이유를 밝히시오. A와 B의 상관계수는 0이다.

(b) A와 B의 상관계수는 0이 아니라 1이라고 가정하면, (a)의 답은 어떻게 변할까?

2 A주식과 B주식의 수익률 자료가 다음과 같다고 하자.

	A	B
기대수익률	11%	16%
표준편차	32%	45%
상관계수	0.40	

(a) x를 A에 투자되는 비율로 정의하고, $x=0, 0.1, 0.3, 0.8, 0.9, 1.0$인 경우에 포트폴리오의 기대수익률과 표준편차를 계산하여 도시하시오.

(b) 포트폴리오 수익률의 분산을 최소화하는 투자비율 x를 구하시오. 이 최소분산 포트폴리오의 기대수익률과 표준편차를 계산하시오.

3 자산 X와 Y의 수익률은 완전 음의 상관관계에 있고, X의 확률분포는 다음과 같다.

X	확 률
30%	0.1
20%	0.2
15%	0.4
10%	0.2
−50%	0.1

X와 Y로 분산이 0인 무위험포트폴리오를 구성하려 한다. 자산 X에 투자되는 비율 x를 구하시오.

4 "무위험 차입이자율이 무위험 대여이자율보다 높은 경우에도 분리정리는 여전히 성립한다"라는 문장을 논평하시오.

5 효율적 포트폴리오(efficient portfolio)와 최적포트폴리오(optimal portfolio)의 차이를 설명하시오.

제 3 편

자본시장의 균형과 효율성

| 여섯 번째 여행 | 증권의 위험과 수익은 비례

| 일곱 번째 여행 | 증권의 위험은 여러 가지

| 여덟 번째 여행 | 증권가격은 정보에 어떻게 반응하는가?

김박사의 투자론 여행

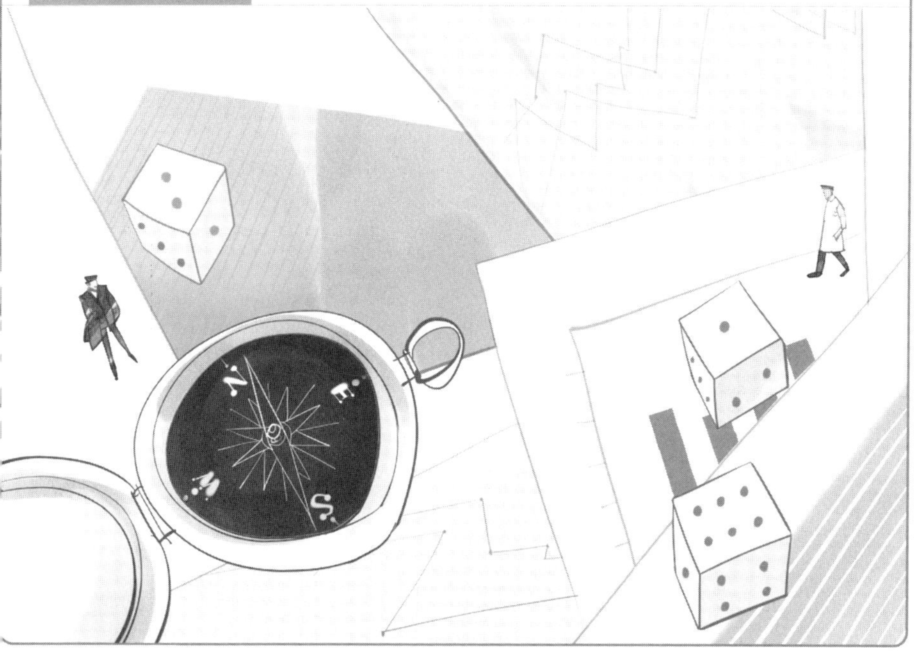

여섯 번째 여행

증권의 위험과 수익은 비례

다섯 번째 여행에서는 개인투자자의 투자문제를 다루는 포트폴리오이론을 논의하였다. 여섯 번째 여행에서는 자본시장의 균형조건을 이용하여 위험증권의 가치를 결정하고자 한다. 특히, 기업이 발행한 보통주의 가치결정에 초점을 맞출 것이다.

재무이론에서 균형(equilibrium)은 세 가지 의미를 내포하고 있다고 할 수 있다.

첫째, 자산시장에서 초과수요가 없는 상태, 즉 수요와 공급이 일치하는 상태를 균형이라고 한다.

둘째, 추가적인 투자와 위험부담 없이 얻는 이윤을 차익거래이윤(arbitrage profit)이라 부르는데, 이러한 차익거래이윤이 없는 조건(no-arbitrage condition)이 성립하는 상태를 균형이라고도 한다. 첫째의 균형개념은 둘째의 그것의 특수한 경우이므로, 전자는 후자의 부분집합이라 할 수 있다.

셋째, 게임이론 상의 균형개념으로서 경기자가 서로 협조하지 않는 비협조적 게임(non-cooperative game)의 경우에 이 균형에서 벗어나 한 경기자가 다른 경기자의 전략이 변함이 없는 상태에서 자신의 전략

(strategy)을 바꾸어 보아도 자신에게 이득이 돌아오지 않는 상태[1]를 가리킨다.

자본시장에서 균형이라고 하면, 보통 첫째 개념과 둘째 개념을 뜻한다. 금융자산의 가치평가모형으로 자본자산가격결정모형(capital asset pricing model; CAPM), 차익거래가격결정이론(arbitrage pricing theory; APT) 그리고 옵션가격결정모형(option pricing model; OPM) 등이 있는데, CAPM은 첫째의 균형개념, 그리고 APT와 OPM은 둘째의 균형개념에 의거하여 도출된다.

자본시장이론은 현실 세계를 묘사하려 하므로 본질적으로 실증적(positive)이다. 그러나, 이론을 개발하기 위해서는 수많은 지극히 비현실적인 가정들을 하지 않을 수 없다. 가정들이 비현실적이라도 이론의 함축이 현실세계에서 관찰되는 사실들을 설명할 수 있다면, 그 이론은 가치가 있다고 할 수 있을 것이다. 여섯 번째 여행에서는 몇 가지 비현실적인 가정들로부터 CAPM을 도출한다.[2]

제 01 절 가 정

불확실성 하의 자본시장이론은 개별 투자자의 태도와 행동 그리고 금융자산이 거래되는 시장에 관한 가정들에 입각하여 도출된다. 이 가정들은 실제 필요한 것보다 더욱 제약적이지만, 보다 일반적인 가정들을 도입하면 논의가 난해해지므로, 이 제약적인 가정들이 자본시장이론

1) 내쉬균형(Nash equilibrium)이라 불린다. 게임이론의 재무이론에의 응용은 Kreps(1990)와 Gibbons(1992), 그리고 일반적인 게임이론에 대해서는 Fudenberg-Tirole(1992), Owen(1995) 등을 참조할 것.

2) Haley-Schall(1979), pp. 143∼155. 원래의 모형유도에 대해서는 Sharpe(1964), Lintner(1965), 그리고 Mossin(1966)을 참조할 것.

을 쉽게 이해하는 데 도움을 줄 것이다. 이 가정들은 다음과 같다.

첫째, 투자자들은 기대효용을 극대화하려 한다. 투자자들이 관심을 가지는 포트폴리오의 특성은 기대수익률과 표준편차(혹은 분산)이다. 즉, 투자자들은 평균-분산기준에 의해 지배원리에 따라 행동한다. 지배원리에 의하면, 일정한 표준편차에서는 가장 높은 기대수익률을 갖는 포트폴리오가 선호되고, 기대수익률이 일정한 경우에는 가장 낮은 표준편차를 갖는 포트폴리오가 선호된다.

둘째, 투자자들은 동일한 금액인 경우에는 배당소득과 (미실현)자본이득에 대하여 무차별하게 느낀다.

셋째, 모든 투자자들은 단일 투자기간(single investment horizon)을 가지며, 증권과 포트폴리오의 다음 기간의 확률분포를 예측한다. 이 투자기간은 모든 투자자들에게 동일하다.

넷째, 모든 투자자들이 수익률의 확률분포에 대하여 동일하게 예측한다. 즉, 투자자들은 모두 동질적인 기대(homogeneous expectation)를 갖는다.

다섯째, 투자금액은 투자자들마다 다를 수 있지만, 모든 투자자들의 투자기회(investment opportunity)는 동일하다.

여섯째, 세금이 없고, 거래비용이 존재하지 않으며, 증권은 무한히 분할가능하다는 점에서 자본시장은 완전하며(perfect), 자본시장은 또한 완전경쟁시장(perfectly competitive market)이다.

일곱째, 투자자들은 무위험이자율(riskless interest rate)로 자유롭게 차입하고 대여할 수 있다.

여덟째, 자본시장에서 위험증권의 공급량(stock of risky securities)은 일정하다. 즉, 다음 기간에 발행될 예정이었던 모든 증권들이 이미 발행되었고, 기업의 모든 자금조달결정도 완료되었다.

위의 가정들은 투자자들의 위험회피가 상이하고 투자예정금액이

다른 세계를 상정하고 있으나, 투자자들은 모두 위험회피적이고, 증권의 기대수익률과 표준편차의 예측에 대해 동의하고 있다. 투자자들은 자기들이 원하는 어떤 증권의 조합에도 투자할 수 있고, 동일한 무위험이자율로 자금을 차입하거나 대여할 수 있다고 가정된다. 이러한 세계는 기껏해야 이상적인 세계에 불과할 뿐이지만, 현실세계의 유용한 근사화(approximation)라는 긍정적인 역할을 수행할 수 있다.

어떤 증권이나 포트폴리오의 수익률은 다음과 같이 정의된다.

$$\widetilde{r_i} = \frac{\widetilde{Y_i}}{V_i} - 1 \tag{6-1}$$

식 (6-1)에서 $\widetilde{Y_i}$는 다음 기간의 수익이며, 기간 말에 지급될 것으로 예상되는 현금과 기간 말의 시장가치를 포함한다. $\widetilde{Y_i}$는 불확실한 값을 가질 수 있는 확률변수이므로 $\widetilde{r_i}$도 확률변수가 된다. V_i는 자산의 현재시장가치이므로 확률변수가 아닌 상수이다. 이전처럼, 기대수익률과 표준편차는 $E(\widetilde{r_i})$와 σ_i로 표시하기로 한다. 다섯 번째 여행의 포트폴리오이론에서 배운 내용을 이용하여, 자본시장의 균형조건을 결정하기로 하자.

제 02 절 자본시장선

가정에 의하여 투자자가 관심을 가지는 증권과 포트폴리오의 특성은 기대수익률과 표준편차이다. 여러분은 투자가능한 모든 자산을 이 두 가지 특성에 의하여 〈그림 6-1〉처럼 표시할 수 있다.

다섯 번째 여행에서 살펴본 것처럼, 여러분은 여러분이 선호하는 위험과 기대수익률의 조합을 달성하기 위해 무위험이자율로 자금을 차입하거나 대여할 수 있으므로, P^*가 여러분의 관심을 끄는 위험자산이

그림 6-1 투자가능한 포트폴리오의 집합

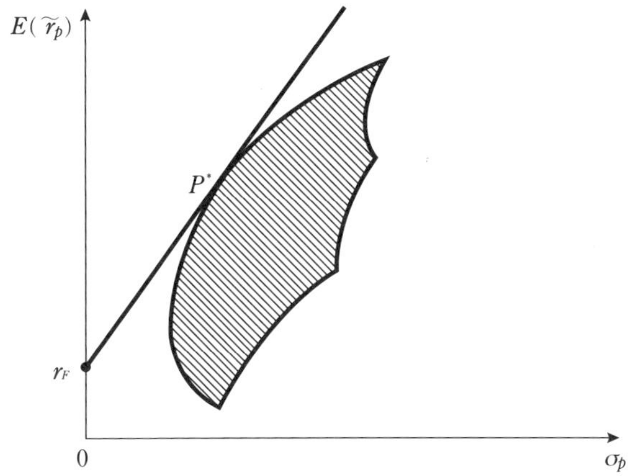

다. 상대적으로 덜 위험회피적인 투자자는 P^*와 무위험자산으로 구성되는 조합을 보유할 것이므로, 〈그림 6-1〉에서 r_F와 P^* 사이의 한 점을 선택할 것이다. 높은 기대수익률을 위하여 위험을 부담하는 투자자는 P^*에 투자하기 위하여, 무위험이자율로 자금을 차입하여 P^*의 연장선 상에서 한 점을 선택할 것이다. P^*가 투자자의 위험에 대한 태도에 의존하지 않는다는 결과를 여러분은 제 5 장에서 분리정리라고 불렀다.

투자자들은 포트폴리오의 위험과 기대수익률에 대하여 의견의 일치를 보이고 자유롭게 무위험이자율로 차입하거나 대여할 수 있다고 가정되므로, 포트폴리오 P^*는 모든 투자자들에게 동일하게 된다. 전 재산을 오직 무위험자산에만 투자하는 극단적으로 위험회피적인 투자자들을 제외하고는, 모든 투자자들이 P^*가 최선이라는 데 합의하고 있으므로, 그들은 P^*의 일부 혹은 전부를 보유하게 될 것이다.

모든 투자자들이 P^*라는 동일한 포트폴리오를 보유하고 싶어한다면, 자본시장이 균형에 있기 위해서는 이 포트폴리오는 자본시장에 존재하는 위험증권들을 모두 포함하여야 한다. 일부 위험증권들이 P^*에서 제외된다면, 그 증권들이 P^*에 포함될 때까지 가격이 하락함으로써 기대수익률이 상승할 것이다. 자본시장의 모든 증권들이 P^*에 포함되므로 각 증권이 P^*에서 차지하는 (시장가치에 의한) 비율은 전체시장가치 대비 각 증권의 시장가치비율이 될 것이다.

예를 들어, 자본시장에 A와 B의 두 개의 위험증권만이 존재한다고 가정하자. 투자자들이 보유하는 증권들의 총시장가치는 A의 시장가치, V_A와 B의 시장가치, V_B의 합과 같아야 한다. 나아가서, 갑과 을의 두 명의 투자자만이 존재하여 갑은 100만 원, 을은 1,000만 원을 각각 증권에 투자한다고 하자. 분리정리가 성립하므로, 갑과 을은 그들이 보유할 포트폴리오에서 A와 B가 차지하는 비율에 의견의 일치를 보일 것이다. A와 B가 이 포트폴리오에서 차지하는 비율이 각각 20%와 80%라고 가정하자. 그러면, 갑은 A와 B를 각각 20만 원어치, 80만 원어치 매입하고, 을은 A와 B를 각각 200만 원어치, 800만 원어치 매입할 것이다. A와 B의 시장가치가 각각 220만 원, 880만 원이라면, 갑과 을은 자기들이 원하는 투자비율을 달성할 수 있을 것이다. A와 B의 시장가치가 그렇지 않다면, A와 B의 시장가치가 변동하여 균형이 달성될 때까지 A와 B의 투자비율이 변할 것이다. 여러분은 증권들이 포트폴리오에서 차지하는 비율이 증권들의 현재시장가격에 의존함을 주목하여야 한다. 가격이 변하면 비율도 변한다. 자본시장이 균형에 도달하게 되는 과정을 정확히 지적하기는 어렵다. 그러나, 이 과정의 최종결과에 대해서는 말할 수 있다.

자본시장이 균형상태에 있어서 아무도 자기의 증권보유를 변경하기를 원하지 않는다면, P^*는 시장포트폴리오 M임에 틀림없다고 할 수 있다. 다시 말해서, 균형에서 투자자들이 보유하는 유일한 위험자산은 자본시장에 존재하는 모든 위험증권들을 포함하는 포트폴리오 M이며,

그림 6-2 자본시장선

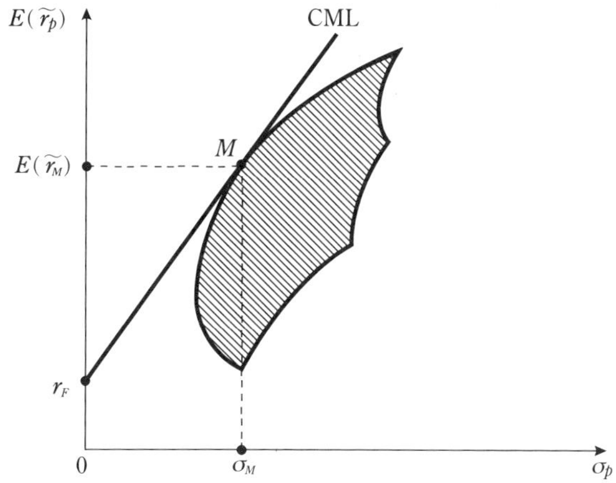

각 증권이 M에서 차지하는 비중은 각 증권의 시장가치를 자본시장에 있는 모든 증권들의 시장가치로 나눈 것과 같다.[3)]

모든 투자자들이 〈그림 6-2〉에서 r_F와 M을 통과하는 직선에 있는 조합을 보유할 것이다. 이 직선을 자본시장선(capital market line; CML)이라 일컫는데, 절편이 r_F이고 기울기가 $\frac{E(\widetilde{r_M})-r_F}{\sigma_M}$이므로, 다음과 같이 표시된다.

$$E(\widetilde{r_P}) = r_F + \frac{E(\widetilde{r_M})-r_F}{\sigma_M} \cdot \sigma_P \qquad (6\text{-}2)$$

CML 상에 있는 포트폴리오 P는 효율적 포트폴리오이며, r_F점을 제외하고는 시장포트폴리오와 완전 양의 상관관계(perfect positive correlation)에 있으며, P는 M의 일부 혹은 전부를 포함하므로 잘 분산

3) 시장포트폴리오에는 증권시장이 존재하는 모든 위험증권들이 포함되므로, 진정한 시장포트폴리오는 사실상 측정불가능하다. 우리나라 주식시장에서 시장포트폴리오의 대용치(proxy)로는 한국종합주가지수가 사용된다.

된 포트폴리오(well-diversified portfolio)라고도 불린다. 이를 분석적으로 살펴보면 다음과 같다.

무위험자산, 시장포트폴리오, 그리고 CML 상에 있는 포트폴리오의 수익률을 r_F, $\widetilde{r_M}$, 그리고 $\widetilde{r_P}$라 하고, 시장포트폴리오와 무위험자산이 CML 상에 있는 포트폴리오에서 차지하는 비중을 x, $(1-x)$로 각각 정의하자.

그러면, $\widetilde{r_P}=x\widetilde{r_M}+(1-x)r_F$, $x>0$ 이므로 P는 반드시 M의 일부 혹은 전부를 포함한다. 따라서, P는 자본시장에 존재하는 모든 위험증권들을 망라하므로, 잘 분산된 포트폴리오이다. 그리고, 제 3 장에서 배운 상관계수의 정의에 의하여 P와 M은 양의 기울기를 갖는 직선 상에 놓이므로, P와 M의 상관계수는 1이라는 사실을 알 수 있다. 즉, CML 상에 있는 포트폴리오(r_F는 제외)는 시장포트폴리오와 완전 양의 상관관계에 있다.

결론적으로 말하면, CML은 자본시장에 무위험자산과 위험증권들이 존재하는 경우, 효율적 포트폴리오의 표준편차와 기대수익률의 상반관계(trade-off)를 직선으로 표시하는 것에 다름 아니다. 봉우리가 높으면 골도 깊듯이, 기대수익률이 높으면 위험(표준편차)도 높다는 평범한 진리를 수식으로 표현한 것이 CML이다.

CML은 기대수익률과 위험의 상반관계(risk-return tradeoff)를 나타낼 뿐, 실현수익률에 대해서는 아무런 처방도 내놓을 수 없다. 일반적으로 실현수익률은 기대수익률에서 이탈하며, 또한 기대수익률과 위험 간의 상반관계는 시간에 따라 일정하게 유지된다는 보장도 없다. 시간이 흐름에 따라 새로운 자산이 자본시장에 등장하고 기존자산이 사라지면, 균형은 변화를 겪는다.

제 03 절 증권시장선

CML은 효율적 포트폴리오의 기대수익률과 위험 간의 균형관계를 제시하지만, 비효율적 포트폴리오나 개별증권의 기대수익률과 위험간의 상반관계에 대해서는 언급하지 않는다. 비효율적 포트폴리오와 개별증권에 대한 균형조건은 CML 상에 있는 시장포트폴리오 M과 M을 구성하는 개별증권들 간의 수학적인 관계식으로부터 결정될 수 있다.

시장포트폴리오는 자본시장에 존재하는 모든 위험증권들을 포함하므로, 투자자가 관심을 가지는 위험증권의 특성은 위험증권을 시장포트폴리오에 포함시켰을 때 미치는 영향이다. 포트폴리오의 기대수익률은 추가되는 개별증권의 기대수익률에 비례하여 변한다. 그리고 포트폴리오의 표준편차는 개별증권간의 공분산에 주로 의존한다. 따라서, 잘 분산된 포트폴리오를 보유하는 투자자에게 관심의 표적이 되는 개별증권의 위험은 개별증권의 수익률과 다른 모든 증권들의 수익률 간의 공분산, 다시 말해서 개별증권의 수익률과 시장포트폴리오의 수익률 간의 공분산이 된다. 이 공분산을 시장포트폴리오 수익률의 분산으로 나누어 표준화시키면, 체계적 위험(systematic risk) 혹은 시장위험(market risk)의 측정치로 널리 알려진 베타(beta)가 탄생한다. 즉,

$$\beta_i = \frac{\mathrm{Cov}(\widetilde{r_i},\ \widetilde{r_M})}{\sigma_M^2}$$

시장포트폴리오의 베타가 1이 되도록, 즉 $\beta_M = 1$이 되도록 의도적으로 개별증권 수익률과 시장포트폴리오 수익률 간의 공분산을 시장포트폴리오 수익률의 분산으로 나누었음을 여러분은 유의하여야 한다.

CAPM에서는 자본시장에서 위험회피적인 투자자들이 보상을 요구

하는 위험은 표준편차와 같은 총위험(total risk)이 아니라 분산투자를 통해서도 제거가 불가능한 체계적 위험(systematic risk)이라고 주장된다. 왜냐하면, CAPM의 가정에 의하여 거래비용이 존재하지 않으므로, 분산투자를 통하여 총위험을 체계적 위험수준까지 자유롭게 감소시킬 수 있기 때문이다. CAPM에서는 체계적 위험의 측정치인 베타와 위험자산의 기대수익률 간의 선형적인 상반관계가 다음 식과 같이 제시되는데, 이 식은 증권시장선(securities market line; SML)이라 일컬어진다.

$$E(\widetilde{r_i}) = r_F + [E(\widetilde{r_M}) - r_F] \times \beta_i \tag{6-3}$$

여기에서 $\beta_i = \dfrac{\text{Cov}(\widetilde{r_i},\ \widetilde{r_M})}{\sigma_M^2}$

SML이 CAPM의 핵심적인 내용이며, 우리가 CAPM이라고 할 때는 바로 이 SML을 의미하는 것이다. SML을 도시하면 〈그림 6-3〉과 같다. 여러분은 SML이 r_F점과 M점을 통과하므로 절편이 r_F 그리고 기울기가 $E(\widetilde{r_M}) - r_F$가 됨을 주목하여야 한다.

SML에 의하면, 위험자산의 기대수익률은 무위험이자율에 이 위험자산의 체계적 위험에 대하여 위험회피적인 투자자가 보상을 요구하는 위험프리미엄을 합한 것과 같다고 한다. 흥미로운 것은 $\beta=0$인 경우에 기대수익률과 무위험이자율이 일치한다는 점이다. $\beta=0$인 증권은 단독으로는 위험증권일 수 있지만, 거대한 포트폴리오에 포함되면 무위험자산이 되는 것이다. 더욱이, 시장포트폴리오와 음의 상관관계를 갖는 포트폴리오($\beta < 0$)의 기대수익률은 무위험이자율보다 낮아야 한다. 왜냐하면, 음의 베타를 갖는 증권은 전반적인 포트폴리오의 위험을 감소시키는 역할을 하기 때문이다. 그러나, 현실적으로 베타가 음의 값을 갖는 증권은 존재하지 않는다.

이제 SML을 CML로부터 수학적으로 유도해 보자. SML은 CML

그림 6-3 증권시장선

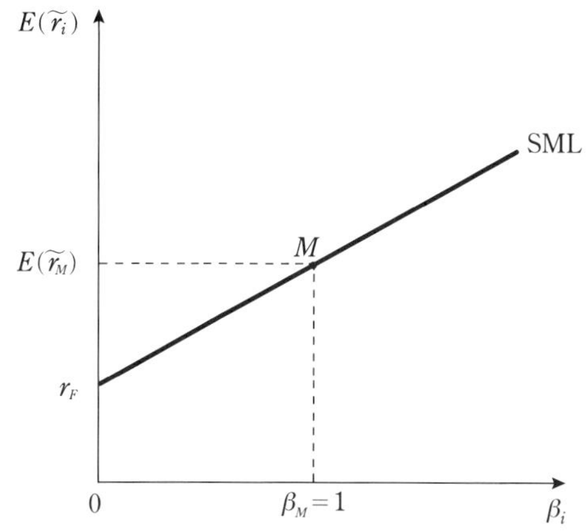

이라는 자본시장에서의 효율적 포트폴리오의 일반적인 균형관계를 논리적으로 연장한 것이다. CML은 식 (6-2)로 표시되고 있는데, 〈그림 6-4〉처럼 이 직선은 위험증권의 효율적 경계(AMA')에 시장포트폴리오 M에서 접하고 있다.

〈그림 6-4〉에서 기대수익률이 $E(\widetilde{r_i})$이고 표준편차가 σ_i인 임의의 자산이 B점에 위치하여 있다고 하자. 이 자산 i에 x_i만큼 투자하고 시장포트폴리오 M에 $(1-x_i)$만큼 투자하는 포트폴리오를 고려하자. B점에서는 $x_i=1$이며 모든 자금이 100% 자산 i에 투자된다. M점에서는 $x_i=0$이며 시장포트폴리오가 보유되는데, 시장포트폴리오는 자산 i를 포함하므로, 자산 i의 일부가 보유된다고 할 수 있다. B'점에서는 자산 i가 전혀 보유되지 않는데, 이는 자산 i의 순보유가 0이 되도록 자산 i가 공매되어야 함을 뜻한다.

BMB' 상의 포트폴리오의 기대수익률과 분산은 다음과 같이 표시될 수 있다.

그림 6-4 CAPM의 유도

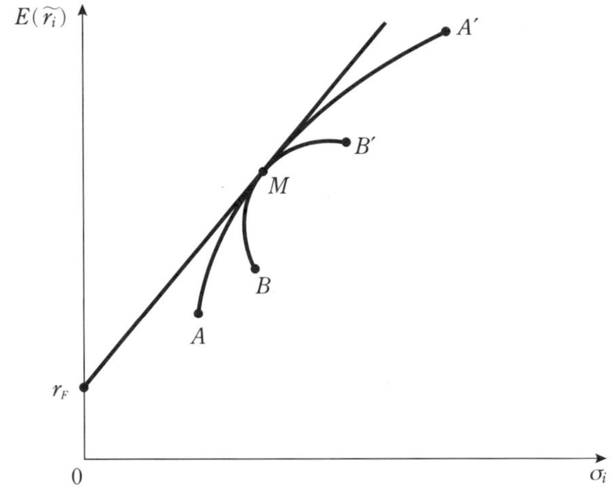

$$E(\widetilde{r_P}) = x_i E(\widetilde{r_i}) + (1-x_i)E(\widetilde{r_M}) \qquad (6\text{-}4)$$

$$\sigma_P^2 = x_i^2\sigma_i^2 + (1-x_i)^2\sigma_M^2 + 2x_i(1-x_i)\sigma_{iM} \qquad (6\text{-}5)$$

여기에서 $\sigma_{iM} = \mathrm{Cov}(\widetilde{r_i}, \widetilde{r_M})$

*BMB´*가 효율적 경계 *AMA´*에 *M*점에서 접하도록 그려졌음을 유의하라. 이것은 우연이 아니다. *BMB´*와 *AMA´*의 두 곡선은 *M*점에서 만나야 하는데, 이는 *M*점이 두 곡선의 공통점이기 때문이다. 그러나 *BMB´*는 *AMA´*를 관통할 수 없다. 그 이유는 만약 관통한다면 *AMA´*가 효율적 포트폴리오가 아닐 것이기 때문이다. *BMB´*에 있는 한 점이 *AMA´*에 있는 어떤 점을 평균-분산의 의미에서 지배하게 될 것이다. 이는 *AMA´*가 효율적 포트폴리오라는 사실과 모순이 된다. *BMB´*은 *AMA´*와 닿아야 하지만 관통해서는 안되므로, *BMB´*는 *M*점에서 접해야 한다. 이 사실을 이용하여 자산 i의 균형기대수익률을 도출해 보자. 자본시장선과 *BMB´*가 동시에 *M*점에서 *AMA´*와 접하므로, 자본

시장선의 기울기와 BMB'의 기울기는 M점에서 일치하여야 한다.

BMB'의 기울기는 $E(\widetilde{r_P})$의 σ_P에 대한 미분, 즉 $\frac{dE(\widetilde{r_P})}{d\sigma_P}$가 된다. 미분공식을 이용하면,

$$\frac{dE(\widetilde{r_P})}{d\sigma_P} = \frac{\frac{dE(\widetilde{r_P})}{dx_i}}{\frac{d\sigma_P}{dx_i}} \tag{6-6}$$

식 (6–4)로부터

$$\frac{dE(\widetilde{r_P})}{dx_i} = E(\widetilde{r_i}) - E(\widetilde{r_M}) \tag{6-7}$$

식 (6–5)로부터

$$\sigma_P = [x_i^2\sigma_i^2 + (1-x_i)^2\sigma_M^2 + 2x_i(1-x_i)\sigma_{iM}]^{\frac{1}{2}} \tag{6-8}$$

$$\frac{d\sigma_P}{dx_i} = \frac{x_i(\sigma_i^2 + \sigma_M^2 - 2\sigma_{iM}) + \sigma_{iM} - \sigma_M^2}{\sigma_P} \tag{6-9}$$

M점에서 $\sigma_P = \sigma_M$, 그리고 $x_i = 0$이므로

$$\left(\frac{d\sigma_P}{dx_i}\right)_{x_i=0} = \frac{\sigma_{iM} - \sigma_M^2}{\sigma_P} \tag{6-10}$$

식 (6–7)과 식 (6–10)을 식 (6–6)에 대입하면,

$$\left(\frac{dE(\widetilde{r_P})}{d\sigma_P}\right)_M = \frac{[E(\widetilde{r_i}) - E(\widetilde{r_M})]\sigma_M}{\sigma_{iM} - \sigma_M^2} \tag{6-11}$$

이제 M점에서 BMB'의 기울기가 CML의 기울기와 일치한다는 조건을 이용하자. 식 (6–3)으로부터 CML의 기울기는

$$\frac{E(\widetilde{r_M}) - r_F}{\sigma_M}$$

이므로,

$$\frac{[E(\widetilde{r_i})-E(\widetilde{r_M})]\sigma_M}{\sigma_{iM}-\sigma_M^2}=\frac{E(\widetilde{r_M})-r_F}{\sigma_M} \tag{6-12}$$

식 (6-12)를 $E(\widetilde{r_i})$에 대하여 풀면

$$(E(\widetilde{r_i})-E(\widetilde{r_M}))\sigma_M^2=(E(\widetilde{r_M})-r_F)(\sigma_{iM}-\sigma_M^2)$$

$$E(\widetilde{r_i})-E(r_M)=(E(\widetilde{r_M})-r_F)\left(\frac{\sigma_{iM}}{\sigma_M^2}-1\right)$$

$$\begin{aligned}E(\widetilde{r_i})&=E(\widetilde{r_M})+(E(\widetilde{r_M})-r_F)\frac{\sigma_{iM}}{\sigma_M^2}-E(\widetilde{r_M})+r_F\\&=r_F+(E(\widetilde{r_M})-r_F)\frac{\sigma_{iM}}{\sigma_M^2}\\&=r_F+(E(\widetilde{r_M})-r_F)\beta_i\end{aligned} \tag{6-13}$$

제 04 절 자본시장선과 증권시장선의 비교

자본시장선(CML)과 증권시장선(SML)은 어떠한 관련성을 갖는가? CML이나 SML 모두 위험과 기대수익률 간의 상반관계를 나타낸다는 공통점을 가지고 있다. 그러나, CML이 효율적인 포트폴리오들만의 표준편차와 기대수익률의 선형관계를 제시하는 반면에, SML은 효율적 포트폴리오들뿐만 아니라 비효율적 포트폴리오나 개별위험자산의 기대수익률과 체계적 위험의 측정치인 베타와의 선형관계를 나타낸다. 따라서, SML이 CML보다 일반적으로 위험-기대수익률 관계를 나타낸다고 할 수 있다. 즉, CML은 SML의 한 특수한 경우로 볼 수 있다. 이러한 사실을 베타를 분석함으로써 밝혀보자.

자산 i의 베타는 정의에 의하여 자산 i의 수익률과 시장포트폴리

오 수익률 간의 공분산을 시장포트폴리오 수익률의 분산으로 나누어준 체계적 위험의 측정치이다.

$$\beta_i = \frac{\text{Cov}(\widetilde{r_i}, \widetilde{r_M})}{\text{Var}(\widetilde{r_M})} \tag{6-14}$$

상관계수의 정의를 이용하여, 공분산을 상관계수와 표준편차의 곱으로 표시하면,

$$\text{Cov}(\widetilde{r_i}, \widetilde{r_M}) = \rho_{iM}\sigma_i\sigma_M \tag{6-15}$$

식 (6–15)를 식 (6–14)에 대입하고, 분산은 표준편차의 제곱이라는 정의를 이용하면

$$\beta_i = \frac{\rho_{iM}\sigma_i\sigma_M}{\sigma_M^2} = \rho_{iM}\frac{\sigma_i}{\sigma_M} \tag{6-16}$$

효율적인 포트폴리오의 수익률은 제 2 절에서 밝힌 바와 같이 시장포트폴리오 수익률과 완전 양의 상관관계를 가지므로, 효율적 포트폴리오의 베타는 다음과 같이 정리될 수 있다.

$$\beta_P = \rho_{PM}\frac{\sigma_P}{\sigma_M} = \frac{\sigma_P}{\sigma_M} \tag{6-17}$$

식 (6–17)을 SML의 식 (6–3)에 대입하면 SML이 CML로 전환된다.

$$\begin{aligned} E(\widetilde{r_P}) &= r_F + \beta_P[E(\widetilde{r_M}) - r_F] \\ &= r_F + \frac{\sigma_P}{\sigma_M}[E(\widetilde{r_M}) - r_F] \\ &= r_F + \frac{E(\widetilde{r_M}) - r_F}{\sigma_M}\sigma_P \end{aligned} \tag{6-18}$$

시장포트폴리오와 완전 양의 상관관계를 갖는 효율적 포트폴리오들의 경우에는 SML과 CML이 일치한다는 것을 증명하였다. 이는 CML이 SML의 특수한 경우라는 것을 의미하므로, SML이 CML보다 일반적인 모형이라는 사실을 알 수 있다.

여기서 여러분이 주목할 것은 CML에서 위험의 측정치는 총위험의 측정치인 표준편차이고, SML에서 위험의 측정치는 체계적 위험을 나타내는 베타라는 점이다. 즉, 총위험 중에서 분산투자를 통해 제거하고 남는 체계적 위험만이 자본시장에서 보상을 받을 것이므로, 자산의 위험을 나타내는 진정한 측정치는 체계적 위험을 나타내는 베타라고 주장하는 것이 CAPM의 핵심이다. 이에 대해서는 다음 절에서 보다 상세히 논의하기로 한다.

베타는 표준화된 공분산이므로 공분산의 성질을 그대로 이어 받는다. 제 3 장에서 다룬 바와 같이 공분산의 계산에서는 분배의 법칙이(식 (3-6)과 식 (3-7) 참조) 성립한다. 이를 이용하여 다음과 같은 베타의 유용한 성질을 증명할 수 있다.

정 리

임의의 포트폴리오의 베타는 이 포트폴리오를 구성하는 개별증권의 베타의 가중평균(weighted average)이다.

증 명 n개의 위험증권으로 임의의 포트폴리오를 구성하자.

$$\widetilde{r_P} = x_1\widetilde{r_1} + x_2\widetilde{r_2} + \cdots \ + x_n\widetilde{r_n} = \sum_{i=1}^{n} x_i\widetilde{r_i}, \quad \sum_{i=1}^{n} x_i = 1$$

여기서 $\widetilde{r_P}$와 $\widetilde{r_i}$는 각각 포트폴리오의 수익률과 자산 i의 수익률이며, x_i는 자산 i가 포트폴리오에서 차지하는 투자비율이다.

베타의 정의에 의하여 포트폴리오의 베타를 계산하면

$$\beta_P = \frac{\text{Cov}(\widetilde{r_P}, \widetilde{r_M})}{\text{Var}(\widetilde{r_M})} = \frac{\text{Cov}(x_1\widetilde{r_1} + x_2\widetilde{r_2} + \cdots + x_n\widetilde{r_n}, \widetilde{r_M})}{\text{Var}(\widetilde{r_M})}$$

제 3 장의 식 (3−6)과 식 (3−7)을 이용하여 β_P를 다시 정리하면

$$\begin{aligned}\beta_P &= \frac{1}{\text{Var}(\widetilde{r_M})}[x_1\text{Cov}(\widetilde{r_1}, \widetilde{r_M}) + x_2\text{Cov}(\widetilde{r_2}, \widetilde{r_M}) + \cdots \\ &\qquad + x_n\text{Cov}(\widetilde{r_n}, \widetilde{r_M})] \\ &= x_1\frac{\text{Cov}(\widetilde{r_1}, \widetilde{r_M})}{\text{Var}(\widetilde{r_M})} + x_2\frac{\text{Cov}(\widetilde{r_2}, \widetilde{r_M})}{\text{Var}(\widetilde{r_M})} + \cdots + x_n\frac{\text{Cov}(\widetilde{r_n}, \widetilde{r_M})}{\text{Var}(\widetilde{r_M})} \\ &= x_1\beta_1 + x_2\beta_2 + \cdots + x_n\beta_n \\ &= \sum_{i=1}^{n} x_i\beta_i \qquad (6-19)\end{aligned}$$

보기를 하나 들어보자. 여러분이 A주식과 B주식에 여러분의 자금을 각각 60%와 40%씩 투자하여 포트폴리오를 구성한다고 하자. A와 B의 베타는 각각 0.5와 1.5라고 하자. 그러면 베타의 성질에 의하여 여러분이 구성한 포트폴리오의 베타는 다음과 같이 계산된다.

$$\begin{aligned}\beta_P &= 0.6 \times 0.5 + 0.4 \times 1.5 \\ &= 0.3 + 0.6 = 0.9\end{aligned}$$

제 05 절 시장모형

베타는 기본적으로 투자자들의 자산들에 대한 기대수익률과 분산 및 공분산 구조를 반영하는 사전적 개념(ex ante concept)이므로 계산이 용이하지 않다. 그러면 여러분은 어떻게 베타를 구할 것인가? 이 문제에 대한 해답은 다음과 같은 가정에서 그 실마리를 찾을 수 있다. 과거

의 수익률자료로부터 사후적인 실현수익률(ex post realized rate of return)을 계산하여, 이것이 사전적인(ex ante) 기대수익률(expected rate of return)의 대용치로 사용될 수 있다고 가정하자. 그러면, 시장포트폴리오의 수익률을 독립변수(independent variable), 개별자산의 수익률을 종속변수(dependent variable)로 하는 회귀분석(regression analysis)을 실시하여 독립변수의 회귀계수를 추정하면 이것이 베타가 된다.

$$\tilde{r}_i = \alpha_i + \beta_i \tilde{r}_M + \tilde{e}_i, \qquad \mathrm{Cov}(\tilde{r}_M, \tilde{e}_i) = 0 \tag{6-20}$$

식 (6-20)은 독립변수로 시장포트폴리오의 수익률을 선정하고 있으므로 시장모형(market model)[4]이라 불린다. 최소자승법(ordinary least squares; OLS)을 이용하여 회귀계수 β_i를 추정하면

$$\hat{\beta}_i = \frac{\mathrm{Cov}(\tilde{r}_i, \tilde{r}_M)}{\mathrm{Var}(\tilde{r}_M)}$$

이 성립하여 SML의 위험의 측정치인 베타와 일치하게 된다. 추정된 회귀선(regression line)을 식으로 나타내면 다음과 같다.

$$\tilde{r}_i = \hat{\alpha}_i + \hat{\beta}_i \, \tilde{r}_M \tag{6-21}$$

식 (6-21)을 증권특성선(securities characteristic line; SCL)이라 부르는데, 이 직선의 기울기가 바로 체계적 위험의 측정치인 베타와 같다. 우리나라에서 개별증권의 베타를 시장모형을 이용하여 추정할 때는 시장포트폴리오 수익률의 대용치로 한국종합주가지수 수익률을 사용한다. 이렇게 추정된 베타는 시장포트폴리오 수익률의 변화에 대한 개별증권 수익률의 민감도로 해석될 수 있는데, 베타가 1보다 크면 공격적 증권(offensive security), 베타가 1보다 작으면 방어적 증권(defensive security)으로 일컬어진다.

---

4) Fama(1976), pp. 63~132를 참조할 것.

이제 총위험을 체계적 위험(systematic risk)과 비체계적 위험(unsystematic risk)으로 분해하기 위하여, 식 (6-20)을 이용하여 자산 i의 수익률의 분산을 구하면 다음과 같다.

$$\mathrm{Var}(\tilde{r}_i) = \beta_i^2 \mathrm{Var}(\tilde{r}_M) + \mathrm{Var}(\tilde{e}_i) \tag{6-22}$$

식 (6-22)에서 좌변은 총위험의 측정치이고, 우변의 첫 번째 항은 체계적 위험의 측정치이며 두 번째 항은 비체계적 위험의 측정치이다. 따라서, 체계적 위험으로 베타를 사용해도 무방하다 할 것이다.

제 06 절 개별자산의 균형가격결정

CAPM, 즉 SML에 의하면, 균형상태에서 개별위험자산의 기대수익률은 그 자산의 베타에 비례한다고 하는데, SML이 왜 위험자산의 가격결정모형이 되는가? 이러한 의문을 풀기 위하여, CAPM을 이용하여 개별기업의 균형가격을 결정하여 보자.[5)]

어떤 기업의 1년 후의 현금흐름을 $\tilde{P}_1$, 현재의 기업가치를 P_0라고 하자. 그러면 이 기업의 수익률은 다음과 같이 정의된다.

$$\tilde{r}_j = \frac{\tilde{P}_1 - P_0}{P_0} \tag{6-23}$$

CAPM의 SML을 다시 쓰면

$$E(\tilde{r}_j) = r_F + \lambda \mathrm{Cov}(\tilde{r}_j,\ \tilde{r}_M)$$

$$\lambda = \frac{E(\tilde{r}_M) - r_F}{\mathrm{Var}(\tilde{r}_M)} \tag{6-24}$$

5) Copeland-Weston(1988), pp. 202～203.

식 (6-24)에서 λ는 위험회피적인 투자자가 시장포트폴리오 수익률의 분산 1단위당 보상을 요구하는 시장포트폴리오의 위험프리미엄으로 해석될 수 있으며, 위험의 시장가격(market price of risk)이라고 불린다. 식 (6-23)의 양변에 기대치를 취하여 식 (6-24)에 대입하면

$$\frac{E(\widetilde{P_1})-P_0}{P_0}=r_F+\lambda\text{Cov}(\widetilde{r_j},\ \widetilde{r_M})$$

이를 P_0에 대해 풀면

$$P_0=\frac{E(\widetilde{P_1})}{1+r_F+\lambda\text{Cov}(\widetilde{r_j},\ \widetilde{r_M})} \tag{6-25}$$

식 (6-25)는 위험조정수익률 가치평가공식(risk-adjusted rate of return valuation formula)이라 불린다.

다른 방법으로 이 기업의 균형가격을 도출하여 보자.

$$\begin{aligned}\text{Cov}(\widetilde{r_j},\ \widetilde{r_M})&=\text{Cov}\left(\frac{\widetilde{P_1}-P_0}{P_0},\ \widetilde{r_M}\right)\\&=\text{Cov}\left(\frac{\widetilde{P_1}}{P_0}-1,\ \widetilde{r_M}\right)\\&=\text{Cov}\left(\frac{\widetilde{P_1}}{P_0},\ \widetilde{r_M}\right)-\text{Cov}(1,\ \widetilde{r_M})\\&=\frac{1}{P_0}\text{Cov}(\widetilde{P_1},\ \widetilde{r_M})\end{aligned} \tag{6-26}$$

앞의 식을 전개하는 데 있어서, 세 번째 여행에서 배운 공분산의 성질, 즉 식 (3-6)과 식 (3-7)을 이용하였음을 유의하라. 식 (6-26)을 식 (6-25)에 대입하면

$$P_0 = \frac{E(\widetilde{P_1})}{1 + r_F + \lambda\left(\frac{1}{P_0}\right)\mathrm{Cov}(\widetilde{P_1},\ \widetilde{r_M})}$$

이를 P_0에 대해 풀면, 다음과 같은 확실성등가 가치평가공식(certainty equivalent valuation formula)을 얻는다.

$$P_0 = \frac{E(\widetilde{P_1}) - \lambda \mathrm{Cov}(\widetilde{P_1},\ \widetilde{r_M})}{1 + r_F} \qquad (6-27)$$

확실성등가 가치평가공식을 이용하여 기업가치를 결정하는 보기를 들기로 한다. 여러분이 우리은행의 1주당 가격을 결정하기 위하여 다음과 같은 자료를 수집하였다고 가정하자.

우리은행의 가치평가와 관련된 자료
$E(\widetilde{P_1}) = 3{,}000$원
$\mathrm{Cov}(\widetilde{P_1},\ \widetilde{r_M}) = 40$원
$E(\widetilde{r_M}) = 0.2$
$r_F = 0.1$
$\mathrm{Var}(\widetilde{r_M}) = 0.005$

식 (6–27)을 이용하기 위하여 λ를 계산하면 식 (6–24)로부터

$$\lambda = \frac{E(\widetilde{r_M}) - r_F}{\mathrm{Var}(\widetilde{r_M})}$$

$$= \frac{0.2 - 0.1}{0.005} = 20$$

식 (6–27)로부터

$$P_0 = \frac{3{,}000 - 40 \times 20}{1 + 0.1}$$

$$= \frac{2{,}200}{1.1}$$

$$= 2{,}000(\text{원})$$

따라서, CAPM을 이용하여 구한 우리은행 주식의 1주당 균형가격은 2,000원이 된다.

주·요·용·어

- 균형(equilibrium)
- 차익거래이윤(arbitrage profit)
- 동질적 기대(homogeneous expectation)
- 자본시장선(capital market line)
- 시장포트폴리오(market portfolio)
- 분리정리(separation theorem)
- 잘 분산된 포트폴리오(well-diversified portfolio)
- 기대수익률과 위험의 상반관계(risk-return tradeoff)
- 증권시장선(securities market line)
- 체계적 위험(systematic risk)과 비체계적 위험(unsystematic risk)
- 베타(beta)
- 시장모형(market model)
- 증권특성선(securities characteristic line)
- 공격적 증권(offensive securities)과 방어적 증권(defensive securities)
- 위험의 시장가격(market price of risk)
- 위험조정수익률 가치평가공식(risk-adjusted rate of return valuation formula)
- 확실성등가 가치평가공식(certainty equivalent valuation formula)

연·습·문·제

1 자본시장선(CML)과 증권시장선(SML)의 차이를 베타를 분석함으로써 보이시오.

2 $r_F=5\%$, $E(\widetilde{r_M})=15\%$, $\sigma_M=20\%$로 주어져 있다. 기대수익률 $E(\widetilde{r_P})=20\%$인 효율적 포트폴리오의 베타는 얼마인가? σ_P는 얼마인가? 효율적 포트폴리오 수익률과 시장포트폴리오 수익률 간의 상관계수는 얼마인가?

3 여러분은 1년 후의 주식회사 백두산의 1주당 가격이 1,000원이 될 것으로 기대하고 있다. 무위험이자율이 8%, 시장포트폴리오의 기대수익률이 18%, 그리고 주식회사 백두산의 주식베타가 2라고 가정하고, 주식회사 백두산 주식의 1주당 균형가격을 구하시오.

4 어떤 증권의 현재시장가격은 4,000원, 기대수익률은 13%, 무위험이자율은 7%, 시장포트폴리오의 위험프리미엄은 8%이다. 이 증권의 수익률과 시장포트폴리오 수익률 간의 공분산이 2배가 되면, 이 증권의 시장가격은 얼마로 바뀌겠는가? 이 증권을 발행한 기업의 미래현금흐름의 기대치는 일정하게 유지된다고 가정하시오.

5 두 기업 A와 B만이 거래되는 주식시장을 고려하자. 이들 기업의 현금흐름은 상호 독립적이며 정규분포를 따른다고 한다. A기업과 B기업의 현금흐름의 기대치는 각각 6억 원과 10억 원으로 예상되고 있다. 한편 현금흐름의 표준편차는 A기업은 1억 원 그리고 B기업은 2억 원으로 추정되고 있다. 주식시장의 균형상태에서 10억 원이 이들 두 기업에 모두 투자되고 무위험이자율은 10%이다. CAPM이 성립한다고 가정하고 A기업과 B기업의 균형가격을 구하시오.

일곱 번째 여행

증권의 위험은 여러 가지

여섯 번째 여행의 CAPM은 베타에 의해 측정된 위험과 기대수익률 간의 관계, 즉 SML을 여러분에게 제시하였다. 일곱 번째 여행에서 논의되는 차익거래가격결정이론(arbitrage pricing theory; APT) 역시 기대수익률과 위험 간의 관계를 나타내고 있으나, 이 이론은 CAPM과 다른 가정과 기법을 이용한다.

잘 분산된 포트폴리오(well-diversified portfolio)의 가격이 CAPM의 기대수익률-베타 관계를 만족하도록 결정됨을 보임으로써 이 관계를 탐구해 본다. 모든 잘 분산된 포트폴리오는 이 관계를 만족하여야 하므로, 모든 개별증권들도 거의 확실하게 이 관계를 만족하여야 한다. 따라서, APT에서는 관찰불가능하고 이론적인 시장포트폴리오에 의존하지 않는 SML의 유도가 가능하다.

다음으로, 단순한 단일요인 차익거래가격결정이론(single-factor APT)이 보다 풍부한 다요인 모형(multi-factor APT)으로 쉽게 일반화될 수 있음을 보인다. 마지막으로, APT와 CAPM의 유사성과 차이점을 논의한다.[1)]

1) Bodie-Kane-Marcus(2008), pp. 331～355.

제01절 차익거래이윤과 차익거래기회

차익거래기회(arbitrage opportunity)는 투자자가 위험부담 없이 확실한 이윤을 얻을 수 있는 무투자 포트폴리오(zero investment port- folio)를 구성할 수 있을 때 발생한다. 무투자 포트폴리오는 투자자가 자기 돈을 사용할 필요가 없다는 것을 뜻한다. 당연히, 무투자 포트폴리오를 구성하기 위해서는 최소한도 어느 한 자산을 공매하여(sell short), 그 수입으로 하나 이상의 자산들을 매입할 수 있어야 한다. 차입(borrowing)은 무위험자산에 대한 공매로 간주될 수 있다.

차익거래기회의 한 경우는 일물일가의 법칙(law of one price)이 위반될 때 발생한다. 한 자산이 두 시장에서 서로 다른 가격으로 거래될 때 (가격차이가 거래비용을 초과) 두 시장에서의 동시거래로 추가적인 투자 없이 확실한 이윤을 얻을 수 있다. 여러분은, 단지, 높은 가격에 거래되는 시장에서 자산을 공매하고 낮은 가격에 거래되는 시장에서 자산을 매입하면 된다. 순수입은 0보다 크며, 공매-매입거래가 상쇄되므로 위험도 존재하지 않는다.

표 7-1 주식수익률 전망

	고금리		저금리	
	고물가	저물가	고물가	저물가
확률	0.25	0.25	0.25	0.25
A	−20%	20%	40%	60%
B	0%	70%	30%	−20%
C	90%	−20%	−10%	70%
D	15%	23%	15%	36%

표 7-2 주식수익률의 통계자료

(기대수익률과 표준편차의 단위: %)

주식	현재 가격	기대 수익률	표준 편차	상관계수 행렬			
				A	B	C	D
A	$10	25	29.58	1.00	−0.15	−0.29	0.68
B	$10	20	33.91	−0.15	1.00	−0.87	−0.38
C	$10	32.5	48.15	−0.29	−0.87	1.00	0.22
D	$10	22.25	8.58	0.68	−0.38	0.22	1.00

또 다른 차익거래기회의 예를 들어보자. 4개의 주식이 네 가지 가능한 시나리오를 갖는 경제에서 거래된다고 하자. 각각의 이자율-인플레이션 시나리오에 대한 네 주식의 수익률은 〈표 7-1〉에 표시되어 있다. 주식들의 현재가격과 수익률 통계는 〈표 7-2〉에 제시되어 있다.

주식수익률 자료를 아무리 살펴보아도 차익거래기회의 실마리를 찾을 수 없는 것처럼 보인다. 기대수익률, 표준편차, 그리고 상관계수 어느 것 하나 비정상적인 모습을 보이지 않는다. 그러나, 여러분이 〈표 7-3〉처럼 A, B, C의 세 주식으로 이루어진 동일가중 포트폴리오(equally weighted portfolio)를 구성하여 그 수익률을 D의 수익률과 비교

표 7-3 동일가중 포트폴리오와 D주식의 시나리오별 수익률

	고금리		저금리	
	고물가	저물가	고물가	저물가
동일가중 포트폴리오	23.33%	23.33%	20.00%	36.67%
D	15.00%	23.00%	15.00%	36.00%

표 7-4 동일가중 포트폴리오와 D주식의 수익률 통계

	기대수익률	표준편차	상관계수
동일가중 포트폴리오	25.83%	6.40%	0.94
D	22.25%	8.58%	

하라. 수익률은 〈표 7-1〉로부터 유도된다.

〈표 7-3〉에서 알 수 있는 바와 같이, 모든 시나리오에서 동일가중 포트폴리오의 수익률이 D의 수익률을 상회한다. 두 투자대안의 수익률 통계는 〈표 7-4〉와 같다.

〈표 7-4〉에서 두 투자대안은 완전 양의 상관관계를 갖지 않는다. 즉, 둘은 완전대체재(perfect substitutes)가 아니므로 일물일가의 법칙이 위반되지 않는다. 그럼에도 불구하고, 동일가중 포트폴리오가 어느 경우에나 우월한 수익률을 나타내므로, 아무리 위험회피적인 투자자라 할지라도 이 기회를 이용할 수 있다. 투자자에게 요구되는 것은 단지 D를 공매하여 그 수입으로 동일가중 포트폴리오를 매입하는 것이다.

여러분이 D주식 30만 주를 공매하여, 그 대금 3백만 달러로 A, B, C주식을 각각 10만 주씩 매입하라. 이렇게 구성된 포트폴리오의 네 가지 시나리오별 이윤은 〈표 7-5〉와 같다.

첫 번째 열을 보면 포트폴리오의 투자액이 0이므로 이 포트폴리오는 무투자 포트폴리오임을 알 수 있다. 그러나, 이 포트폴리오는 어느 시나리오에서나 양의 이윤을 낳는다. 이는 돈을 찍어 내는 기계라 할 수 있다. 투자자들은 이러한 포트폴리오를 구성하여 차익거래이윤을 남기려 할 것이다. 그러면, D주식의 가격은 하락하고 A, B, C주식의 가격은 상승하여, 결국 차익거래기회가 사라질 것이다.

가격이 차익거래기회를 배제하도록 움직일 것이라는 의미에서 균

표 7-5 무투자 포트폴리오의 시나리오별 이윤

(단위 : $)

		고금리		저금리	
주식	투자액	고물가	저물가	고물가	저물가
A	1,000,000	−200,000	200,000	400,000	600,000
B	1,000,000	0	700,000	300,000	−200,000
C	1,000,000	900,000	−200,000	−100,000	700,000
D	−3,000,000	−450,000	−690,000	−450,000	−1,080,000
무투자 포트폴리오	0	250,000	10,000	150,000	20,000

형시장가격이 합리적이어야 한다는 아이디어는 자본시장이론의 가장 근본적인 개념이라 할 수 있다. 무위험 차익거래포트폴리오(risk-free arbitrage portfolio)의 주요한 특징은 위험회피도나 부의 수준에 관계없이 어떤 투자자도 차익거래이윤이 무한정 발생하도록 무한정의 포지션을 취하고 싶어한다는 것이다. 이러한 막대한 거래는 차익거래기회가 사라질 때까지 가격을 상승시키거나 하락시킬 것이기 때문에, 여러분은 시장에 차익거래기회가 존재하지 않는다는 조건을 만족하도록 주식가격에 제약을 가할 수 있다.

균형가격 관계식을 지지하는 무위험 차익거래(risk-free arbitrage)와 평균-분산모형의 지배원리(dominant principle) 간에는 중요한 차이가 있다. 지배원리에 의하면, 균형가격 관계식이 위반될 때, 많은 투자자들이 포트폴리오의 재편을 시도할 것이다. 그렇지만, 개별투자자는 자신의 위험회피도에 따라 제한적인 변화를 도모할 것이다. 이러한 개별투자자의 제한적인 포트폴리오 재편도 많은 투자자들을 함께 고려하면 막대한 양의 주식매입과 주식매도를 수반하게 될 것이다.

이러한 다량의 주식매입과 주식매도는 한편으로 균형가격을 회복시키는 반면에, 차익거래기회가 존재할 때에는 개별투자자는 가능한 한 큰 포지션을 취하려 한다. 그러므로, 균형을 회복하는 데 필요한 가격압력을 초래하는 데 많은 투자자들이 필요하지는 않을 것이다. 이러한 이유 때문에, 차익거래 부존재조건(no arbitrage condition)에서 유도되는 가격에 대한 함축이 평균-분산모형의 지배원리에서 유도된 것보다 더 강력하다고 할 수 있다.

CAPM은 지배원리의 한 예이다. CAPM에서는 모든 투자자들이 평균-분산 의미에서 효율적인 포트폴리오를 보유한다고 주장된다. 한 증권의 가격이 잘못 결정되면, 저평가된 증권은 포트폴리오에 포함되고, 고평가된 증권은 포트폴리오에서 배제될 것이다. 균형가격에 대한 압력은 각자 비교적 소액의 포트폴리오 재편을 시도하는 많은 투자자들로부터 나온다. 아주 많은 수의 투자자들이 평균-분산 의미에서 효율적 포트폴리오의 구성에 민감하다는 가정이 CAPM의 도출에 아주 중요하다. 반면에 차익거래의 부존재 조건의 요체는 차익거래기회를 식별하여 이 기회를 이용하기 위해 많은 자금을 동원하는데 비교적 소수의 투자자로도 충분하다는 것이다. 가격에 대한 압력은 소수의 차익거래자들로부터 나올 수 있다.

제 02 절 잘 분산된 포트폴리오와 APT

APT의 가장 단순한 형태를 유도하기 위하여 단일요인모형(single-factor model)을 고려하자. 자산수익률에서의 불확실성은 공통요인

(common factor)과 기업고유요인(firm-specific factor)의 두 가지 원천을 갖는다. 요인들의 기대치는 0인 것으로 가정되는데, 이는 거시경제에 대한 새로운 정보를 측정하기 위한 것이다. 새로운 정보는 정의에 의하여 기대치가 0이다. 그러나, 시장지수 포트폴리오의 수익률을 공통요인의 대용치(proxy)로 사용하여야 할 필요는 없다.

F를 공통요인의 그 기대치로부터의 이탈, β_i를 기업 i의 공통요인에 대한 민감도, 그리고 e_i를 기업고유의 교란이라고 하자. 단일요인모형에 의하면, 기업 i의 실제수익률은 기대수익률에다 (기대치가 0인) 예기치 못한 경제 전반적인 사건에 해당하는 확률변수와 또 하나의 (기대치가 0인) 기업고유사건에 해당하는 확률변수를 합한 것과 같다. 이하에서는 확률변수의 표시 "~"는 생략하기로 한다.

$$r_i = E(r_i) + \beta_i F + e_i$$

모든 $i \neq j$에 대하여

$$\mathrm{Cov}(e_i,\ e_j) = 0$$
$$\mathrm{Cov}(F,\ e_i) = 0$$

요인모형을 구체화하기 위해, 보기를 하나 들어 보자. 거시경제요인 F가 GNP의 예기치 못한 변화율이고, 여러분은 GNP가 금년에 4% 증가할 것으로 예측하고 있다고 가정한다. 또한 주식의 베타가 1.2라고 하자. GNP가 오직 3% 상승한다면, F의 값은 실제성장이 기대성장에 미달한 1%의 실망을 나타내는 −1%가 될 것이다. 주식의 베타가 1.2이므로, 이 실망은 기대된 것보다 주식수익률에 1.2% 낮게 반영될 것이다. 이러한 거시경제적 충격이 기업고유의 요인 e_i와 함께 주식의 수익률을 원래의 기대치로부터 이탈시킨다.

1. 잘 분산된 포트폴리오

이제 포트폴리오의 위험을 살펴보자. 먼저 포트폴리오가 잘 분산되어 있으면, 기업고유위험(firm-specific risk)은 제거되고 오직 요인위험(factor risk)만이 남게 됨을 보이자. 여러분이 n개의 주식으로 포트폴리오를 구성하면, 이 포트폴리오의 수익률은 다음과 같이 계산된다.

$$r_P = E(r_P) + \beta_P F + e_P \tag{7-1}$$

여기에서 $\beta_P = \sum_{i=1}^{n} w_i \beta_i$

$e_P = \sum_{i=1}^{n} w_i e_i$

$\sum_{i=1}^{n} w_i = 1$

포트폴리오 수익률의 위험을 체계적 위험과 비체계적 위험으로 구분하면,

$$\sigma_P^2 = \beta_P^2 \ \sigma_F^2 + \sigma^2(e_P)$$

여기에서 $\sigma^2(e_P) = \text{Var}(\sum_{i=1}^{n} w_i e_i)$

$= \sum_{i=1}^{n} w_i^2 \sigma^2(e_i)$

위의 식에서 모든 i에 대하여 $\text{Cov}(F, e_i) = 0$, 모든 $i \neq j$에 대하여 $\text{Cov}(e_i, e_j) = 0$이라는 가정이 이용되었음을 주목하라.

동일가중 포트폴리오이면 $w_i = \frac{1}{n}$이므로, 비체계적 위험을 다음과 같이 계산할 수 있다.

$$\sigma^2(e_P) = \sum_{i=1}^{n} \left(\frac{1}{n}\right)^2 \sigma^2(e_i) = \frac{1}{n} \sum_{i=1}^{n} \frac{\sigma^2(e_i)}{n} = \frac{1}{n} \bar{\sigma}^2(e_i)$$

여기에서 $\bar{\sigma}^2(e_i) = \frac{1}{n} \sigma^2(e_i)$

위의 식에서 주식수 n이 커짐에 따라 비체계적 위험이 0에 수렴하게 된다.

주식 수가 증가함에 따라 비체계적 위험이 0에 가까워지는 포트폴리오는 동일가중 포트폴리오 외에도 많다. n이 커짐에 따라 w_i가 일관성 있게 작아지는 포트폴리오는 모두 해당된다. 사실, 여러분은 이 특성을 이용하여 잘 분산된 포트폴리오(well-diversified portfolio)를 비체계적 위험이 무시되도록 수많은 주식으로 구성된 포트폴리오로 정의할 수 있다. e_p의 기대치는 가정에 의하여 0이므로, 분산이 0이라면 e_p의 실현값도 사실상 0이라고 할 수 있다. 식 (7-1)을 다시 쓰면, 잘 분산된 포트폴리오의 경우에는

$$r_P = E(r_P) + \beta_P F$$

그리고

$$\sigma_P^2 = \beta_P^2\ \sigma_F^2,\ \sigma_P = \beta_P \sigma_F$$

거액투자자들, 주로 기관투자가들은 수백 개의 증권, 심지어는 수천 개의 증권으로 구성되는 포트폴리오를 보유한다. 그러므로, 잘 분산된 포트폴리오의 개념은 분명히 현대 금융시장에서 현실적으로 적용되고 있다고 할 수 있다. 그러나, 잘 분산된 포트폴리오가 반드시 동일가중 포트폴리오만을 의미하는 것은 아니다.

예를 들어 1,000개의 주식으로 구성되는 포트폴리오를 고려하자. 첫 번째 주식에의 투자비율을 w, 두 번째 주식에의 투자비율을 $2w$, …, 천 번째 주식에의 투자비율을 $1{,}000w$라고 하자. 이 포트폴리오가 잘 분산된 포트폴리오가 될 수 있을까? 놀랍게도 답은 "그렇다"이다. 이를 확인하기 위해 어느 한 주식에 대한 가장 큰 투자비율, 위의 경우에는 천 번째 주식에의 투자비율을 구해 보자. 모든 주식들에의 투자비

율의 합은 100%가 되어야 하므로

$$w+2w+\cdots+1{,}000w = 100\%$$

w에 대해 풀면,

$$w = 0.0002\%$$
$$1{,}000w = 0.2\%$$

가장 높은 투자비율은 1%의 $\frac{1}{5}$에 불과하다. 위의 포트폴리오는 결코 동일가중 포트폴리오가 아니지만, 실무적 용도로 보면 이는 여전히 잘 분산된 포트폴리오이다.

2. 베타와 기대수익률

비요인위험(nonfactor risk)은 분산되어 제거될 수 있기 때문에, 오직 요인위험(factor risk)에 대해서만 위험회피적인 투자자들이 시장균형에서 위험프리미엄을 보상으로 요구한다. 비체계적 위험은 잘 분산된 포트폴리오에서는 상쇄되므로, 오직 체계적 위험만이 증권의 기대수익

그림 7-1 체계적 요인의 함수로서의 수익률

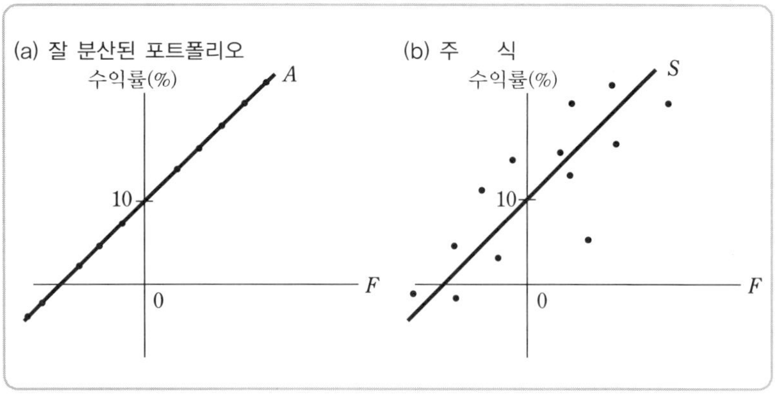

률과 관련된다.

〈그림 7-1〉 (a)는 $\beta_A=1$인 잘 분산된 포트폴리오의 수익률을 체계적 요인의 각종 실현치들에 대해 직선으로 표시하고 있다. 포트폴리오 A의 기대수익률은 10%(Y 축의 절편)이다. 이 점에서 체계적 요인은 0인데, 이는 거시경제적 충격이 없음을 뜻한다. 거시경제요인이 양의 값을 가지면, 포트폴리오의 수익률은 그 기대치를 상회한다. 거시경제요인이 음이면, 포트폴리오의 수익률이 그 기대치를 하회한다. 그러므로, 포트폴리오의 수익률은 다음과 같이 표시될 수 있다.

$$E(r_A)+\beta_A \cdot F = 10\%+1.0\times F$$

〈그림 7-1〉 (a)를 $\beta_S=1$인 주식에 대한 〈그림 7-1〉 (b)와 비교하라. 분산되지 않은 주식은 비체계적 위험을 갖고 있으므로, 직선 주위에 점들이 흩어져 있다. 반면에 잘 분산된 포트폴리오의 수익률은 체계

그림 7-2 체계적 요인의 함수로서의 수익률: 차익거래기회

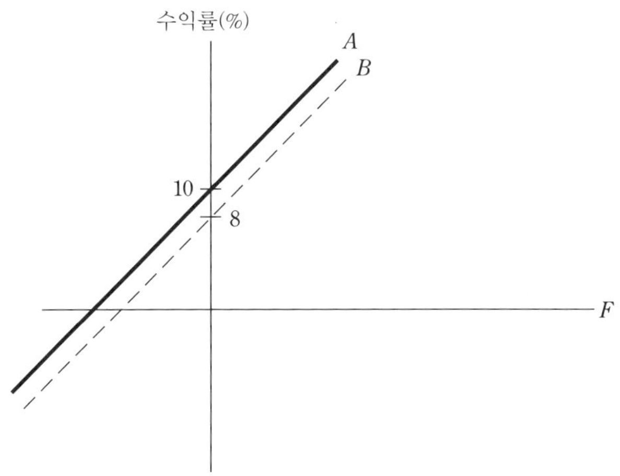

적 요인에 의해 완벽하게 결정된다.

이제 〈그림 7-2〉를 보면, 점선이 또 다른 잘 분산된 포트폴리오, 즉 기대수익률이 8%이고 β_B가 1인 포트폴리오 B의 수익률을 나타내고 있다. 포트폴리오 A와 B가 그림처럼 공존할 수 있을까? 위험요인이 무엇으로 판명되든 포트폴리오 A가 포트폴리오 B를 지배하여 차익거래기회를 초래하므로, 균형에서 A와 B는 공존할 수 없다.

여러분이 B를 100만 달러만큼 공매하여 이 대금으로 A를 100만 달러만큼 매입하면 이 포트폴리오는 무투자 포트폴리오가 되며, 여러분은 차익거래이윤, 즉 2만 달러를 벌게 될 것이다.

$$\begin{array}{r} (0.10+1.0\times F)\times 100\text{만 달러(A의 매입)} \\ -(0.08+1.0\times F)\times 100\text{만 달러(B의 공매)} \\ \hline 0.02\times 100\text{만 달러} = 2\text{만 달러} \end{array}$$

여러분은 요인위험이 매입과 공매에 의하여 상쇄되므로, 차익거래이윤을 얻을 수 있다. 더욱이, 위의 전략은 무투자전략이다. 여러분은 두 포트폴리오 간의 수익률 격차가 사라질 때까지 무제한으로 차익거래이윤을 추구할 것이다. 따라서, 베타가 같은 포트폴리오는 시장균형에서 동일한 기대수익률을 가져야 한다. 그렇지 않으면 차익거래기회가 존재하는 것이다.

베타가 다른 포트폴리오들의 수익률은 어떻게 될까? 여러분은 포트폴리오의 위험프리미엄이 베타에 비례함을 보일 수 있다. 그 이유를 알기 위해 〈그림 7-3〉을 보자. 무위험이자율이 4%이고 베타가 0.5인 잘 분산된 포트폴리오 C의 기대수익률이 6%라고 하자. C는 무위험이자율과 A를 잇는 직선 밑에 위치하고 있다. 포트폴리오 A와 무위험자산에 각각 반반씩 투자하는 포트폴리오 D를 고려하자. 제 6 장에서 살펴본 것처럼, 포트폴리오의 베타는 개별주식 베타의 가중평균이므로 D

그림 7-3 **차익거래기회**

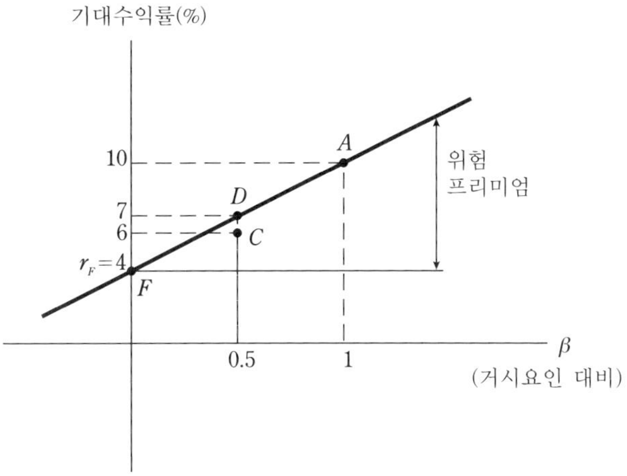

의 베타는

$$\left(\frac{1}{2}\times 0+\frac{1}{2}\times 1.0\right)=0.5$$

가 되며, 그 기대수익률은

$$\left(\frac{1}{2}\times 4+\frac{1}{2}\times 10\right)=7\%$$

가 될 것이다. 포트폴리오 D는 포트폴리오 C와 동일한 베타를 갖고 있으나, D의 기대수익률이 C의 기대수익률보다 높다. 이는 차익거래기회에 해당된다.

차익거래기회를 배제시키기 위해서는, 〈그림 7-3〉에서 잘 분산된 포트폴리오들은 항상 무위험자산을 통과하는 한 직선 상에 놓여야 한다고 결론을 내릴 수 있다. 이 직선의 식이 잘 분산된 포트폴리오들에 대한 기대수익률을 나타낼 것이다.

그림 7-4 증권시장선

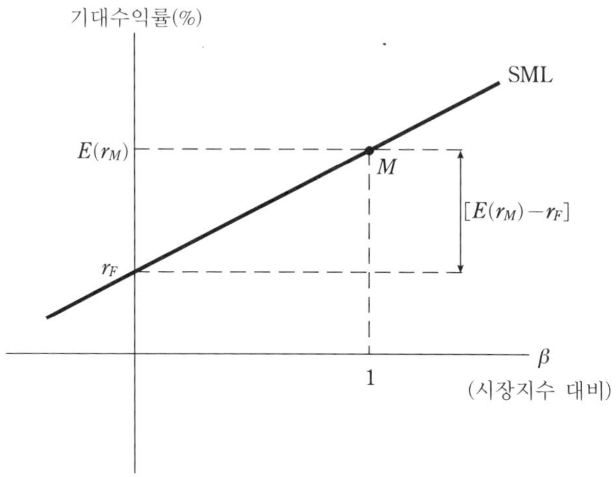

〈그림 7-3〉에서 여러분은 위험프리미엄이 포트폴리오의 베타에 비례함을 주목하라. 위험프리미엄은 수직 축에 표시되어 있는데, 이는 무위험이자율과 포트폴리오의 기대수익률 사이의 거리를 측정한다. $\beta=0$이면 위험프리미엄은 0이고 β에 정비례해서 증가한다.

3. 증권시장선

이제 시장포트폴리오를 잘 분산된 포트폴리오로 간주하여 체계적 요인을 시장포트폴리오에 대한 예기치 못한 수익률로 측정하자. 시장포트폴리오의 베타는 1이다. 시장포트폴리오도 〈그림 7-3〉의 직선상에 놓이므로 그 직선의 식을 구하기 위해 이를 이용할 수 있다. 〈그림 7-4〉에서 절편은 r_F이고 기울기는 $E(r_M)-r_F$이므로 직선의 식은 다음과 같다.

$$E(r_P) = r_F + [E(r_M) - r_F]\beta_P \tag{7-2}$$

그러므로 〈그림 7-3〉과 〈그림 7-4〉는 CAPM의 SML과 동일하다. CAPM의 제약적인 가정이 없이 CAPM과 동일한 기대수익률-베타관계를 얻기 위해 차익거래 부존재조건(no-arbitrage condition)을 이용하였다. 이는 CAPM의 제약적인 가정에도 불구하고 CAPM의 결론, 즉 SML이 유효함을 시사한다.

CAPM과 달리 APT는 SML의 기준포트폴리오(benchmark portfolio)가 진정한 시장포트폴리오가 될 것을 요구하지 않는다는 점을 여러분은 주목하라. 〈그림 7-3〉의 SML상에 있는 어떤 잘 분산된 포트폴리오도 기준포트폴리오의 역할을 할 수 있다. 예컨대, 기준포트폴리오를 주식수익률에 영향을 주는 위험요인과 가장 상관관계가 높은 잘 분산된 포트폴리오로 정의할 수 있다. 따라서, 시장포트폴리오를 관측할 수 없다는 것이 문제가 되지 않으므로, APT가 CAPM보다 일반적인 모형이라고 할 수 있다.

제 03 절 개별자산과 APT

잘 분산된 포트폴리오를 이용하는 차익거래기회가 배제되려면, 각 포트폴리오의 기대수익률이 베타와 비례해야 한다는 것을 알았다. 잘 분산된 포트폴리오 P와 Q에 대해 다음 식이 성립한다.

$$\frac{E(r_P) - r_F}{\beta_P} = \frac{E(r_Q) - r_F}{\beta_Q} \tag{7-3}$$

문제는 이 관계가 개별주식에도 성립하느냐 하는 것이다. 결론부터 말하면, 이 관계가 잘 분산된 포트폴리오들에 의해 만족된다면, 모든 개별주식들에 의해서도 거의 확실하게 만족되어야 한다. 여러분은 단지 비체계적 위험이 주식수익률에 문제가 되지 않는다는 것을 증명하기만 하면 된다.

먼저, 여러분은 개별주식이 식 (7-3)을 만족하면 모든 포트폴리오도 이 식을 만족한다는 것을 보인다. 두 주식 i와 j에 대하여 다음 관계가 만족된다고 하자.

$$\frac{E(r_i)-r_F}{\beta_i}=\frac{E(r_j)-r_F}{\beta_j}$$
$$=K$$

여기에서 K는 상수

그러면, 주식 i에 대하여

$$E(r_i)=r_F+\beta_i K$$

가중치가 w_i인 임의의 포트폴리오 P에 대하여 다음 식이 성립한다.

$$E(r_P)=\sum_{i=1}^{n} w_i E(r_i)$$
$$=r_F\sum_{i=1}^{n} w_i+K\sum_{i=1}^{n} w_i\beta_i$$

위의 식에서 $\sum_{i=1}^{n} w_i=1,\ \beta_P=\sum_{i=1}^{n} w_i\beta_i$이므로

$$E(r_P)=r_F+\beta_P K$$

그러므로, 모든 포트폴리오에 대하여

$$\frac{E(r_P)-r_F}{\beta_P}=K$$

그리고 모든 포트폴리오는 동일한 K를 가지므로

$$\frac{E(r_P)-r_F}{\beta_P}=\frac{E(r_Q)-r_F}{\beta_Q}$$

다시 말해서, 기대수익률-베타관계가 모든 개별주식들에 성립하면, 이는 모든 포트폴리오에도 성립할 것이다.

이제 모든 주식들이 기대수익률-베타관계를 만족한다는 것을 증명하자. 기대수익률-베타관계가 모든 개별주식에 대하여 위반된다고 하고, 이 주식들로부터 한 쌍의 잘 분산된 포트폴리오를 구성하자. 어느 두 개별주식의 경우에

$$\frac{E(r_i)-r_F}{\beta_i}=\frac{E(r_j)-r_F}{\beta_j}$$

가 만족되지 않는다는 사실에도 불구하고, 잘 분산된 포트폴리오의 경우에

$$\frac{E(r_P)-r_F}{\beta_P}=\frac{E(r_Q)-r_F}{\beta_Q}$$

가 성립할 가능성은 높은가? 가능성은 낮지만, 이 관계가 잘 분산된 포트폴리오의 쌍에 만족되도록 상쇄되는 방식으로 개별주식들 간의 관계가 위배될 가능성은 있다.

또 다른 잘 분산된 포트폴리오를 구성하자. 개별주식들에 대한 관계가 위반되고 세 번째 포트폴리오 또한 기대수익률-베타관계를 만족할 가능성은 높은가? 물론, 가능성은 여전히 낮다. 그러나, 가능하다. 네 번째 잘 분산된 포트폴리오를 구성하기로 하자. 기대수익률-베타관계가 수없이 많은 다른 잘 분산된 포트폴리오에 성립하여야 한다면 이 관계가 모든 개별주식들에도 만족되는 것은 거의 확실하다.

거의 확실하다는 표현을 쓰는 이유는 모든 주식은 확실히 이 관계를 만족한다는 서술과 구별하기 위해서이다. 우리가 "확실히"라는 표현을 쓸 수 없는 이유는 잘 분산된 포트폴리오의 특성과 연관된다.

여러분은 어떤 포트폴리오가 잘 분산되려면 모든 증권에 대한 투자비율이 매우 낮아야 함을 상기하라. 예컨대, 오직 하나의 주식이 기대수익률-베타관계를 위반하면, 이것이 잘 분산된 포트폴리오에 미치는 효과는 미미하므로 의미 있는 차익거래기회가 존재하지 않을 것이다. 그러나, 많은 주식들이 이 관계를 위반하면, 그 관계가 잘 분산된 포트폴리오에 더 이상 적용되지 않을 것이며, 차익거래기회가 존재하게 될 것이다.

따라서 단일요인증권시장에 대한 차익거래 부존재조건을 부과함으로써 모든 잘 분산된 포트폴리오(소수의 개별주식을 제외한)와 모든 주식들에 대하여 기대수익률-베타관계가 유지된다고 결론을 내릴 수 있다.

APT는 CAPM과 마찬가지로 많은 역할을 수행한다. APT는 자본예산편성, 증권가치평가 또는 투자성과평가에 이용될 수 있는 기준수익률을 제공한다. 더욱이, APT는 위험프리미엄의 형태로 보상을 요구하는 분산불능위험(요인위험)과 그렇지 않은 분산가능위험(비요인위험)을 명확하게 구별한다.

제 04 절 APT와 CAPM

APT는 자본시장이 균형상태에 있으면 차익거래이윤(arbitrage profit)이 존재하지 않는다는 조건으로부터 도출되는 매력적인 모형이라고 할 수 있다. APT의 가격결정관계식이 위배되면, 오직 소수의 투자자들이 이를 감지한다 할지라도, 아주 강한 압력에 의하여 그 관계식이 회복될 것이다. 더욱이, APT는 많은 수의 주식으로부터 실용적으로 구성될 수 있는 잘 분산된 포트폴리오를 이용하여 기대수익률과 베타의 관계식을 도출한다. 이와 대조적으로, CAPM은 현실적으로 관찰 불가능한 시장포트폴리오를 가정하여 유도된다.

이러한 차이에도 불구하고, APT가 CAPM을 압도한다고 할 수는 없다. CAPM이 모든 자산에 대하여 기대수익률과 베타의 관계식을 분명하게 제시하는 반면에, APT는 이러한 관계식이 소수의 주식을 제외한 거의 모든 자산에 대하여 성립한다는 것을 시사한다. 그리고, APT의 균형개념이 차익거래 부존재조건(no-arbitrage condition)이라면, CAPM의 균형개념은 전통적인 경쟁균형(competitive equilibrium)이라는 점에서 두 모형은 현격한 차이를 보인다.

제 05 절 다요인APT

지금까지는 주식수익률에 영향을 미치는 체계적 요인이 단 하나라고 가정하였다. 이러한 단순화의 가정은 사실 지나치게 비현실적이라 할 수 있다. 여러분은 주식수익률에 영향을 주는 요인으로 경기순환, 이자율변동, 인플레이션의 정도, 유가 등의 몇 가지 요인을 쉽게 생각할 수 있을 것이다. 아마도, 이러한 요인에 대한 노출은 주식의 위험과 기대수익률의 인식에 영향을 줄 것이다. 여러분은 이러한 여러 가지 위험의 원천을 반영하기 위해 다요인APT(multifactor APT)를 이용할 수 있다.

식 (7-1)에 표시된 단일요인모형(single factor model)을 이요인모형(two-factor model)으로 연장하자.

$$r_i = E(r_i) + \beta_{i1}F_1 + \beta_{i2}F_2 + e_i \qquad (7\text{-}4)$$

예컨대, 여러분은 요인 1을 GNP 성장의 기대치로부터의 이탈로 보고, 요인 2를 예기치 못한 인플레이션으로 볼 수 있을 것이다. 각 요인은 체계적 변수의 충격을 측정하기 때문에, 각 요인의 기대치는 0이 된다. 마찬가지로, 기업고유요인, e_i도 기대치가 0이 된다. 이요인모형을 다요인모형으로 일반화하는 것은 어려운 일이 아니다.

다요인APT는 단일요인APT와 비슷한 방법으로 유도될 수 있다. 먼저, 여러분은 요인포트폴리오(factor portfolio)의 개념을 도입할 수 있다. 요인포트폴리오는 한 요인의 베타가 1이고 다른 요인의 베타는 0이 되도록 구성된 잘 분산된 포트폴리오로 정의될 수 있다. 포트폴리오를 구성할 주식은 아주 많고, 요인의 수는 상대적으로 많지 않으므로, 요인포트폴리오는 쉽게 구성될 수 있다. 요인포트폴리오는 SML의 관계식을 다요인모형을 이용하여 일반화하는 데 있어서 기준포트폴리오(benchmark portfolio)의 역할을 한다.

두 개의 요인포트폴리오, 즉 요인포트폴리오 1과 요인포트폴리오 2의 기대수익률이 각각 $E(r_1)=10\%$, $E(r_2)=12\%$라고 하자. 무위험이자율은 4%로 주어져 있다고 하자. 그러면 여러분은 요인포트폴리오 1의 위험프리미엄은 $10\%-4\%=6\%$가 되고, 요인포트폴리오 2의 위험프리미엄은 $12\%-4\%=8\%$가 됨을 알 수 있다.

이제 첫 번째 요인의 베타가 $\beta_{A1}=0.5$이고 두 번째 요인의 베타가 $\beta_{A2}=0.75$인 임의의 잘 분산된 포트폴리오를 포트폴리오 A라고 부르자. 다요인APT에 의하면, 이 포트폴리오에 대한 총위험프리미엄은 각각의 체계적 위험의 원천에 대하여 투자자들이 보상을 요구하는 위험프리미엄의 합과 같아야 한다. 첫 번째 위험요인에 상응하는 위험프리미엄은 요인 1에 대한 포트폴리오의 노출, β_{A1}에 첫 번째 요인포트폴리오의 위험프리미엄, $E(r_1)-r_F$를 곱한 것과 같아야 한다. 그러므로, 첫 번째 요인에 대한 노출에 대하여 보상이 요구되는 포트폴리오 A의 위험프리미엄 부분은 $\beta_{A1}[E(r_1)-r_F]=0.5(10\%-4\%)=3\%$이다. 또한, 위험요인 2에 상응하는 위험프리미엄은 $\beta_{A2}[E(r_2)-r_F]=0.75(12\%-4\%)=6\%$이다. 포트폴리오 A에 대한 총위험프리미엄은 $3+6=9\%$가 되어야 한다. 즉, 4%(무위험이자율)+3%(요인 1에 대한 노출의 위험프리미엄)+6%(요인 2에 대한 노출의 위험프리미엄)=13%(총기대수익률)가 성립한다.

포트폴리오 A의 기대수익률이 왜 13%가 되어야 하는지를 이해하기 위하여, 다음과 같은 논리를 생각해 보자. 포트폴리오의 기대수익률이 13%가 아니라 12%라고 가정하자. 그러면, 이는 차익거래기회를 초래한다. 요인포트폴리오들로부터 포트폴리오 A와 동일한 베타들을 갖는 포트폴리오를 구성하여 보자. 첫 번째 요인포트폴리오에 대한 투자비율이 0.5, 두 번째 요인포트폴리오에 대한 투자비율이 0.75, 그리고 무위험자산에 대한 투자비율이 −0.25가 되면, 포트폴리오 A와 동일한 베타를 갖는 포트폴리오가 구성됨을 여러분이 확인하라. 정녕, 이 포트폴리오는 포트폴리오 A와 동일한 요인베타들을 갖는다. 이 포트폴리오의 첫 번째 요인포트폴리오와 두 번째 요인포트폴리오에 대한 투자비율이 각각 0.5와 0.75이므로, 첫 번째 요인의 베타는 $0.5\times1=0.5$, 두 번째 요인의 베타는 $0.75\times1=0.75$가 된다.

그러나, 12%의 기대수익률을 갖는 포트폴리오 A와 대조적으로, 이 포트폴리오의 기대수익률은 $(0.5\times10)+(0.75\times12)-(0.25\times4)=13\%$가 된다. 이 포트폴리오를 매입하고 포트폴리오 A를 공매하면 1%의 차익거래이윤(arbitrage profit)이 발생한다.

이러한 논리를 일반화하기 위하여, 임의의 포트폴리오 P의 요인위험이 β_{P1}과 β_{P2}로 주어짐을 여러분은 주목하라. 첫 번째 요인포트폴리오에 대한 투자비율이 β_{P1}, 두 번째 요인포트폴리오에 대한 투자비율이 β_{P2}, 그리고 무위험자산에 대한 투자비율이 $(1-\beta_{P1}-\beta_{P2})$인 포트폴리오의 베타는 포트폴리오 P의 베타와 같으며, 기대수익률은 다음과 같이 표시될 수 있다.

$$E(r_P) = \beta_{P1}E(r_1) + \beta_{P2}E(r_2) + (1 - \beta_{P1} - \beta_{P2})r_F$$
$$= r_F + \beta_{P1}[E(r_1) - r_F] + \beta_{P2}[E(r_2) - r_F] \quad (7\text{–}5)$$

그러므로, 차익거래기회가 배제될 수 있기 위해서는, β_{P1}과 β_{P2}의 위험요인을 갖는 어떤 잘 분산된 포트폴리오도 식 (7–5)에 표시된 기대수익률을 가져야 한다. 여러분이 식 (7–2)와 식 (7–5)를 비교하면, 식 (7–5)가 단일요인SML의 단순한 연장이라는 사실을 깨닫게 될 것이다.

마지막으로, 식 (7–5)의 다요인APT를 개별주식으로 연장하는 것은 단일요인APT의 경우와 동일하다고 할 수 있다. 식 (7–5)가 모든 개별주식에 의해 만족되지 않는다면, 이 식이 또한 모든 잘 분산된 포트폴리오에 의해서도 만족될 수 없다. 따라서, 다요인APT가 성립한다. 그러므로, $\beta_{P1}=0.5$이고 $\beta_{P2}=0.75$인 주식의 공정한 기대수익률은 13%가 된다. 결론적으로, 식 (7–5)는 2개의 위험원천을 갖는 경제에 적합한 다요인SML을 나타낸다고 할 수 있다.

다요인APT의 큰 단점은 요인포트폴리오에 대한 위험프리미엄의 결정에 관하여 이론적으로 침묵한다는 점이다. 그 반면에, CAPM은 시장포트폴리오의 위험프리미엄이 시장포트폴리오 수익률의 분산과 투자자의 위험회피에 의해 결정됨을 시사한다. CAPM은 또한 다요인CAPM으로 연장될 수 있는데, 이 다요인CAPM이 요인포트폴리오에 대한 위험프리미엄의 결정에 약간의 이론적인 실마리를 제공한다고 할 수 있다.

주·요·용·어

- 차익거래기회(arbitrage opportunity)
- 차익거래이윤(arbitrage profit)
- 무투자 포트폴리오(zero investment portfolio)
- 차익거래 부존재조건(no-arbitrage condition)
- 잘 분산된 포트폴리오(well-diversified portfolio)
- 요인포트폴리오(factor portfolio)
- 단일요인모형(single factor model)
- 다요인모형(multifactor model)
- 차익거래가격결정이론(arbitrage pricing theory)

연·습·문·제

1 두 개의 독립적인 경제적 요인 F_1과 F_2가 존재하는 경제를 고려하자. 무위험이자율이 7%이고, 모든 주식은 표준편차가 50%인 독립적인 기업고유의 위험을 갖는다. 잘 분산된 포트폴리오 A와 B의 자료가 다음과 같이 입수되었다.

포트폴리오	$F1$에 대한 베타	$F2$에 대한 베타	기대수익률
A	1.8	2.1	40%
B	2.0	−0.5	10%

이 경제에서의 기대수익률과 베타의 관계식을 구하시오.

2 단일요인경제에서 다음과 같이 자료가 입수되었다. 모든 포트폴리오는 잘 분산되어 있다고 가정하시오.

포트폴리오	$E(r)$	베타
A	10%	1
F	4%	0

임의의 포트폴리오 P의 베타가 $\frac{2}{3}$이고 기대수익률이 9%라면, 차익거래기회가 존재할 것인가? 그렇다면, 차익거래이윤을 어떻게 얻을 수 있을까? 설명하시오.

3 A와 B는 잘 분산된 포트폴리오이고, $E(r_A)=0.14$, $E(r_B)=0.148$이다. 단일요인APT에서 $\beta_A=1$이고 $\beta_B=1.1$이면, 무위험이자율은 얼마가 되어야 하는가?

4 어떤 주식에 대한 다요인APT를 다음과 같이 고려하자.

요 인	요인베타	요인위험프리미엄
인플레이션	1.2	6%
산업생산	0.5	8%
유 가	0.3	3%

무위험이자율이 6%라고 가정하고, 이 주식의 기대수익률을 구하시오.

5 주식시장이 다음과 같은 세 가지의 체계적 위험을 갖는다고 가정하시오.

요 인	위험프리미엄
산업생산(I)	6%
이자율(R)	2%
소비자신뢰(C)	4%

어떤 주식의 수익률은 다음 식에 의하여 생성된다.

$$r = 15\% + 1.0I + 0.5R + 0.75C + e$$

APT를 이용하여 이 주식의 균형기대수익률을 구하시오. 무위험이자율은 6%로 가정하시오. 이 주식은 과대평가되어 있는가 또는 과소평가되어 있는가? 설명하시오.

여덟 번째 여행

증권가격은 정보에 어떻게 반응하는가?

여섯 번째 여행과 일곱 번째 여행에서 다룬 CAPM과 APT는 금융자산의 가격구조를 묘사하는 이론이다. 이 이론들은 증권의 위험특성이 상이할 때 증권의 가격과 기대수익률이 어떻게 달라져야 하는가를 제시하여 준다. 이제, 금융자산의 가격구조가 주어졌다고 가정하고, 이용가능한 정보가 증권가격에 반영되는 정도를 다루는 효율적 자본시장이론에 대해 논의한다.

제 01 절 자본시장 효율성의 정의

효율적(efficient)이라는 용어처럼 투자론 분야에서 다양한 의미로 사용되는 것도 드물 것이다. 다섯 번째 여행 포트폴리오이론에서는 평균-분산모형의 지배원리에 따라 동일한 기대수익률 하에서 표준편차가 가장 낮은 포트폴리오를 효율적 포트폴리오라고 일컬었다. 그러나, 자본시장이 효율적이라고 하면 그 의미가 아주 다르다. 자본시장 효율성(capital market efficiency)의 개념은 넓은 의미와 좁은 의미로 나누어

정의될 수 있다.

넓은 의미의 자본시장의 효율성은 배분적 효율성(allocational efficiency), 운영적 효율성(operational efficiency) 그리고 정보적 효율성(informational efficiency)을 총칭한다. 자산가격들이 모든 생산자들과 저축자들에 대하여 한계수익률이 동일하도록 결정될 때 자본시장이 배분적으로 효율적이라고(allocationally efficient) 할 수 있다. 배분적으로 효율적인 자본시장에서는 희소한 저축이 생산적인 투자에 최적으로 배분되어 모든 시장참여자가 혜택을 받게 된다. 따라서, 배분적 효율성은 경제학에서의 파레토 최적(Pareto optimality)과 같은 개념이라 할 수 있다. 파레토 최적은 한 경제에서 한 사람의 효용을 감소시키지 않고서는 다른 사람의 효용을 증가시킬 수 없는 상태로 정의됨을 상기하라. 근대경제학의 제 1 차 후생정리에 의하여 완전경쟁균형(perfectly competitive equilibrium)은 파레토 최적을 달성함을 여러분은 이미 배웠을 것이다. 운영적 효율성(operational efficiency)은 자금의 이전비용과 관련되는 개념이다. 자산의 거래비용(transaction cost)이 낮으면 낮을수록, 여러분은 자본시장의 운영적 효율성이 높다고 말할 수 있을 것이다. 마지막으로, 정보적으로 효율적인 자본시장(informationally efficient capital market)에서는 자산가격이 이용가능한 관련된 모든 정보를 충분히 그리고 즉각적으로 반영한다. 이는 자산이 거래될 때 자산가격이 자본배분의 정확한 신호라는 것을 의미한다.

좁은 의미의 자본시장 효율성은 정보적 효율성을 의미한다.[1)] 자본시장의 효율성이라고 하면 대부분의 경우에 정보적 효율성을 의미한다. 본서에서는 자본시장의 효율성을 정보적 효율성에 한정하기로 한다.

효율적 자본시장의 개념을 파악하기 위하여 완전자본시장(perfect

1) 효율적 자본시장가설과 대립되는 프랙탈 시장가설(fractal market hypothesis)에 대해서는 Peters(1994)의 제 3 장을 참조할 것. 합리적 기대이론과 자본시장의 정보적 효율성의 관계에 대해서는 Jarrow(1988), pp. 281∼290을 참조할 것.

capital markets)의 개념을 소개하기로 하자. 완전자본시장의 충분조건은 다음과 같이 요약될 수 있다.[2)]

첫째, 자본시장에 마찰이 존재하지 않는다. 즉, 거래비용과 세금이 존재하지 않으며, 모든 자산은 무한히 분할가능하고 시장에서 거래될 수 있으며, 제약적인 규제가 없다.

둘째, 제품시장과 증권시장에 완전경쟁이 존재한다. 이는 증권시장에서 모든 거래자가 가격수용자(price taker)라는 것을 뜻하며, 제품시장에서는 모든 생산자가 재화와 용역을 최소평균비용으로 공급함을 의미한다.

셋째, 자본시장은 정보적으로 효율적이다.

넷째, 모든 개인은 기대효용을 극대화한다는 의미에서 합리적이다. 그러므로, 자본시장이 완전하면, 자본시장은 넓은 의미와 좁은 의미에서 모두 효율적이다. 그러나, 그 역은 성립하지 않는다. (좁은 의미의) 자본시장의 효율성은 완전자본시장의 개념보다 훨씬 덜 제약적인 개념이라 할 수 있다.

완전자본시장과 효율적 자본시장의 차이를 보이기 위해, 여러분은 완전자본시장의 가정을 몇 가지 완화할 수 있다. 예컨대, 자본시장에 마찰이 있더라도 여전히 효율적 자본시장이 성립할 수 있다. 다시 말해서 증권거래자가 매매수수료를 내거나 인적자원(human capital)이 분할되어 거래될 수 없는 경우에도, 자산가격은 여전히 모든 이용가능한 정보를 반영할 수 있을 것이다. 또한 제품시장에 불완전경쟁이 존재하는 경우에도 효율적 자본시장이 존재할 수 있다. 그러므로, 기업이 제품시장에서 독점이윤(monopoly profit)을 향유하는 경우에도, 독점에 따른 기대현금흐름의 현가를 충분히 반영하는 증권가격을 효율적 자본시장이 결정할 수 있는 것이다. 따라서, 제품시장에서 배분적 비효율성이 존재

2) Copeland–Weston(1988), pp. 330~331.

하는 경우에도, 여전히 효율적 자본시장의 개념은 성립할 수 있다. 마지막으로, 효율적 자본시장에서 비용이 안드는 정보를 가질 필요는 없다.

여전히, 제한적인 의미에서는, 효율적 자본시장은 배분적 효율성과 함께 운영적 효율성을 함축한다. 자산가격이 모든 이용가능한 관련된 정보를 반영하고 저축자로부터 가장 높은 수익을 얻는 투자안으로 자금을 이전하는 데 유용하다는 의미에서, 자산가격은 정확한 신호를 제공하는 역할을 수행한다. 금융중개기관, 즉 자금을 저축자로부터 투자자로 이전시키는 서비스를 담당하는 금융기관이 최소의 비용으로 그 기능을 수행한다면, 자본시장은 운영적으로 효율적이라고 할 수 있다.

제 02 절 자본시장 효율성의 형태

자본시장 효율성의 문제는 단순한 흑백논리로 해결될 문제는 아니다.[3] 자본시장은 지극히 효율적이지도 않고, 극도로 비효율적이지도 않다. 자본시장 효율성은 정도의 문제인 것이다. 그러면, 자본시장은 얼마나 효율적인가?[4]

자본시장 효율성을 측정하는 한 방법은 모든 이용가능한 정보의 집합 중에서 어떤 유형의 정보가 증권가격에 반영되는가를 살펴보는 것이다. 〈그림 8-1〉의 맨 바깥쪽 원은 어떤 주식의 가격결정에 관련 있는 현재 알려질 수 있는 모든 정보를 나타내고 있다. 이것에는 기업, 산업 그리고 국내 및 세계경제에 관한 공개적으로 이용가능한 정보가 포함된다. 이것에는 또한 몇몇 개인 또는 집단이 사적으로 보유하고 있는 정보도 포함된다. 두 번째 원은 공개적으로 발표되어 이용가능한 정

3) Haugen(2001), pp. 574~586.

4) 자본시장 효율성의 검증결과에 대해서는 Haugen(1995), 그리고 Campbell-Lo-MacKinlay(1997)의 제2장, 제4장, 그리고 제7장을 참조할 것.

그림 8-1 특정주식에 이용 가능한 정보의 부분집합

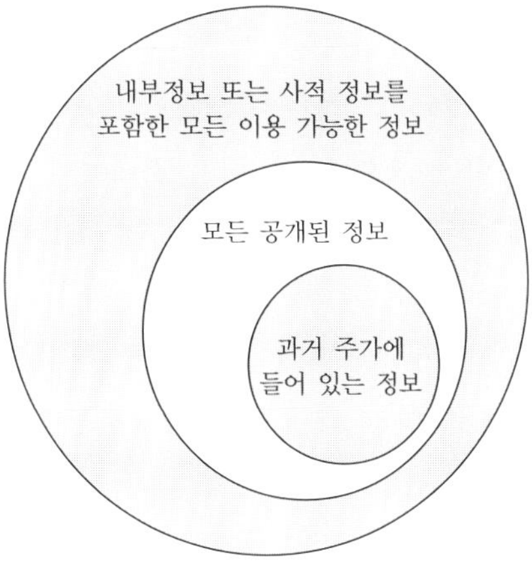

보의 집합을 표시하고 있다. 그러므로 이 집합의 바깥에 있는 정보는 내부정보(inside information) 혹은 사적 정보(private information)이다. 두 번째 원 안에는 세 번째 원이 있는데, 이는 공개적으로 이용가능한 정보의 부분집합을 나타낸다. 즉, 세 번째 원은 주식의 시장가격의 역사를 분석함으로써 얻을 수 있는 모든 정보를 의미한다.

효율적 자본시장이론에는 약형(weak form), 준강형(semistrong form), 그리고 강형(strong form)의 세 가지 형태가 있다. 각 형태에서는 상이한 유형의 정보가 증권가격에 즉각적으로 반영된다고 가정된다.[5)]

약형의 효율적 시장이론에서는 현재 및 미래주가가 주식가격의 과거 역사에 들어 있는 모든 정보를 반영하고 있는 것으로 가정된다. 예컨대, 주가가 어느 해의 마지막 거래일에 하락하고 그 다음 해의 첫 거래일에 상승하는 것과 같은 주가의 계절성(seasonality)이 존재한다고 하자. 약형의 효율적 시장이론에서 시장은 이를 인식하게 될 것이며, 이

5) Fama(1970, 1991)를 참조할 것.

현상이 사라지도록 주식가격을 결정하게 될 것이다. 거래자들은 새해 첫날의 주가상승을 기대하면서 첫날 시장이 열리자마자 거래를 시작하려 들 것이다. 거래자들의 이러한 시도는 가격상승이 개장초 몇 분 사이에 일어나도록 만든다. 영리한 거래자들은 다른 거래자들을 이기기 위해서는 주가가 하락한 전년도의 마지막 거래일에 거래에 참여해야 할 것이라고 인식하게 될 것이다. 그들의 이러한 시도는 주식가격을 지지하여 마지막 거래일의 가격하락폭을 줄이게 된다. 이러한 과정은 주가의 계절성이 사라질 때까지 계속될 것이다. 과거의 주가시계열을 분석함으로써 미래의 주가향방을 예측하는 것이 불가능해질 때까지, 다른 유형의 주가변동패턴도 간파되어 제거될 것이다. 이러한 상태에 도달하면, 약형의 자본시장 효율성이 만족될 것이다.

준강형의 효율적 시장이론에서는 공개적으로 이용가능한 모든 정보가 주식가격에 반영되어 있는 것으로 가정된다. 이 정보에는 주가시계열뿐만 아니라, 기업의 회계정보, 경쟁기업의 보고서, 경제상황에 대하여 발표된 정보, 그리고 주식가격결정에 관련있는 다른 모든 공개된 정보가 포함된다.

강형의 효율적 시장이론은 자본시장 효율성 개념의 극치를 이룬다. 여러분이 이 이론이 옳다고 믿는다면, 여러분은 모든 정보가 주가에 반영되는 것으로 믿는 것이 된다. 이 정보에는 공개된 정보뿐만 아니라 사적인 정보나 내부정보도 포함된다. 강형의 효율적 시장이론에서는 내부정보를 취득하는 사람들은 주식을 사거나 팔기 위해서 정보수집활동을 한다. 그들의 행동은 주가에 영향을 미치게 되어, 주가가 내부정보를 반영하도록 신속하게 조정된다.

약형의 효율적 시장이론이 성립하면, 기술적 분석(technical analysis)이 무용지물이 된다. 기술적 분석은 과거의 주가 움직임으로부터 미래의 주가 움직임을 예측하려 한다. 주가 움직임이 일정한 패턴을 가지면, 이는 기술적 분석가에게 주가가 앞으로 특정한 방향으로 움직일 것이라는 것을 암시한다. 기술적 분석가는 미래 주가를 예측하기 위해 과거 주가의 시계열을 분석하는 데 있어서 각종 기법을 이용한다. 약형의 효율적 시장이론이 유효하면, 미래의 주가를 예측하는 데 유용한 정보가 과거의 주가시계열에는 존재하지 않게 된다. 과소평가된 혹은 과대평가된 주식을 발견하기 위해서, 여러분은 과거 주가 이외의 정보에 의거하고 있는 다른 분석방법을 찾아야만 한다.

준강형의 효율적 시장이론이 성립하면, 공개적으로 이용가능한 정보에 의거하는 한, 어떤 형태의 기본적 분석(fundamental analysis)도 여러분이 우월한 수익률을 얻는 데 도움을 주지 못할 것이다. 예를 들면, 준강형의 효율적 시장에서는 기업의 재무제표에 대한 분석이 수익성 있는 투자와 수익성 없는 투자를 구별하는 데 효과적이지 못하다. 이러한 재무제표분석은 여러분에 앞서 수많은 분석가들에 의해서 이미 이루어진 것이다. 다른 분석가들이 이미 그들이 발견한 것을 행동에 옮겼으며, 현재주가는 이제 회계자료에서 발견될 수 있는 모든 관련된 정보를 반영하고 있다. 모든 다른 원천의 공개된 정보에 대해서도 마찬가지라고 말할 수 있다. 기술적 분석뿐만 아니라 전통적인 증권분석(security analysis)도 이제 시장보다 우월한 수익률을 올리는 무기로서 쓸모가 없게 된다. 여러분이 투자자로 성공하려면, 사적 정보를 찾아내거나 이를 구입하여야 할 것이다.

강형의 효율적 시장이론이 성립하면, 모든 정보취득 노력이 빛을 잃게 된다. 강형의 효율성 하에서는 내부정보를 취득하는 사람이 그 정보에 따라 행동을 취하여 주가가 이 내부정보를 반영하도록 할 것이다. 새로운 내부정보의 초기 취득은 대체로 우연의 문제가 되며, 주가는 이미 그 내부정보를 반영하므로 시장보다 우월한 수익률을 얻기 위하여 노력하는 일은 허사가 될 것이다. 강형의 효율성이 성립하면, 어떤 형태의 정보탐색이나 처리도 일관성 있게 우월한 수익률을 초래하지 않을 것이기 때문에, 전문투자자의 시장가치는 0이라고 할 수 있다.

제 03 절 효율적 시장에서의 위험과 기대수익률

효율적 시장이론은 주식가격의 구조와 관련된 어떤 이론도 가정하거나 함축하지 않는다. 이제, 모든 투자자들이 평균-분산의미에서 효율적인 포트폴리오에 투자하며, 주식가격의 구조가 CAPM의 함축내용과 같다고 가정하자.

먼저, 강형의 효율적 시장이론이 유효하다, 즉, 증권가격이 가치평가에 이용가능한 관련된 모든 정보를 반영하고 있다고 가정하자. 여러분이 기업분석가로서 각 기업의 증권가치의 평가에 관련되는 모든 정보를 수집한다고 하자. 자본시장에 존재하는 각 증권의 기대수익률과 베타를 추정하는 고도의 기법을 이용하여 각 기업에 대한 정보를 처리하고 분석하라. 그러면, 효율적 시장이론이 성립한다면, 기대수익률과 베타의 관계는 〈그림 8-2〉와 같이 나타날 것이다. 증권가격이 모든 이용가능한 정보에 대한 분석을 기초로 결정되고 각 증권의 기대수익률이 그 위험수준에 상응하여 CAPM과 일관성을 갖는다. 총체적인 정보집합의 관점에서 보면, 위험과 기대수익률 관계가 아주 분명하게 나타난다. 증권가격의 CAPM구조가 주어졌을 때, 자본시장에서 증권가격이 그 구조와 일관성 있게 효율적으로 결정된다.

이제, 여러분이 앞에서와 같이 위험과 기대수익률을 추정하지만, 이번에는 공개적으로 이용가능한 정보에 대한 분석에 한정한다고 하자. 예컨대, 여러분의 베타 추정은 과거의 증권수익률의 표본, 시장지수(market index)뿐만 아니라 부채비율, 기업규모와 같은 기업특성에 의거

그림 8-2 효율적 시장에서의 위험과 기대수익률

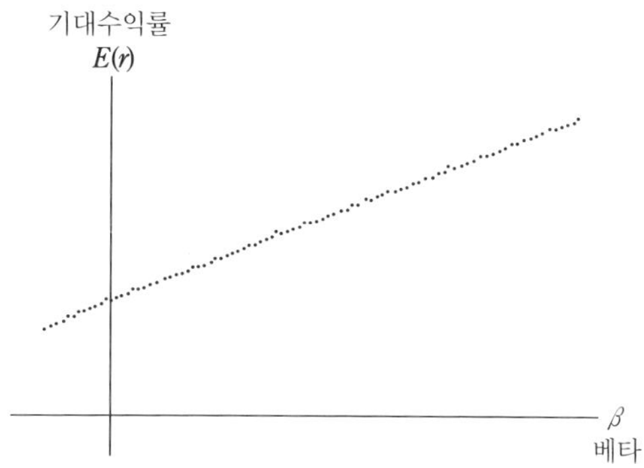

할 수 있다. 여러분이 고도의 분석기법을 이용하기는 하지만, 여러분이 투입하는 정보는 모든 공개적으로 이용가능한 정보라는 점이 앞에서와 다르다. 이번에는 기대수익률-위험관계가 〈그림 8-3〉처럼 나타날 수 있다. 여러분이 추정한 위험과 기대수익률의 관계는 더 이상 분명하게 나타나지 않는다. 증권들이 SML의 위와 아래에 흩어져 있다. 여러분

그림 8-3 비효율적 시장에서의 위험과 기대수익률

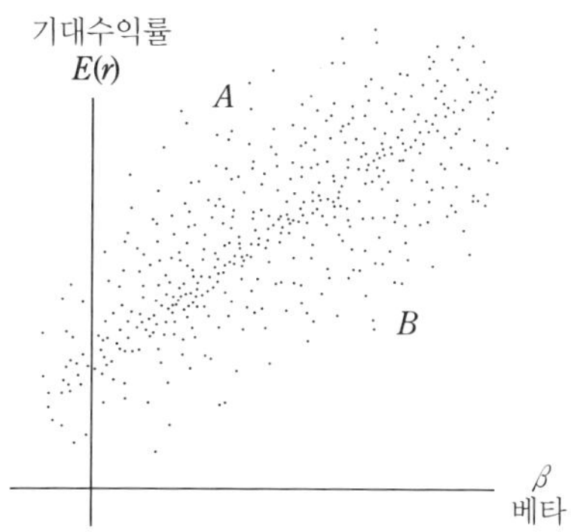

에게 A로 표시된 증권은 과소평가되어 위험에 비해 기대수익률이 지나치게 높게 보일 것이다. B로 표시된 증권은 과대평가되어 위험에 비해 기대수익률이 낮게 생각될 것이다. 여러분에게 자본시장은 비효율적으로 보여진다. 여러분이 수익성 있는 투자와 그렇지 않은 투자를 쉽사리 구분할 수 있으므로, 여러분은 기업분석의 대가로 높은 봉급을 받을 자격이 있다고까지 생각할지 모른다.

그러나, 현실에 있어서는 A와 B는 잘못 평가된 것이 아니다. 비효율적인 것은 시장이 아니라 여러분인 것이다. 여러분이 시장이 비효율적이라고 생각하는 이유는 여러분이 불충분한 정보의 집합을 이용하여 분석을 실시하고 있기 때문이다. 사실상, 여러분이 사적 정보와 공적 정보 모두의 관점에서 분석을 실시하면, A와 B는 공정하고 합리적인 기대수익률을 갖는다. 여러분이 A처럼 과소평가되었다고 생각하는 증권들로 포트폴리오를 편성하면, 이 포트폴리오에 대한 실현수익률의 평균이 B처럼 과대평가되었다고 생각하는 증권들의 포트폴리오의 수익률 평균보다 높지 않음을 발견하고 놀랄지도 모른다. 실적에 따라 여러분의 봉급이 결정된다면, 여러분의 봉급이 높은 수준에서 머무를 가능성은 낮아질 것이다.

이제, 시장이 오직 준강형의 효율성을 만족한다고 가정하자. 이 경우에, 여러분이 공개적으로 이용가능한 정보만에 의거하여 분석을 실시한다면, 여러분이 발견한 기대수익률과 위험의 관계는 〈그림 8-2〉처럼 나타날 것이다. 그러나, 여러분이 내부정보나 사적 정보를 취득할 수 있다면, 기대수익률과 위험의 관계는 〈그림 8-3〉처럼 표시될 것이다. 이번에는 여러분이 정말로 과소평가된 주식과 과대평가된 주식을 찾아냈으므로 높은 봉급을 받을 자격이 있다고 할 수 있다. A와 같은 주식으로 구성되는 포트폴리오는 이와 위험수준이 동일한 다른 포트폴리오를 능가할 가능성이 높다.

여러분과 같이 능력 있는 분석가를 찾을 수 있다면, 위에서와 같은 분석을 통해 얼마나 자본시장이 효율적인가 하는 문제를 해결할 수 있을 것이다. 불행하게도, 이러한 대분석가는 존재하지 않으므로, 다른 방법에 의존할 수밖에 없다. 효율적 자본시장은 특정한 행동적 특성을 나타낸다. 여러분은 현실 자본시장이 이러한 특성에 부합되는가의 여부를 판단하여, 부합되지 않으면 자본시장이 비효율적이라고 결론을 내릴 수 있다.

자본시장이 효율적이면, 다음과 같은 특성을 나타내야 한다.

첫째, 증권가격이 가격결정에 관련된 새로운 정보에 신속하고 정확하게 반응하여야 한다.

둘째, 기간별 증권가격의 변화는 오늘 일어난 가격변화가 어제 또는 과거 어느 날 일어난 가격변화와 관련되지 않는다는 점에서 독립적으로 발생하여야 한다.

셋째, 현재 투자의 특성을 검토함으로써, 미래에 있어서 위험에 대비하여 수익률이 예상 외로 높다는 의미에서, 수익성 있는 투자와 그렇지 못한 투자를 구별하는 것이 불가능하여야 한다.

넷째, 여러분이 정보가 많은 투자자 집단과 그렇지 못한 투자자 집단을 분리했을 때, 두 투자자 집단 간의 평균적인 투자성과 간에 유의적인 차이를 발견할 수 없어야 한다. 더욱이, 각 집단 내의 개별투자자들의 성과차이도 비유의적이어야 할 것이다. 다시 말해서, 투자자 집단 간의 성과차이 또는 투자자 집단 내의 개인 간의 성과차이는 우연에 의한 것이어야 하며, 주식가격에 이미 반영되지 않은 정보를 발견할 수 있는 능력과 같은 체계적이고 영구적인 것이 아니어야 한다.

제 04 절 새로운 정보에 대한 반응

자본시장이 효율적이라면, 증권가격은 정보가 입수되는 즉시 정보에 반응하여야 한다. 반응이 순간적일 수는 없지만 정보의 입수와 주가의 반응은 정보를 입수하고 처리하는 이용가능한 최선의 절차와 기법을 반영하여야 한다.

시장가격의 정보에 대한 반응은 또한 편의가 없어야(unbiased) 한다. 초기의 반응은 정보의 증권가격에 대한 진정한 함축을 정확하게 반영하여야 한다. 예컨대, 정보에 대한 증권가격의 과잉반응에 대해 나중에 가격조정이 이루어질 필요가 없는 것이다.

〈그림 8-4〉는 일단의 정보에 대한 주가반응을 세 가지 시나리오로 나누어 제시하고 있다. X축에 표시된 모든 거래일에 오직 일단의 정보만이 입수된다고 가정하므로, 이는 지나치게 이상적이라고 할 수 있다. 정보는 0으로 표시된 거래일에 받는다. 정보는 호재(good news)여서 주

그림 8-4 효율적 및 비효율적 시장에서 새로운 정보에 대한 주가반응

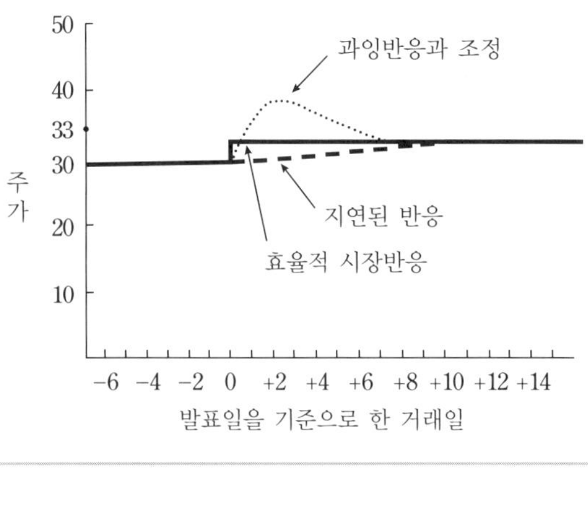

식가치의 이용가능한 최적추정치를 $30에서 $33로 상승시킨다.

먼저, 실선을 살펴보자. 실선은 효율적 시장에서 주식가격이 취하는 경로를 나타낸다. 이 경우에, 정보를 받는 그 날에 주식가치가 $33로 즉각적인 상승이 이루어진다. 추가적인 새로운 정보가 더 이상 들어오지 않는다고 가정되므로, 주식가치의 변화는 더 이상 일어나지 않는다.

긴 점선을 고려해 보자. 이 선은 비효율적 시장에서 주가가 택할 수 있는 경로를 나타낸다. 다음과 같은 이야기가 성립할 수 있다. 어떤 유용한 정보가 유출된다고 하자. 이 정보를 몇 개의 대형증권회사의 본사에서 취득한다. 본사에서 정보를 지점으로 내려보내고 그 정보가 해당기업과 해당기업의 주가에 미치는 영향을 분석하기 시작한다. 증권회사 지점에서 그 정보를 받아 나름대로의 분석을 실시한다. 지점에서는 뚜렷한 결론 없이 주요 고객에게 그 정보를 전달한다. 몇 사람이 주식거래를 시작하여 첫날에 주가를 약간 올려놓을 수 있다. 하루, 이틀의 시차를 두고 투자기관의 분석가들이 그 정보가 그 주식의 내재가치 상향 조정을 의미한다는 보고서를 발표한다. 중매인들(brokers)이 그들의 고객에게 현재가격에서 주가가 과소평가되었다는 정보를 전달한다. 그 주식을 매입해야 되는지, 매입한다면 어떻게 자금을 조달할 것인가에 대한 의사결정이 내려진다. 며칠 후에 시장에 주문이 들어와 주가가 내재가치 $33로 상승한다.

짧은 점선도 비효율적 시장과 일관성 있는 또 다른 시나리오를 나타낸다. 이 경우에 그 정보가 주가에 미치는 영향을 가장 낙관적으로 보는 투자자들이 그 정보를 맨 먼저 얻거나 맨 먼저 행동을 개시한다. 주식의 내재가치가 $33를 넘는다는 생각을 그들은 갖고 있어서, 그들의 매입활동이 주가를 내재가치 수준 이상으로 상승시키기 시작한다. 새로운 가치의 최적 추정치는 물론 $33이며, 궁극적으로는 이것이 맞게 된다. 발빠른 투자자들은 주식을 매도하기 시작하여 주가는 $33 수준으로 조정된다.

시장이 정말로 효율적이면, 마지막 두 가지 시나리오 중 어느 하나도 현실시장에서 찾아볼 수 없어야 한다. 예컨대, 여러분이 배당발표에 대한 주가반응을 관찰한다면, 반응에 있어서의 시차나 혹은 과잉반응과 이에 따른 조정현상의 증거가 없어야 주식시장이 효율적이라고 할 수 있다.

제 05 절 주가변화의 독립성

자본시장이 효율적이면, 오늘 일어나고 있는 주식가격의 변화는 어제 혹은 그 이전에 발생한 주식가격의 변화와 완전히 무관하여야 한다. 여기서 성립하여야 하는 중요한 조건은 어떤 주어진 날에 예상되는 가격변화는 이미 발생한 과거의 가격변화와 독립적이어야 한다는 것이다. 예컨대, 주가의 관성(momentum)은 효율적 시장과 일관성이 없는 특성이다. 주가하락 추세가 시작되어, 주가가 하락하는 성향을 보인다면, 오늘에 기대되는 주가변화는 사실상 과거에 발생한 주가변화와 관련을 갖는 것이다. 효율적 시장에서는 매일매일의 가격변화가 왜 무작위하게(randomly) 이루어져야 하는가?

시장이 효율적이면, 오늘의 주가는 주식평가에 관련되고, “알 수 있는(knowable)” 모든 정보를 반영하여야 한다. 알 수 있는 정보는 이미 발표되었고 과거의 발표에 의거하여 예측될 수 있는 모든 정보를 의미한다. 주가에 반영되지 않은 유일한 정보는 발표되지 않아서 예측될 수 없는 정보이다. 이러한 종류의 정보는 예측불가능하고 무작위한 방식으로 자본시장에 들어와야 한다. 자본시장이 이 정보에 즉각적이고 정확하게 반응함에 따라 주가는 무작위하고 예측불가능한 형태로 변하게 된다. 이러한 경우에 여러분은 주가가 무작위행보(random walk)를 따른다고 말할 수 있다.

〈그림 8-4〉의 세 가지 시나리오로 돌아가 보자. 긴 점선의 경우에 +2일에 일어나고 있는 주가변화는 전일에 발생했던 주가변화와 함수적으로 관련을 가질 수 있다. +1일에 주가반응이 불충분했기 때문에, +2일에 주가가 상승하고 있다. 두 개의 변화는 서로 연결되어 있다. 새로운 정보에 대한 주가반응을 완수하는 데 며칠이 걸린다면, 오늘의 주가상승은 내일 일어날 주가변화의 기대치를 증가시켜야 한다. 여러분은 오늘 시작된 반응이 내일에도 계속되는 것을 기대할 것이다.

동일한 의미에서, 짧은 점선에서는 주가가 +1일과 +2일에 과민반응을 보였기 때문에, +3, +4, 그리고 +5일에 하락하고 있다. 이 변화들은 독립적이지 않으며, 사실상 인과관계로 연결되어 있다. 이러한 주가의 반전추세(reversal pattern)가 존재하는 경우에는 과거의 연속적인 주가상승은 내일 발생할 주가변화에 대한 여러분의 기대를 낮출 것이다.

이제 시장효율성과 일관성을 갖는 실선을 살펴보자. 하나의 정보충격은 하나의 즉각적인 주가변화를 초래한다. 그 다음의 예측불가능한 정보충격까지는 어떤 추가적인 변화도 일어나지 않을 것이다. 다음 변화는 0일에 일어난 변화와 전혀 관련되어 있지 않다. 주가는 무작위하고 예측불가능한 방향으로 변화한다.

제 06 절 거래규칙에 의한 투자전략의 실패

시장이 효율적이면, 현재 이용가능한 정보에 의거해서 수익성 있는 투자와 그렇지 않은 투자를 구별할 수 없어야 한다. 여기서 수익성 있는 투자는 적절한 기준수익률과 비교하여 보다 높은 수익률을 실현할 것으로 기대된다.

시장효율성을 검증하는 한 가지 방법은 어떤 거래규칙 혹은 투자전략이 과거에 월등한 수익률을 올렸었는가를 검증하는 것이다. 예컨대, 여러분은 기업의 당기순이익 발표와 같은 새로운 정보에 시장반응이 늦다고 생각한다고 하자. 이러한 경우에, 여러분의 투자전략은 당해연도에 순이익증가율이 높은 상위 16개 회사에 항상 투자하는 것이다. 가설을 검증하기 위하여, 여러분은 과거기간으로 되돌아가서 이 거래규칙에 의거해서 투자성과를 평가한다. 문제는 이 전략이 과거에 월등한 수익률을 실현하였는가의 여부이다. 시장이 효율적이라면, 이러한 전략은 모두 실패해야 한다.

여러분의 첫 번째 문제는 월등한 수익률의 의미를 정하는 것이다. 월등한 수익률은 기대 혹은 실현수익률이 적절한 기준과 비교하여 더 높다는 것을 의미한다. 여러분이 CAPM을 기준으로 사용하면, 기대수익률은 SML에 의해 주어질 것이다.

이러한 의미에서, 거래규칙의 성과검증은 다음과 같은 두 가지 가설의 결합검증(joint test)으로 간주될 수 있다.

① 월등한 수익률을 측정하기 위하여 정확한 기준을 선정한다.
② 여러분의 거래규칙이 이용하는 정보에 대해서 자본시장은 효율적이다.

여러분이 검증하는 데 있어서 유의할 점은 다음과 같이 요약될 수 있다.

첫째, 여러분이 증권을 매매하는 시점에서 실제로 이용가능한 정보에 의거해서 투자전략을 수립하고 있는지를 확인하여야 한다.

둘째, 요구되는 정보를 찾고 처리하는 데 드는 비용과 증권의 거래비용을 함께 고려하여야 한다.

셋째, 여러분의 투자전략이 갖는 월등한 수익률이 운에 따른 것인지, 아니면 여러분이 시장에 존재하는 비효율성을 성공적으로 이용하였기 때문인지를 결정하여야 한다.

넷째, 월등한 수익률이 추가적인 위험부담에 대한 보상인지의 여부를 검토하여야 한다.

이러한 유의점들을 모두 고려하고도 여러분의 거래규칙이 월등한 수익률을 가져온다면, 여러분은 시장이 이 거래규칙이 이용하는 정보에 대해서 비효율적이라는 증거를 발견한 셈이 된다.

제 07 절 정보투자자들의 성과의 평범성

증권가격이 모든 이용가능한 정보를 반영하지 않으면, 충분한 정보를 갖는 투자자들은 월등한 수익률을 올릴 수 있는 포트폴리오를 구성할 수 있어야 한다. 시장에서의 가격구조가 CAPM을 따르고, 증권가격이 공개적으로 이용가능한 정보만을 반영한다면, 사적인 정보를 갖는 거래자들은 자기들의 투자가 〈그림 8-3〉처럼 SML 주위에 포진해 있는 것을 발견하여야 한다. 그들은 또한 SML의 위쪽에 있는 포트폴리오도 구성할 수 있어야 한다. 여러분이 그들의 성과를 CAPM에 의거해서 평가한다면, 여러분은 그들의 성과가 다른 투자자들과 비교해서 우월하다는 것을 발견하여야 한다.

반면에, 시장이 효율적이라면, 어떤 투자도 SML의 위쪽이나 아래쪽에 놓이지 않을 것이다. 만약에 여러분이 이러한 위치에 있는 투자를 발견한다면, 이는 이용가능한 정보의 집합보다 불충분한 정보를 기초로 투자의 기대수익률과 위험을 추정하기 때문이다. 여러분은 SML 위쪽에 있다고 생각하는 증권들로 포트폴리오를 구성할 수 있지만, 진정한 기대수익률은 SML 상에 위치하므로, 여러분의 위험조정 투자성과는 다른 투자자의 성과와 구별될 수 없을 것이다. 또한, 전문투자자 집단 내에서도 유의적인 성과 차이가 존재하지 않아야 한다. 비록, 일부가 더욱 지성적이고 보다 많은 자원을 갖는다 하여도, 증권가격이 모든 관련된 정보를 반영한다면, 지성과 자원이 과소평가된 증권의 탐색에 효과를 발휘하지 못할 것이다.

그러므로, 여러분은 가장 우월한 정보를 가질 것으로 생각되는 투자자들을 분리하여 그들의 투자성과를 측정함으로써 시장효율성을 평가할 수 있을 것이다. 만약에 그들이 우월한 성과를 기록하고 있다면, 증권가격에 관련되지만 반영되지는 않은 정보를 기초로 투자하고 있다고 결론을 내릴 수 있을 것이다.

전문투자자들은 가장 많은 정보를 갖는 것으로 생각된다. 그들은 증권분석과 포트폴리오분석 분야에서 훈련을 받았으며, 근무시간의 대부분을 정보를 탐색하고 분석하는 데 보낸다. 그러므로, 시장 효율성의 문제를 해결하기 위해서는 집단으로서의 전문투자자들이 우월한 성과를 올리는가, 그리고 개별 전문투자자들의 성과에도 유의적인 차이가 있는지의 여부를 판단하여야 한다.

여러분의 검증은 결합검증임을 다시 한번 명심하라. 여러분은 우선 적절한 비교기준을 선정하여야 한다. 이는 여러분이 가격결정구조(pricing structure)에 관한 가정을 필요로 한다는 것을 뜻한다. 여러분이 CAPM을 가정하면, SML과 비교해서 투자성과를 측정할 수 있다. 이러한 가격결정구조에 관한 가정이 이루어지면, 시장이 효율적이라는 가설이 검증될 수 있을 것이다.

제 08 절 행동재무학의 효율적 자본시장이론 비판

전통적인 재무이론이 투자자들이 합리적이라는 가정에 입각하고 있는 반면에, 행동재무학(behavioral finance)은 투자자들이 합리적이지 않을 수도 있다는 가정에서 출발하고 있음을 여러분은 유의해야 한다. 행동재무학의 효율적 자본시장이론에 대한 비판의 논점을 살펴보면 다음과 같이 요약될 수 있다.[6)]

첫째, 투자자들의 정보처리과정(information processing)의 오류에 관한 문제이다. 정보처리과정에서의 오류가 투자자들로 하여금 가능한 사건들에 대한 진정한 확률분포나 관련된 투자수익률을 잘못 추정하게 만들 수 있다고 한다. 이러한 오류로는 예측오차(forecasting errors), 과신(overconfidence), 보수주의(conservatism) 그리고 표본크기 무시와 대표성(sample size neglect and representativeness) 등이 일컬어지고 있다.

둘째, 행동 상의 편의(behavioral biases)의 문제이다.

비록 투자자들의 정보처리과정이 완벽하다 할지라도 많은 연구결과에 의하면 투자자들은 그 정보를 이용하여 완전히 합리적인 의사결정을 하지 않는 경향이 있다고 한다. 이러한 행동 상의 편의가 투자자들이 위험과 수익을 인식하는 문제, 나아가서 위험-수익 상반관계(risk-return tradeoffs)에 영향을 미친다는 것이다. 행동 상의 편의의 예로는 자신의 창틀로 세상을 바라보기(framing), 심리적 회계(mental accounting), 후회회피(regret avoidance) 그리고 전망이론(prospect theory) 등이 일컬어지고 있다.

셋째, 차익거래(arbitrage transactions)의 한계에 관련된 문제이다.

물론, 합리적인 차익거래자들(rational arbitrageurs)이 행동재무학적

6) Bodie-Kane-Marcus(2008), pp. 396~407.

인 투자자들의 오류를 포착하여 차익거래이윤(arbitrage profits)을 남길 수 있다면 행동 상의 편의는 주식가격 결정에 영향을 미치지 않을 것이다. 그러나, 행동재무학자들의 주장에 따르면, 현실 자본시장에서는 기본적 위험(fundamental risk), 시행비용(implementation costs) 그리고 모형위험(model risk) 등이 차익거래이윤의 가능성을 제한할 수 있다고 한다.

그러나 행동재무학은 아직은 유아단계에 있다고 할 수 있다. 행동재무학의 효율적 자본시장이론에 대한 비판은 일리가 있지만, 투자자들의 어떤 제한적인 합리성(limited rationality)이 자본시장에서 주식가격의 결정에 영향을 미치는지에 대해서는 효율적 자본시장을 지지하는 학자와 행동재무학을 옹호하는 학자들 사이에 논쟁이 진행중이므로 여러분은 앞으로 그 추이를 지켜보아야 할 것으로 사료된다.

주·요·용·어

- 배분적 효율성(allocational efficiency)
- 운영적 효율성(operational efficiency)
- 정보적 효율성(informational efficiency)
- 완전자본시장(perfect capital market)
- 효율적 자본시장(efficient capital market)
- 약형의 효율성(weak form efficiency)
- 준강형의 효율성(semistrong form efficiency)
- 강형의 효율성(strong form efficiency)
- 행동재무학(behavioral finance)

연·습·문·제

1 완전자본시장(perfect capital market)과 효율적 자본시장(efficient capital market)을 비교하여 그 차이를 설명하시오.

2 다음과 같은 종류의 정보에 대하여, 그 정보가 증권가격들에 반영된다면 약형, 준강형, 그리고 강형 중 어떤 형태의 시장 효율성이 지지되는지를 밝히시오.

(1) 부실 상호저축은행의 영업정지에 대한 금융위원회의 발표

(2) 스텐다드 푸어스에 의한 미국 국가신용등급 하향 조치 발표

(3) 내부자거래 적발에 관한 금융감독원의 발표

(4) 배당정책에 관한 이사회의 비밀토론

(5) 증권가격의 시계열 자료

(6) 2011년 3월 11일의 일본 후쿠시마 지역에서의 지진, 쓰나미 그리고 방사능 누출사태

3 여러분이 2011년 6월 7일(화요일)에 삼성전자 주식 천 주를 주당 887,000원에 매입하였다고 하자. 그런데, 삼성전자의 주가는 2011년 6월 8일(수요일)에 877,000원으로 화요일보다 10,000원 하락하였다. 주가변화가 무작위 행보(random walk)를 따른다면, 삼성전자의 주가는 2011년 6월 9일(목요일)에 상승할 것인지 혹은 하락할 것인지 2011년 6월 8일 현재 시점에서 여러분이 예측할 수 있겠는가? 설명하시오.

4 광화문 곰이라고 불리는 한 거액투자자가 과거 10년 동안 주식투자로부터 일관되게 많은 돈을 벌었다고 가정하자. 이것은 효율적 자본시장이론을 위배하는 것인가? 설명하시오.

5 주식회사 백두산이 오늘 당기순이익의 증가를 발표하였다. 그런데, 주가는 하락하였다. 이러한 현상은 어떻게 합리적으로 설명될 수 있을까? 여러분의 견해를 밝히고, 그 논리적 근거를 제시하시오.

6 효율적 자본시장이론에 대한 행동재무학의 비판을 간략하게 설명하시오.

제 4 편

옵션의 기초와 가격결정

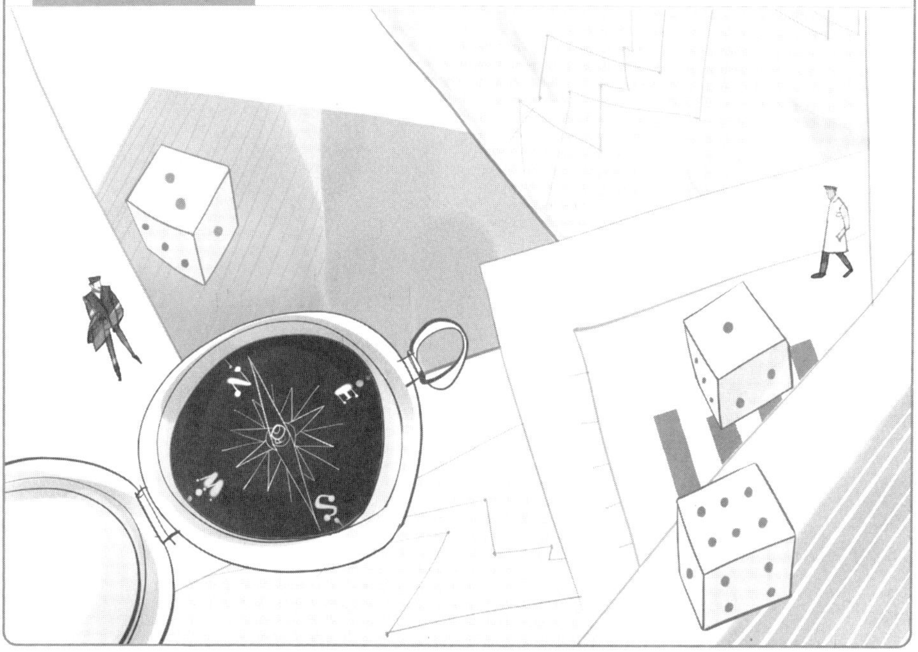

아홉 번째 여행

옵션이란 무엇인가?

미국에서 1973년에 시카고옵션거래소(Chicago Board Options Exchange; CBOE)가 콜옵션의 상장을 시작함에 따라, 표준화된 옵션계약(standardized options contracts)이 거래되기 시작하였다. 거래소에서의 옵션거래는 주식옵션(stock options)의 점두거래(over-the-counter trading)를 제치고 대성공을 거두기에 이르렀다.[1)]

옵션계약은 이제 세계 각국의 여러 거래소에서 거래되고 있다. 옵션계약이 발행되는 기초자산(underlying assets)으로는 보통주, 주가지수, 외화, 농산물, 귀금속, 그리고 이자율선물(interest rate futures) 등이 있다. 우리나라에서도 현재 개별주식옵션, 주가지수옵션, 금리옵션과 통화옵션 등이 한국거래소에 상장되어 거래되고 있다.[2)]

1) Bodie-Kane-Marcus(2008), pp. 691~724 및 Bodie-Kane-Marcus(2001), pp. 500~530.

2) 한국거래소(2010)를 참조할 것.

제 01 절 옵션계약

콜옵션(call option)은 보유자에게 기초자산(underlying assets)을 만기일(expiration date) 혹은 그 이전에 행사가격(exercise price, strike price, striking price)이라 불리는 지정된 가격에 매입할 수 있는 권리(right)를 부여한다. 예컨대, 행사가격이 $90인 IBM 주식에 대한 7월물 콜옵션은 소유자에게 IBM 주식을 7월의 만기일이나 그 이전에 $90의 가격으로 매입할 수 있는 권리를 제공한다.

옵션보유자는 옵션을 행사하도록 요구되지는 않는다. 다시 말해서, 옵션계약은 의무(obligation)가 아니라 권리(right)라고 할 수 있다. 기초자산의 시장가격이 행사가격을 상회하는 경우에만, 콜옵션을 행사하는 것이 옵션보유자에게 이득이 될 것이다. 시장가격이 행사가격을 초과할 때, 콜옵션보유자는 옵션을 매도하거나 혹은 옵션을 행사함으로써 이윤을 남길 수 있다. 시장가격이 행사가격보다 낮은 경우에는 콜옵션이 행사되지 않는다. 만기까지 콜옵션이 행사되지 않으면, 콜옵션계약은 만료되며 더 이상 가치를 갖지 않는다.

옵션의 매매가격을 프리미엄(premium)이라고 부른다. 이는 옵션 매입자가 행사가 유리한 경우에 행사할 수 있는 권리에 대해 지불하는 보상이라고 생각할 수 있다. 콜옵션을 발행하는 옵션매도자는 기초자산을 시장가격보다 낮은 가격으로 인도하여야 할 가능성에 대한 대가로서 프리미엄을 받는다. 옵션이 만기까지 행사되지 않고 만료되면, 옵션매도자는 (거래비용을 무시하면) 프리미엄을 이윤으로 챙기게 된다.

풋옵션(put option)은 보유자에게 기초자산을 지정된 행사가격에 만기일 또는 그 이전에 매도할 수 있는 권리를 부여한다. 예를 들어, 행사가격이 $90인 7월물 풋옵션은 보유자에게 IBM 주식을 풋옵션 발행자에게 $90의 가격으로 만기일 또는 그 이전에 매도할 수 있는 권리를 제공한다. 콜옵션의 이윤은 기초자산의 가격이 상승할 때 증가하지만, 풋옵션의 이윤은 기초자산의 가격이 하락할 때 증가함을 유의하라. 풋옵션은 행사가격이 기초자산의 시장가격보다 높을 경우에만, 즉 풋옵션의 보유자가 행사가격보다 낮은 시장가격을 갖는 기초자산을 행사가격으로 인도할 수 있을 경우에만 행사될 것이다. IBM 풋옵션을 행사하기 위해서 옵션보유자가 IBM 주식을 소유할 필요는 없다. 행사가 이루어지면 즉시 중매인이 시장가격으로 필요한 IBM 주식 수만큼 매입하여 옵션발행자에게 행사가격으로 인도한다. 풋옵션보유자는 행사가격과 시장가격의 차이에서 옵션프리미엄을 제외한 금액만큼 이윤을 남긴다.

옵션과 선물(futures)은 간혹 파생증권(derivative securities)이라고 일컬어진다. 즉 옵션과 선물의 가치는 기초자산인 본원증권(primitive securities)으로부터 파생된다. 예컨대, IBM 옵션의 가치는 IBM 주식의 가격에 의존한다. 옵션과 선물은 또한 상황조건부 청구권(contingent claims)이라 부르기도 하는데, 이는 옵션과 선물의 현금흐름이 다른 증권, 즉 기초자산의 가격에 따라 달라지기 때문에 붙여진 이름이다.

옵션의 행사로 인하여 옵션보유자에게 이윤이 발생할 때, 이 옵션은 내가격(in the money)이라고 한다. 옵션의 행사로 인하여 옵션 보유자에게 손실이 발생할 때, 이 옵션은 외가격(out of the money)이라고 한다. 콜옵션은 행사가격이 자산의 시장가격보다 낮을 때 내가격이라고 하는데, 이는 행사가격으로 자산을 매입하여 양의 현금흐름이 발생할 것이기 때문이다. 콜옵션은 행사가격이 자산의 시장가격보다 높을 때 외가격이라고 하는데, 이는 어느 콜옵션보유자도 시장가격보다 높은 행사가격으로 자산을 매입할 권리를 행사하지 않을 것이기 때문이다. 반대로 풋옵션은 행사가격이 자산의 시장가격을 초과할 때 내가격이라고 하는데, 이는 시장가격보다 높은 행사가격으로 자산을 인도하면 옵션보유자에게 양의 현금흐름이 발생하기 때문이다. 옵션의 행사가격과 시장가격이 동일할 때 이 옵션은 등가격(at the money)이라고 일컬어진다.

1. 옵션거래

일부 옵션들은 점두시장(over-the-counter markets; OTC markets)에서 거래되는데, OTC시장은 옵션계약의 조항 — 행사가격, 만기일, 기초자산의 수량 등 — 이 거래자의 기호와 욕구에 맞도록 재단된다는 장점을 갖고 있다. 그러나, OTC 옵션계약은 거래비용이 높다는 단점을 갖고 있다. 오늘날, 거의 모든 옵션거래가 조직화된 거래소에서 이루어진다.

거래소에서 거래되는 옵션계약은 상장된 모든 옵션에 대하여 허용가능한 만기일과 행사가격에 의해 표준화된다. 주식옵션계약은 (옵션계약 후에 주식분할이 발생하여 분할조항에 따라 계약이 조정된 경우를 제외하고는) 주식 100주를 사거나 팔 수 있는 권리를 제공한다.

상장된 옵션의 계약조항 표준화는 모든 시장참여자가 제한적이고 균등한 증권들을 거래한다는 것을 뜻한다. 이는 옵션거래의 깊이(depth)를 증대시켜 거래비용을 낮추고 보다 경쟁적인 시장을 초래한다. 그러므로, 거래소는 첫째, 매입자와 매도자 또는 그들의 대표자가 모이는 중심시장의 개설이라는 거래의 용이성 강화, 둘째, 매입자와 매도자가 신속하고 저렴하게 거래할 수 있는 유동성이 풍부한 유통시장의 제공 등 두 가지의 중요한 기능을 수행한다.

2. 미국식 옵션과 유럽식 옵션

미국식 옵션(American option)은 보유자에게 기초자산을 만기일 또는 그 이전에 사거나 팔 수 있는 권리를 행사하도록 허용한다. 유럽식 옵션(European option)은 오직 만기일에만 행사가 가능하다. 미국식 옵션이 유럽식 옵션보다 신축성이 높으므로, 일반적으로 더 높은 가치를 갖는다. 미국에서 거래되는 거의 모든 옵션은 미국식이다. 그러나, 시카고옵션거래소에서 거래되는 외환옵션과 주가지수옵션은 유럽식 옵션에 속한다.

3. 옵션청산회사

옵션청산회사(option clearing corporation; OCC)는 주식옵션을 거래하는 거래소들에 의해 공동으로 소유된다. 가격에 합의하는 매매자가 거래를 성립시키는 순간에 OCC가 개입한다. OCC는 거래자 쌍방 사이에 위치하여, 옵션매입자를 위하여 옵션매도자의 역할을 수행하고, 옵션매도자에게는 옵션매입자의 역할을 수행한다. 모든 매입자와 매도자는 오직 OCC와 거래하며, OCC가 계약이행을 효과적으로 보증한다.

옵션보유자가 옵션을 행사할 때, OCC가 옵션계약을 이행하기 위해 그 옵션을 발행한 고객들을 보유한 회원회사(member firm)와 접촉한다. 그 회원회사는 계약을 이행하기 위해, 고객들 중에서 일부를 선정한다. 선정된 고객은 발행된 콜옵션계약 한 단위에 대하여 행사가격과 같은 가격으로 주식 100주를 인도하거나, 혹은 발행된 풋옵션계약 한 단위에 대하여 행사가격으로 주식 100주를 매입하여야 한다.

OCC가 계약이행을 보증하기 때문에, 옵션매도자는 계약의무를 이행할 수 있다는 것을 보증하기 위해 증거금(margin amounts)을 예탁하여야 한다. 요구되는 증거금은 옵션의 내가격(in the money) 금액에 의해 부분적으로 결정되는데, 그 이유는 이 금액이 옵션이 행사될 경우 옵션매도자의 잠재적인 의무를 나타내는 지표이기 때문이다. 요구증거금

(required margin)이 예탁증거금(posted margin)을 초과할 때, 옵션매도자는 증거금요구(margin call)를 받는다. 옵션보유자는 행사하는 것이 유리한 경우에만 옵션을 행사할 것이기 때문에, 증거금을 예탁할 필요가 없다.

증거금요구는 기초자산이 옵션매도자의 포트폴리오에 포함되어 있는가의 여부에 의해서도 영향을 받는다. 예컨대, 기초자산인 주식을 소유하고 있는 콜옵션매도자는 중매인으로 하여금 그 주식을 중매인의 계정에 보유하도록 허용함으로써 증거금요구를 만족시킬 수 있다. 그 주식은 옵션이 행사되는 경우에 옵션보유자에게 인도될 수 있도록 보증된다. 그러나 기초자산이 소유되지 않으면, 증거금요구는 옵션의 내가격(in the money) 혹은 외가격(out of money) 금액과 함께 기초자산의 가치에 의해서 결정된다. 외가격옵션(out-of-the money option)의 경우 행사가능성이 낮기 때문에, 옵션매도자로부터 더 낮은 증거금이 요구된다.

4. 기타 상장옵션

주식 이외의 기초자산에 대한 옵션도 널리 거래된다. 이에는 시장지수와 업종지수에 대한 옵션, 외화에 대한 옵션, 나아가 농산물, 귀금속, 채권, 그리고 주가지수에 대한 옵션도 포함된다.

(1) 지수옵션

지수옵션은 S&P 500 혹은 뉴욕증권거래소지수(New York Stock Exchange Index)와 같은 주가지수에 바탕을 두는 콜옵션 또는 풋옵션이다. 지수옵션은 업종별 주가지수뿐만 아니라 종합주가지수, 그리고 상품가격지수를 대상으로 거래된다.

지수의 구성은 계약 또는 거래소별로 차이가 날 수 있다. 예컨대, S&P 100 지수는 스탠다드 앤드 푸어사의 100 주식의 시장가치 가중평균(value-weighted average)이다. 주요 시장지수(Major Market Index;

MMI)는 20개 주식의 가격가중평균(price-weighted average)인 반면에, 밸류라인지수(Value Line Index; VLI)는 약 1,700 주식의 동일가치 가중평균(equally-weighted average)이다.

외국의 많은 주가지수들에 대한 옵션계약도 거래되고 있다. 예컨대, 일본의 닛케이 225 주가 평균에 대한 옵션이 시카고상업거래소(Chicago Mercantile Exchange; CME)에서 거래되며, 일본지수(Japan Index)에 대한 옵션이 미국증권거래소(American Stock Exchange; AMEX)에서 거래된다. 시카고옵션거래소(Chicago Board Options Exchange)는 멕시코주가지수와 이스라엘주가지수, 그리고 일본의 닛케이주가지수에 대한 옵션을 상장시켜 거래하고 있다. 또한 고기술 산업지수와 제약산업지수 같은 업종별 주가지수에 대한 옵션도 AMEX에 상장되어 있다.

주식옵션과 대조적으로, 지수옵션은 행사가 이루어지는 경우에 콜옵션발행자가 실제로 지수를 인도하도록 혹은 풋옵션발행자의 경우에는 지수를 매입하도록 요구되지 않는다. 대신에 현금결제절차가 이용된다. 옵션이 행사되는 경우에 발생하는 수익(payoff)이 계산되며, 옵션발행자가 이 금액을 옵션매입자에게 지급한다. 수익은 옵션의 행사가격과 지수가치의 차이와 같다. 예를 들면, 행사가격이 $1,270인 S&P 지수에 대한 콜옵션이 행사될 때 S&P 지수가 $1,280이면, 콜옵션보유자는 옵션계약 1단위당 $10에 계약승수(contract multiplier) 100을 곱한 금액, 즉 $1,000을 현금으로 받는다.

(2) 선물옵션

선물옵션(futures option)은 보유자에게, 선물가격을 옵션의 행사가격으로 이용하여, 특정 선물계약을 사거나 팔 수 있는 권리를 부여한다. 옵션보유자는 옵션이 행사되면 즉시 지정된 자산에 대한 현재의 선물가격과 옵션의 행사가격의 차이를 수익으로 받는다. 그러므로, 예컨대, 선물가격이 $37이고, 콜옵션의 행사가격이 $35이면, 선물옵션을 행사하는 콜옵션보유자는 $2의 수익을 얻는다.

(3) 외화옵션

외화옵션은 보유자에게 일정한 양의 외화를 특정금액의 미국 달러화로 사거나 팔 수 있는 권리를 부여한다. 외화옵션은 1982년 12월부터 필라델피아증권거래소(Philadelphia Stock Exchange)에서 거래되기 시작했다. 그 이후, CBOE와 CME가 외화옵션을 상장시켰다. 외화옵션 계약은 외화를 일정금액의 미국 달러화와 교환하여 매입 또는 매도하도록 요구한다. 계약은 외화 1단위당 센트 또는 센트의 분수로 호가된다.

(4) 이자율옵션

미국 재무부채권(Treasury bonds)에 대한 옵션이 AMEX와 CBOE에 상장되어 있다. 또한, TB(Treasury bills), CD(certificate of deposits) 등이 거래된다. 미국 재무부채권 선물에 대한 옵션은 CBOT(Chicago Board of Trade)에서 거래되고 있다.

제 02 절 만기에서의 옵션가치

1. 콜 옵 션

콜옵션은 행사가격으로 기초자산을 살 수 있는 권리임을 상기하라. 여러분이 행사가격이 $90인 IBM 주식에 대한 콜옵션을 보유하고 있고 IBM 주식이 $100에 팔리고 있다면, 여러분은 옵션을 행사하여 IBM 주식을 $90에 매입하여 $100에 매도함으로써 주당 $10의 수익을 얻을 수 있다. 그러나, 주식이 $90 미만에 거래가 되면, 여러분은 옵션을 행사하지 않는다. 만기에서의 콜옵션의 가치는 다음과 같다.

$$\text{콜옵션보유자의 수익} = \begin{cases} S_T - X & S_T > X \\ 0 & S_T \le X \end{cases}$$

여기에서 S_T는 만기에서의 주식가치이고, X는 행사가격이다. 이 공식은 옵션의 수익은 음의 값을 가질 수 없다는 옵션의 성질을 강조하고 있다. 즉, 옵션은 S_T가 X를 초과하는 경우에만 행사된다. S_T가 X보다 낮으면, 옵션은 행사되지 않고 옵션계약이 만료된다. 이 경우에 옵션보유자의 손실은 옵션의 시장가격, 즉 프리미엄이다. 옵션보유자의 이윤은 만기에서의 옵션가치에서 옵션프리미엄을 공제한 금액이다.

행사가격이 $90인 IBM 주식에 대한 콜옵션의 만기에서의 가치는 다음과 같이 주어진다.

IBM 주식의 가치	$80	$90	$100	$110	$120
옵션가치	0	0	$10	$20	$30

IBM 주식가격이 $90 이하이면 옵션은 쓸모가 없음을 주목하라. IBM 주식가격이 $90을 초과하면, 옵션가치는 IBM 주가에서 $90을 공제한 금액이 된다. IBM 주가의 1달러 상승에 대하여 옵션가치는 1달러씩 증가한다.

〈그림 9-1〉에 있는 실선은 만기에서의 콜옵션의 가치를 나타낸다. 콜옵션보유자의 이윤은 만기에서의 콜옵션의 가치에서 옵션프리미엄을 뺀 금액이 된다. 콜옵션의 프리미엄이 $14라고 하자, 그러면, 콜옵션보유자의 이윤은 〈그림 9-1〉에서 점선으로 표시될 수 있다.

만기에서의 주가가 $104를 넘지 않으면, 이윤은 양의 값을 갖지

그림 9-1 만기에서의 콜옵션보유자의 수익과 이윤

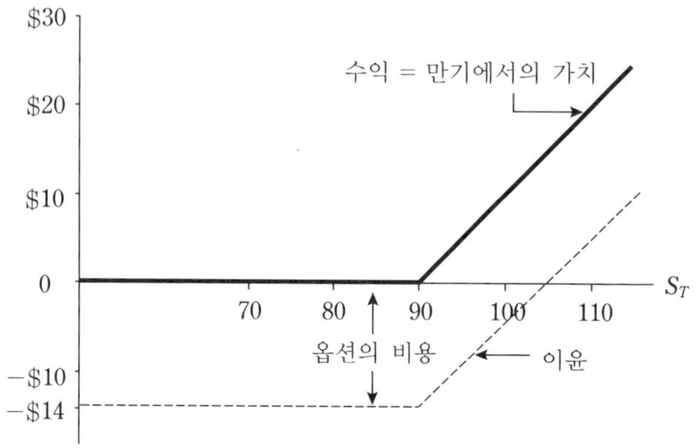

않는다. 손익분기점(break-even point)이 $104인데, 그 이유는 이 가격에서 콜옵션의 수익이 $S_T - X$ = $104 − $90 = $14로서 콜옵션의 비용과 같기 때문이다. 그러므로, 콜옵션보유자는 주가가 $104를 넘는 경우에만 이윤을 얻는다.

반대로, 콜옵션의 발행자는 주가가 높으면 손실을 본다. 왜냐하면, 콜옵션발행자는 S_T의 높은 가치를 가지는 주식을 X에 인도하여야 하기 때문이다.

$$\text{콜옵션발행자의 수익} = \begin{cases} -(S_T - X) & S_T > X \\ 0 & S_T \le X \end{cases}$$

IBM 주가가 상승하면 손실을 보게 되는 콜옵션발행자는 옵션프리미엄을 받은 대가로 이 위험을 부담한다.

〈그림 9-2〉는 콜옵션발행자의 수익과 이윤을 나타내고 있다. 콜옵션발행자의 수익 및 이윤은 콜옵션보유자의 수익 및 이윤과 X축에 대하여 대칭임을 주목하라. 이는 콜옵션보유자와 콜옵션발행자의 수익이

그림 9-2 만기에서의 콜옵션발행자의 수익과 이윤

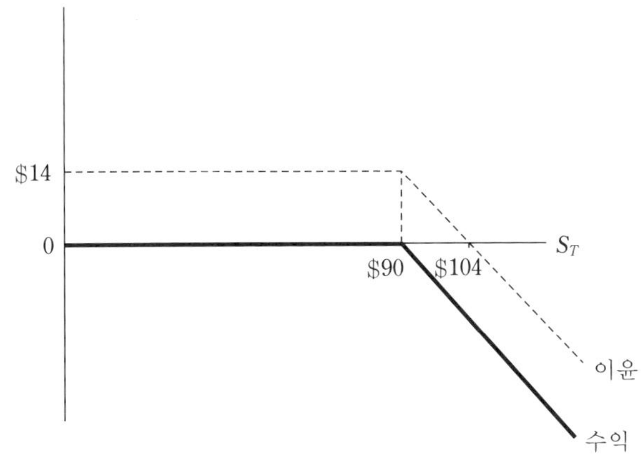

나 이윤을 합치면 0이 된다는 것을 뜻한다. 다시 말하면, 콜옵션보유자의 이윤은 콜옵션발행자의 손실이 되고, 콜옵션보유자의 손실은 콜옵션발행자의 이윤이 되어, 옵션보유자와 옵션발행자는 소위 제로섬 게임(zero-sum game)에 참여하는 셈이 된다. 옵션보유자와 옵션발행자의 희비가 만기에서의 주가향방에 따라 엇갈린다는 점에서, 옵션거래는 두 사람이 치는 고스톱에 비유될 수 있다. 다만, 고스톱의 경우에 제로섬이 종종 되지 않는데, 이는 참가자가 진실을 밝히지 않으려는 속성 때문이라는 것을 여러분도 잘 알 것이다.

2. 풋 옵 션

풋옵션은 기초자산을 행사가격으로 팔 수 있는 권리를 부여한다. 이 경우에 풋옵션보유자는 그 자산의 가격이 행사가격보다 낮지 않으면 옵션을 행사하지 않을 것이다. 예컨대, IBM 주식이 $80로 하락하면, $90의 행사가격을 갖는 풋옵션은 옵션보유자에게 $10의 수익을 얻게 할 것이다. 옵션보유자는 IBM 주식을 $80에 매입하여 $90의 행사가격으로 옵션발행자에게 인도할 수 있을 것이다. 풋옵션보유자의 만기에서의 가치는 다음과 같다.

$$\text{풋옵션 보유자의 수익} = \begin{cases} 0 & S_T > X \\ X - S_T & S_T \leq X \end{cases}$$

〈그림 9-3〉에서 실선은 행사가격이 $90인 IBM 주식에 대한 풋옵션보유자의 만기에서의 수익을 표시하고 있다. 만기에서의 주가가 $90을 상회하면, 풋옵션은 행사되지 않을 것이므로 가치가 없게 된다. 주가가 $90 미만인 경우에 만기에서의 풋옵션의 가치는 주가 1달러 하락에 상응하여 1달러만큼 증가한다. 〈그림 9-3〉에서 점선은 풋옵션보유자의·만기에서의 이윤을 나타내고 있다.

풋옵션발행은 주가가 하락하면 풋옵션발행자에게 손실을 초래한다. 외가격 풋옵션(out-of-the-money puts)의 발행은 한때 매력적인 투자수단으로 간주되었는데, 그 이유는 풋옵션 만기 전에 주가가 급

그림 9-3 만기에서의 풋옵션보유자의 수익과 이윤

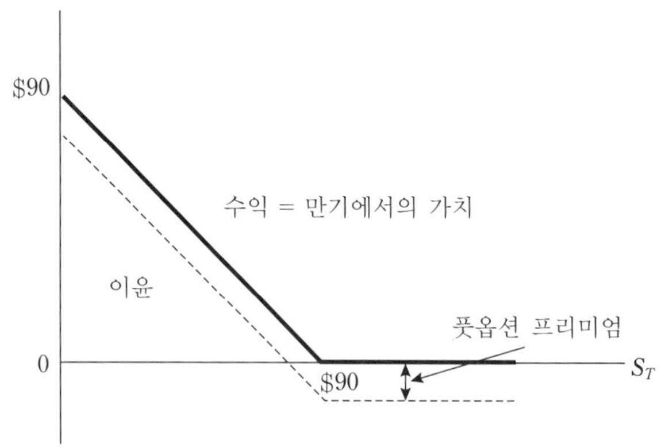

격히 하락하지 않으면 풋옵션 프리미엄이 풋옵션발행자에게 이윤으로 돌아갈 것이라는 믿음 때문이었다. 주가의 급격한 하락만이 풋옵션발행자에게 손실을 안길 것이기 때문에, 풋옵션발행은 지나치게 위험한 투자전략으로 간주되지는 않았던 것이다. 그러나, 1987년 10월의 미국의 주가대폭락사태가 발생하였을 때, 풋옵션발행자들이 막대한 손실을 입은 이래로 이 전략은 이제 위험한 것으로 인식되고 있다.

3. 옵션거래자의 수익과 이윤

콜옵션과 풋옵션의 매입자(보유자)와 매도자(발행자)의 만기시의 수익과 이윤은 다음과 같이 나타낼 수 있다. 옵션의 행사가격을 X, 만기시의 주가를 S_T, 콜옵션의 프리미엄을 C 그리고 풋옵션의 프리미엄을 P로 표시하자.

첫째, 콜옵션 매입자의 수익을 만기시의 주가의 함수로 나타내 보자. 콜옵션 매입자는 만기시의 주가가 행사가격을 초과하는 경우에 콜옵션을 행사할 것이므로 그의 수익은 $max(0, S_T - X)$로 표시된다. 그는 콜옵션을 매입하는 데 C를 지불했으므로 그의 이윤은 $max(0, S_T - X) - C$가 된다.

둘째, 콜옵션 매도자의 수익과 이윤은 콜옵션 매입자의 수익과 이윤에 각각 마이너스를 붙이면 된다. 왜냐하면 옵션은 본질적으로 제로섬게임의 성질을 갖기 때문이다.

셋째, 풋옵션 매입자는 만기시의 주가가 행사가격에 미달하는 경우에 풋옵션을 행사할 것이므로 그녀의 수익은 $max(0, X - S_T)$로 표시된다. 그녀는 풋옵션을 매입하는 데 P를 지불했으므로 그녀의 이윤은 $max(0, S_T - X) - P$가 된다.

넷째, 옵션의 제로섬게임의 성질에 의해 풋옵션 매도자의 수익과 이윤은 풋옵션 매입자의 수익과 이윤에 각각 마이너스를 붙이면 된다.

이상의 내용을 정리하면 다음의 표로 나타낼 수 있다.

옵션 거래자	옵션거래자의 수익	옵션거래자의 이윤
콜옵션 매입자	$max(0,\ S_T-X)$	$max(0,\ S_T-X)-C$
콜옵션 매도자	$-max(0,\ S_T-X)$	$-max(0,\ S_T-X)+C$
풋옵션 매입자	$max(0,\ X-S_T)$	$max(0,\ X-S_T)-P$
풋옵션 매도자	$-max(0,\ X-S_T)$	$-max(0,\ X-S_T)+P$

4. 옵션투자와 주식투자

콜옵션을 매입하는 것은 주가상승을 바라는 전략(bullish strategy)인데, 그 이유는 주가가 상승할 때, 콜옵션이 이윤을 얻게 해주기 때문이다. 반면에, 풋옵션매입은 주가하락을 바라는 전략(bearish strategy)이다. 대칭적으로, 콜옵션발행은 주가하락을 바라는 전략이며, 풋옵션발행은 주가상승을 바라는 전략이다. 옵션가치는 기초자산인 주식의 가격에 의존하기 때문에, 옵션의 매입은 직접적인 주식의 매입 혹은 매도에 대한 대체수단으로 간주될 수 있다. 그러면, 왜 옵션전략이 직접적인 주식거래보다 선호될 수 있는가?

예를 들면, 여러분은 왜 IBM 주식을 직접 매입하는 대신에 IBM 콜옵션을 매입하는가? 아마도, 여러분은 IBM 주식의 가격이 $90로 상승하리라고 믿게 하는 정보를 입수하였을 것이다. 여러분은 또한 IBM 주가가 하락할 수도 있다는 것을 알고 있다. 만기가 6개월 후이고 행사가격이 $85인 콜옵션이 현재 $9에 팔리고 있고, 6개월간의 이자율이 3%라고 하자. $9,000를 투자하는 세 가지 전략을 비교하자, 향후 6개월 동안 IBM은 배당금을 지급하지 않는 것으로 가정하자.

전략 A: IBM 주식 100주 매입

전략 B: 행사가격이 $85인 IBM에 대한 콜옵션 1,000단위 매입(옵션계약 1단위당 주식 100주를 기준으로 하므로, 10개의 계약이 필요)

전략 C: $900을 주고 콜옵션 100단위 매입
나머지 $8,100을 3%의 이자를 얻기 위해 TB (Treasury bills)에 투자

옵션의 만기일에 위의 세 가지 전략의 가능한 가치를 IBM 주가의 함수로 나타내면 다음과 같다.

	IBM 주가				
전략	$70	$80	$90	$100	$110
A	$7,000	$8,000	$9,000	$10,000	$11,000
B	0	0	$5,000	$15,000	$25,000
C	$8,343	$8,343	$8,843	$9,843	$10,843

전략 A는 IBM 주가의 100배에 달하는 가치를 가질 것이다. 전략 B는 IBM 주가가 옵션의 행사가격보다 높지 않으면 가치가 없게 된다. 주가가 행사가격보다 높으면, 전략 B는 주가에서 행사가격을 공제한 금액의 100배에 달하는 가치를 갖는다. 마지막으로 전략 C는 TB의 투자수익 $8,343($ 8,100×1.03 = $ 8,343)에 100단위의 콜옵션으로부터의 이윤을 합한 금액만큼 가치를 갖는다. 여러분은 위의 세 가지 투자전략의 투자원본이 $9,000임을 기억하라. 위의 세 전략에 대한 수익률을 계산하면 다음과 같다.

	IBM 주가				
전략	$70	$80	$90	$100	$110
A	−22.2%	−11.1%	0%	11.1%	22.2%
B	−100%	−100%	−44.4%	66.7%	177.8%
C	−7.3%	−7.3%	−1.7%	9.4%	20.5%

전략 B와 전략 C를 전략 A와 비교하면, 여러분은 옵션이 다음과 같은 흥미로운 특성을 갖는다는 사실을 알게 될 것이다. 첫째, 옵션은 레버리지(leverage)를 제공한다. B와 A의 수익률을 비교하라. IBM 주가가 $80로 약간 하락할 때, B의 가치는 0으로 하락하여 −100% 수익률을 실현한다. 주가가 $90에서 $100로 11% 상승하면, B는 66.7%의 가치상승을 달성한다. 이러한 의미에서, 콜옵션은 레버리지를 갖는다고 할 수 있다.

〈그림 9-4〉는 이러한 점을 생생하게 보여주고 있다. 옵션전략의 기울기가 주식전략의 기울기보다 훨씬 가파른데, 이는 옵션전략의 기초자산 가치에 대한 민감도가 주식전략의 그것보다 훨씬 크다는 사실을 반영하는 것이다. 레버리지요인(leverage factor)이 바로 내부정보를 (불법적으로) 이용하는 투자자들이 공통적으로 옵션을 그들의 투자전략으로 선택하는 이유이다.

옵션의 잠재적인 보험가치(insurance value)가 두 번째 특성인데, 전략 C가 이를 잘 보여주고 있다. 옵션은 행사되지 않을 수 있으므로 C는 항상 $8,343 이상의 가치를 만기에 갖는다. C의 가능한 최악의 수익률은 −7.3%인데, 이는 IBM이 파산하는 경우의 A의 수익률이 −100%인 것과 비교된다. 물론, 이 보험은 대가를 지불하고 오는 것이다. IBM 주가가 높으면, C는 A만큼 성과가 높지 않음을 주목하라.

그림 9-4 세 가지 투자전략의 수익률

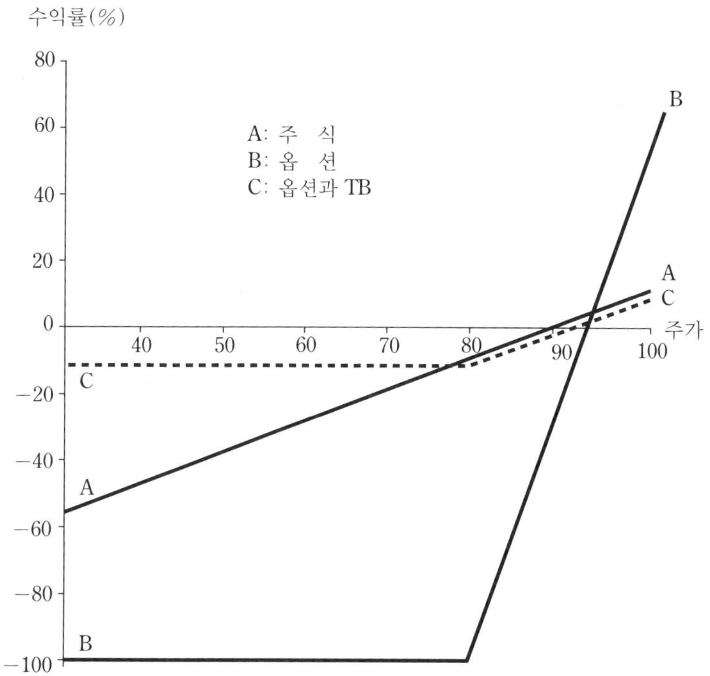

위의 간단한 보기는 중요한 시사점을 제공한다. B처럼 옵션이 투기자에 의해 이용될 수 있는 반면에, C처럼 옵션이 위험노출을 제한하기를 원하는 투자자에 의해서도 이용될 수 있다. 콜옵션과 TB를 보유하는 전략 C는 주식만을 보유하는 전략 A와는 아주 다른 수익률을 창출한다. 하락위험(downside risk)의 제한이 전략 C의 매력적인 특징이다. 다음으로, 투자자들에게 매력적인 수익률을 초래하는 몇 가지 옵션 전략에 대해 논의하기로 하자.

제 03 절 옵션전략

다양한 행사가격을 갖는 풋옵션과 콜옵션을 결합하여 수많은 종류의 현금흐름을 갖는 포트폴리오를 구성할 수 있다. 이들 중에서 인기를 끌고 있는 몇 가지 포트폴리오를 소개하기로 하자.

1. 보호적 풋옵션

여러분이 주식에 투자하고 싶지만, 일정수준을 초과하는 손실을 부담하기 싫다고 하자. 주식에만 투자하는 전략은 위험하게 보이는데, 그 이유는 원칙적으로 주식투자에서 투자원금을 모두 날릴 수 있기 때문이다. 대신에 주식에 투자하고 그 주식에 대하여 발행되는 풋옵션을 매입하여 보자. 〈표 9-1〉은 옵션만기일에 여러분의 포트폴리오의 가치를 나타내고 있다. 주가가 어떻게 변동하더라도, 풋옵션의 행사가격과 동일한 수익이 보장되는데, 그 이유는 주가가 행사가격보다 낮은 경우에도 행사가격으로 IBM 주식을 팔 수 있는 권리가 여러분에게 부여되기 때문이다.

예를 들면, 행사가격이 X = \$95이고 IBM 주식이 옵션만기일에 \$92에 팔리면, 여러분의 포트폴리오의 가치는 \$95가 된다. 주가는 \$92이고 풋옵션의 가치는 $X-S_T$ = \$95 − \$92 = \$3이다. 다른 방식으로 설

표 9-1 보호적 풋옵션의 옵션만기일에서의 가치

	$S_T \leq X$	$S_T > X$
주식	S_T	S_T
풋옵션	$X-S_T$	0
계	X	S_T

그림 9-5 옵션만기일에서의 보호적 풋옵션의 가치

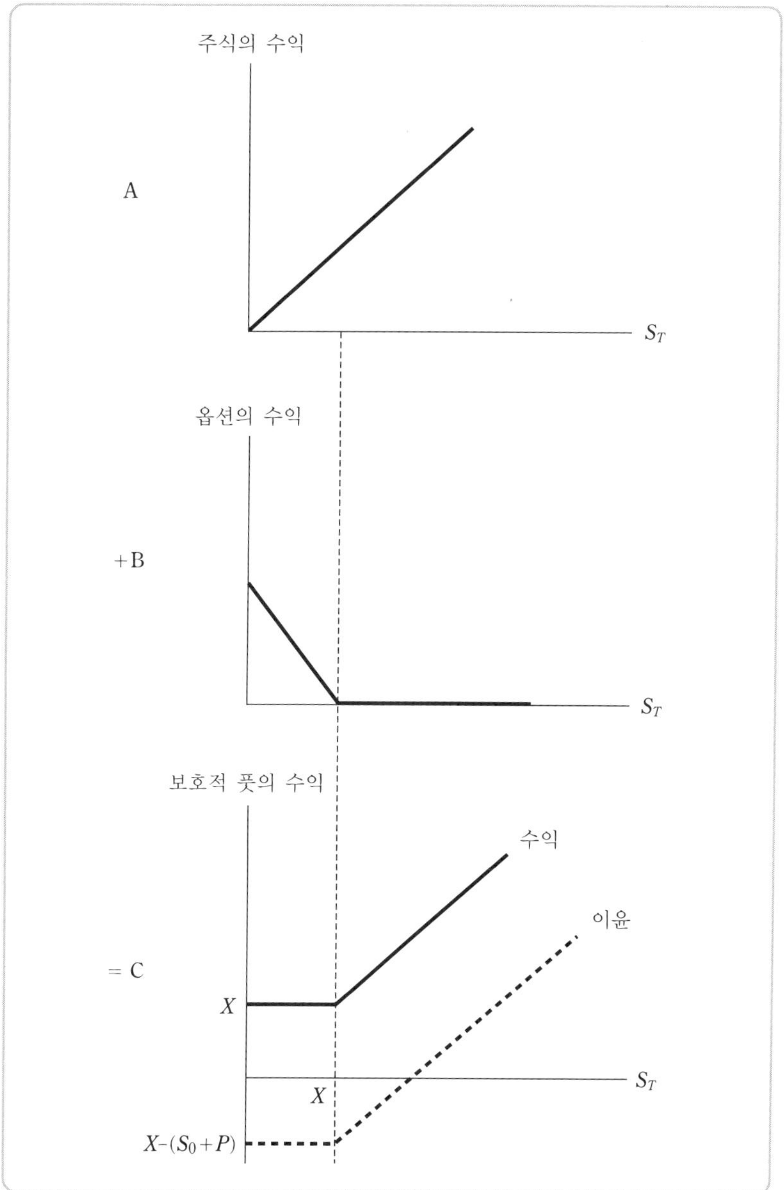

명하면, 여러분은 IBM 주식과 이 주식을 $95에 팔 수 있는 권리를 부여하는 풋옵션계약을 보유하고 있는 것이다. 팔 수 있는 권리, 즉 풋옵션이 여러분의 포트폴리오가치를 최소 $95가 되도록 보장한다. 반면에, 주가가 $95를 넘으면, 예컨대, $99가 되면, 주식을 $95에 팔 수 있는 권리는 쓸모없게 된다. 여러분은 풋옵션의 행사를 포기하고 S_T = $99의 포트폴리오가치를 얻게 된다.

〈그림 9-5〉는 이러한 보호적 풋옵션전략(protective put strategy)의 수익과 이윤을 도시하고 있다. 〈그림 9-5〉에서 실선이 수익이고 점선이 이윤이다. 여러분은 잠재적인 손실이 제한되어 있음을 주목하라.

보호적 풋옵션전략과 주식투자전략의 이윤을 서로 비교하여 보자. 단순성을 위하여, $X = S_0$라고 하자. 〈그림 9-6〉은 두 전략의 이윤을 비교하고 있다. $S_T = S_0$이면 주식투자전략의 이윤은 0이다. 주가의 1

그림 9-6 보호적 풋옵션과 주식투자의 이윤

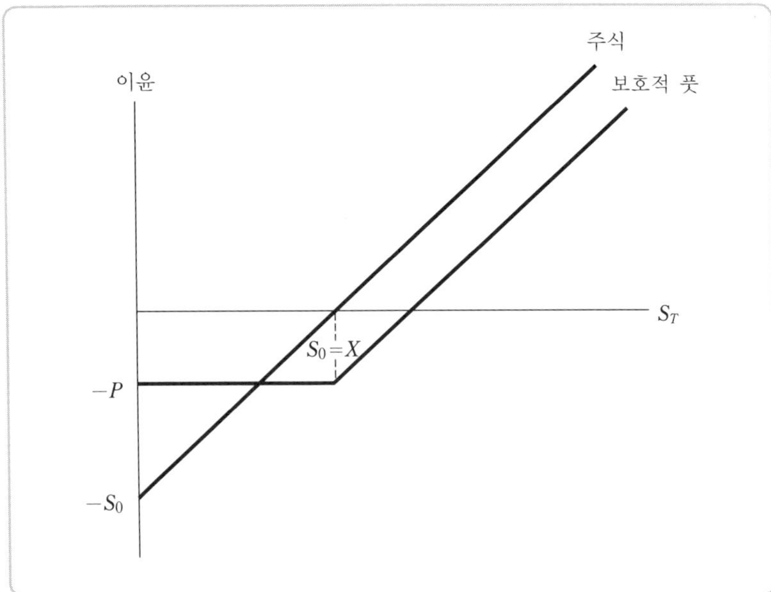

달러 변동에 상응하여 주식투자전략의 이윤은 1달러씩 변동한다. S_T가 S_0보다 낮으면, 보호적 풋옵션전략의 이윤은 음의 값을 가지며, 풋옵션의 비용과 같게 된다. 보호적 풋옵션전략의 이윤은 S_T가 S_0 를 초과하면 주가상승에 상응하여 일 대 일로 증가하게 된다.

〈그림 9-6〉을 보면, 보호적 풋옵션이 손실을 제한한다는 점에서 주가하락에 대비하는 보험의 역할을 수행하고 있음을 알 수 있다. 그러므로, 보호적 풋옵션전략이 일종의 포트폴리오보험(portfolio insur-ance)을 제공하는 셈이 된다. 보험의 비용은 주가가 상승하는 경우에 여러분의 이익이 풋옵션비용만큼 감소하는 것이다.

2. 방비적 콜옵션

방비적 콜옵션전략(covered call strategy)은 주식 1주의 매입과 이 주식에 대한 콜옵션의 매도로 이루어진다. "방비적"이라는 이름은 포트폴리오에 포함된 주식이 주식인도라는 잠재적인 의무를 방비하고 있기 때문에 붙여졌다. 주식매매를 수반하지 않고 옵션을 발행하는 것을 무방비적 옵션발행(naked option writing)이라고 일컫는다. 〈표 9-2〉에 표시된 옵션만기일에서의 방비적 콜옵션전략의 가치는 주식의 가치에서 콜옵션의 가치를 차감한 것과 같다. 콜옵션의 가치를 차감하는 이유는 방비적 콜옵션전략에는 다른 투자자가 여러분의 비용으로 이윤을 얻기 위해 행사할 수 있는 권리를 콜옵션의 형태로 보유하고 있기 때문이다.

표 9-2 옵션만기일에서의 방비적 콜옵션 포지션의 가치

	$S_T \leq X$	$S_T > X$
주식의 수익	S_T	S_T
매도된 콜옵션의 수익	-0	$-(S_T-X)$
계	S_T	X

그림 9-7 옵션만기일에서의 방비적 콜옵션의 가치

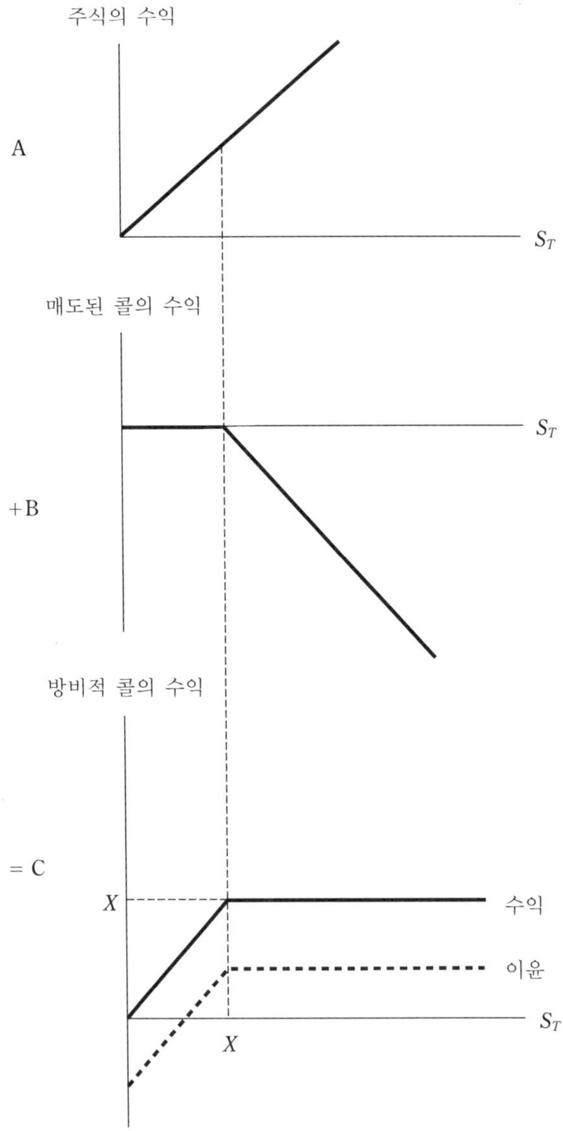

〈그림 9-7〉 C의 실선은 방비적 콜옵션전략의 수익을 나타내고 있다. 만기일에서의 주가가 X보다 낮으면 이 전략의 수익은 S_T가 되고, S_T가 X를 넘어서면 최대 X까지 상승하게 됨을 알 수 있다. 콜옵션의 매도는 콜옵션발행자가 프리미엄을 받고, 주가가 X를 초과하는 경우의 청구권을 팔았다는 것을 의미한다. 그러므로, 만기일에 이 전략의 가치는 최대 X가 된다. 〈그림 9-7〉 C의 점선은 이 전략의 이윤을 나타내고 있다.

3. 스트래들

스트래들 매입(long straddle)은 행사가격과 만기일이 동일한 콜옵션과 풋옵션을 하나씩 매입하는 것으로 이루어진다. 스트래들은 주가가 심하게 변동하리라고 믿지만 주가변동의 방향에 대해서는 잘 모르는 투자자들에게 유용한 투자전략이다. 예를 들면, 여러분이 어느 기업의 운명을 좌우할 법정소송이 곧 결판이 날 것이라는 것을 알고 있으며, 주식시장은 아직 이를 감지하지 못하였다고 하자. 소송이 유리하게 마무리되면 그 기업의 주가가 두 배로 상승하고, 그 반대의 경우에는 주가가 절반으로 하락한다고 하자. 스트래들 전략은 소송의 결과에 관계없이 높은 성과를 올리는데, 그 이유는 스트래들의 가치는 상승이든 하락이든 주가변동이 극심할 경우에 가장 크기 때문이다.

스트래들의 손실은 주가변동이 없을 때 발생한다. S_T가 X와 같으면, 콜옵션과 풋옵션 모두 쓸모가 없게 되고 여러분이 두 옵션에 지불한 비용만 날리게 된다. 그러므로, 스트래들 전략은 주가변동에 내기를 거는 것으로 간주될 수 있다. 스트래들을 매입하는 투자자는 주가변동이 극심할 것으로 보고 있고, 스트래들을 발행하는 투자자는 주가변동이 극심하지 않을 것으로 생각하는 것이다. 스트래들 발행자는 콜옵션과 풋옵션의 프리미엄을 받고 옵션만기일이나 그 이전에 주가변동이 심하게 이루어지지 않기를 간절히 희망한다.

스트래들의 수익은 〈표 9-3〉에 표시되어 있다. 〈그림 9-8〉 C의 실선은 이 전략의 수익을 나타내고 있다. 여러분은 $S_T = X$일 때 이 전략의 가치가 0인 것을 제외하고는, 이 전략의 가치는 항상 0보다 크다는 사실을 주목하라. 그러면, 여러분은 왜 모든 투자자들이 이 전략을 채택하지 않는지 궁금해 할 것이다. 스트래들은 콜옵션과 풋옵션의 매입을 수반한다. 스트래들 투자자가 이윤을 실현하려면, 만기에서의 스트래들의 가치가 0보다 작지는 않지만, 반드시 스트래들의 비용을 초과하여야 한다는 것을 명심하라.

〈그림 9-8〉 C의 점선은 스트래들의 이윤을 나타내고 있다. 이윤선은 수익선보다 스트래들의 매입비용, $P+C$만큼 밑에 위치하고 있다. 이 그림을 보면, 스트래들전략은 주가가 X에서 상당히 이탈하지 않으면, 손실을 입게 됨을 알 수 있다. 즉, 주가가 스트래들의 매입비용 이상으로 변동하여야 손실을 보지 않는 것이다.

스트립(strip)과 스트랩(strap)은 스트래들의 변형이다. 스트립은 만기와 행사가격이 동일한 풋옵션 2개와 콜옵션 1개의 결합이다. 스트랩은 만기와 행사가격이 동일한 콜옵션 2개와 풋옵션 1개로 이루어지는 포트폴리오이다.

표 9-3 옵션만기일에서의 스트래들의 가치

	$S_T \leq X$	$S_T > X$
콜옵션의 수익	0	S_T-X
풋옵션의 수익	$+(X-S_T)$	$+0$
계	$X-S_T$	S_T-X

그림 9-8 만기일에서의 스트래들의 가치

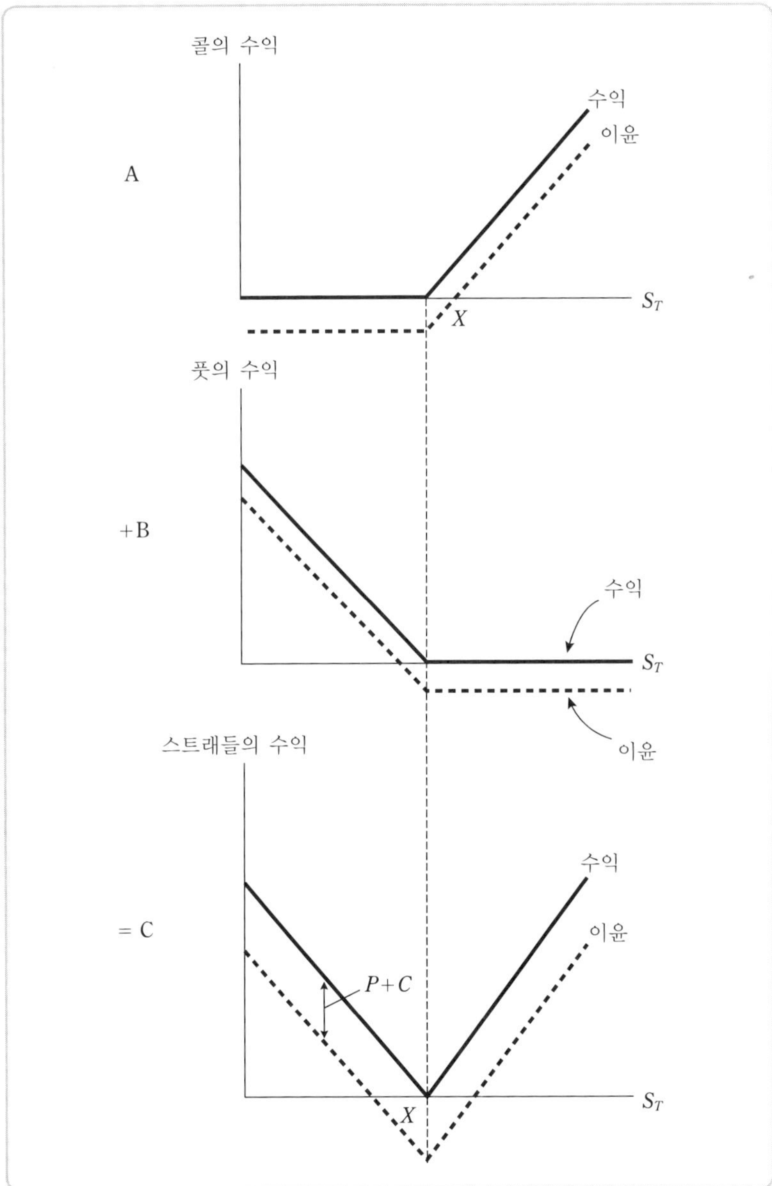

4. 스프레드

스프레드(spread)는 행사가격과 만기가 다르지만 기초자산이 동일한 콜옵션(혹은 풋옵션)을 2개 이상 결합하는 것이다. 수직적 스프레드(vertical spread)는 한 옵션의 매입과 행사가격이 다른 옵션의 매도를 결합함으로써 이루어진다. 수평적 스프레드(horizontal spread)는 만기일이 서로 다른 옵션들을 매도하고 매입함으로써 구성된다.

제 04 절 풋-콜 패리티

여러분은 제 3 절에서 보호적 풋옵션이 주가하락 국면에서는 최소한의 가치를 갖지만, 주가상승 국면에서는 무제한의 수익을 보장한다는 것을 배웠다. 이러한 보호장치는 보호적 풋옵션에만 국한되는 것은 아니다. 여러분이 〈그림 9-4〉를 보면, 콜옵션과 TB(Treasury Bill)로 구성되는 포트폴리오도 이러한 보호장치를 갖는다는 것을 알 수 있을 것이다.

콜옵션 한 단위와 콜옵션의 행사가격과 동일한 액면가를 가지며 콜옵션의 만기와 동일한 만기를 갖는 TB를 매입하는 전략을 고려하자. 예컨대, 콜옵션의 행사가격이 $100이면, 각 옵션계약(100주에 대해 발행된)은 행사되면 현금 $10,000의 지급이 요구될 것이다. 그러므로, 여러분은 만기에 $10,000의 가치를 갖는 TB를 매입할 것이다. 일반적으로, 행사가격 X로 여러분이 보유하고 있는 각 옵션에 대하여 액면가 X인 무위험 순할인채(risk-free zero-coupon bond) 1단위를 여러분이 매입할 것이다.

옵션이 만료되고 순할인채의 만기가 도래하는 T시점에 이 포트폴리오의 가치를 살펴보자.

	$S_T \leq X$	$S_T > X$
콜옵션의 가치	0	S_T-X
무위험채권의 가치	$\underline{X}$	$\underline{X}$
포트폴리오	X	S_T

옵션만기일에 주가가 행사가격보다 낮으면, 콜옵션은 가치가 없지만, 무위험채권의 가치는 X가 된다. 그러므로, 채권가치가 이 포트폴리오의 최저가치를 보장한다. 주가가 행사가격을 초과하면, 콜옵션의 수익 (S_T-X)가 채권의 액면가에 부가되어 포트폴리오의 수익은 S_T가 된다. 이 포트폴리오의 수익은 〈표 9-1〉의 보호적 풋옵션의 수익과 정확히 일치한다.

두 포트폴리오가 미래에 항상 동일한 현금흐름을 제공하면, 그 비용도 서로 같아야 한다. 이것은 일물일가의 법칙에 다름 아니다. 그러므로, 콜옵션과 무위험채권으로 구성되는 포트폴리오의 비용은 주식과 풋옵션으로 구성되는 포트폴리오의 비용과 같아야 한다. 무위험채권의 비용은 $X/(1+r_F)^T$이고 콜옵션의 비용은 C이다. 주식의 비용은 S_0이고 풋옵션의 비용은 P이다. 따라서 다음과 같은 등식이 성립한다.

$$C+X/(1+r_F)^T = S_0+P \tag{9-1}$$

식 (9-1)은 풋옵션가격과 콜옵션가격의 관계를 나타내므로, 풋-콜 패리티정리(put-call parity theorem)라고 일컬어진다. 패리티가 성립하지 않으면, 차익거래기회가 발생한다. 예를 들어, 여러분이 다음과 같은 자료를 입수하였다고 하자.

주가	$110
콜옵션의 가치 (만기 6개월, X=$105)	$17

풋옵션가격 (만기 6개월, X=\$105)	\$5
무위험이자율	연간 10.25%

위 자료를 이용하여 식 (9-1)의 등식이 위반되는지를 살펴보자.

$$C+X/(1+r_F)^T=17+105/(1.1025)^{\frac{1}{2}}=117$$
$$S_0+P = 110+5 = 115$$

117 ≒ 115이므로, 차익거래기회가 존재한다.

여러분은 과소평가된 포트폴리오(우변에 표시된 주식과 풋옵션으로 이루어진 포트폴리오)를 매입하고 과대평가된 포트폴리오(좌변에 표시된 콜옵션과 무위험채권으로 구성된 포트폴리오)를 매도하라. 따라서, 여러분이 주식을 매입하고, 풋옵션을 매입하며, 콜옵션을 발행하고 6개월 동안 \$100을 무위험이자율로 차입하면, 여러분은 차익거래이윤을 얻을 것이다.

이 전략의 수익을 살펴보자. 6개월이 지나면, 주식의 가치는 S_T가 될 것이다. 차입된 \$100에 대하여 \$105의 상환이 이루어진다. 발행된 콜옵션은, S_T가 원리금 \$105를 넘으면, (S_T-\$105)의 현금유출을 가져올 것이다. 주가가 \$105 미만이면, 매입된 풋옵션은 (\$105－

표 9-4 차익거래전략

포지션	즉각적인 현금흐름	6개월 후의 현금흐름	
		$S_T<105$	$S_T\geq 105$
주식매입	−110	S_T	S_T
$\$105/1.1025^{1/2}=\$100$	+100	−105	−105
콜옵션 매도	+17	0	$-(S_T-105)$
풋옵션 매입	−5	$105-S_T$	0
계	2	0	0

S_T)의 현금유입을 초래한다.

〈표 9-4〉에 결과가 요약되어 있다. 순현금유입은 $2이다. 이는 투자자들이 매입과 매도를 통해 식 (9-1)의 등식이 회복될 때까지 대규모로 이용하게 될 차익거래기회이다.

식 (9-1)의 풋-콜 패리티는 옵션의 만기까지 배당금을 지급하지 않는 주식에 대해 발행되는 옵션에만 적용된다. 그러나, 풋-콜 패리티를 배당금을 지급하는 주식의 옵션에 대하여 일반화시키는 것은 결코 어렵지 않다. 이 경우에 풋-콜 패리티는 다음과 같이 표시된다.

$$P = C - S_0 + PV(X) + PV(\text{배당금}) \quad (9\text{-}2)$$

여기에서 PV(배당금)은 옵션의 만기까지 지급될 배당금의 현가이다. 주식이 배당금을 지급하지 않으면, 식 (9-2)는 식 (9-1)과 일치하게 됨을 여러분은 유의하라.

제 05 절 옵션과 유사한 증권

여러분이 결코 옵션을 직접 거래할 의사가 없다고 가정하자. 그런데, 여러분은 왜 투자계획을 세우는 데 있어서 옵션의 특성을 이해하여야 하는가? 많은 금융자산은 묵시적으로 혹은 명시적으로 옵션을 거래자 일방 혹은 쌍방에게 제공하는 특성을 갖는다. 여러분이 이러한 금융자산의 가치를 평가하고 이용하기 위해서는, 내재된 옵션의 특성을 이해하여야 한다.[3)]

3) 기업의 경영전략과 투자결정 등에 옵션을 응용하는 방법에 대해서는 Dixit-Pindyck(1993)과 Trigeorgis(1996)를 참조할 것.

1. 수의상환사채

채권보유자로부터 미래 일정한 시점에 채권을 정해진 가격으로 재매입할 수 있는 권리를 채권의 발행자에게 부여하는 수의상환조항(call provisions)이 부가되어 함께 채권이 발행될 수 있다. 수의상환 조항은 발행자에게 콜옵션을 부여하는데, 행사가격은 채권이 재매입될 수 있는 가격이다. 수의상환사채(callable bond)의 발행은 결과적으로 투자자에게 옵션의 특성이 없는 일반사채(straight bond)를 판매하고, 동시에 그 투자자가 발행기업에 콜옵션을 매도하는 것으로 간주될 수 있다.

물론, 이러한 묵시적인 옵션을 기업에게 제공하는 것에 대한 보상이 투자자에게 이루어져야 한다. 수의상환사채가 일반사채와 같은 표면이자율(coupon rate)로 발행된다면, 여러분은 수의상환사채의 가격이 일반사채의 그것보다 낮게 거래되리라고 기대할 것이다. 사실상, 수의상환사채와 일반사채의 가격차이는 콜옵션의 가치와 같을 것이다. 수의상환사채를 액면가로 발행하려면, 일반사채보다 높은 표면이자율이 보장되어야 할 것이다. 이러한 높은 표면이자율은 채권발행자가 갖는 콜옵션의 대가로 투자자에게 이루어지는 보상이라 할 수 있다.

〈그림 9-9〉는 이러한 옵션과 유사한 특성(optionlike property)을 보여주고 있다. 45° 직선이 일반사채의 가치를 나타내고 있다. 실선이 수의상환사채의 가치이고, 점선이 기업이 보유하는 콜옵션의 가치이다. 수의상환사채의 자본이득 잠재력은 발행기업의 콜옵션에 의하여 제약된다.

수의상환사채에 내재된 옵션은 실제로는 통상적인 콜옵션보다 훨씬 더 복잡한데, 이는 수의상환권이 일정한 기간 이후에 행사될 수 있기 때문이다. 수의상환사채의 수의상환가격도 시간에 따라 변할 수 있다. 거래소에 상장된 옵션과는 달리, 이러한 특성은 채권계약조항(bond

그림 9-9 수의상환사채와 일반사채의 가치 비교

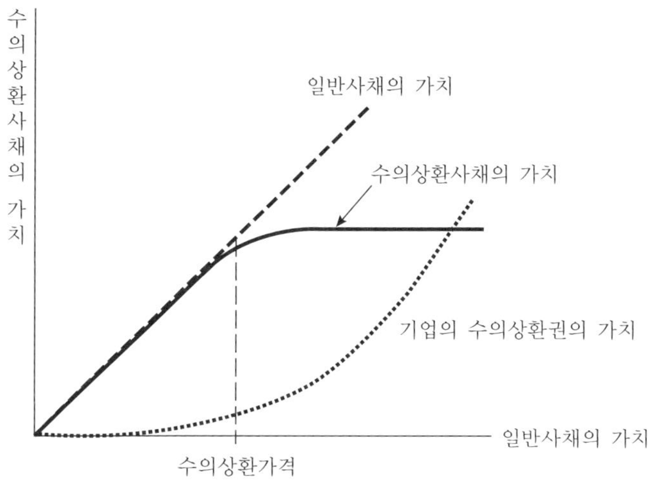

covenants)에 정의되며, 발행기업과 시장의 기호와 욕구에 따라 달라진다.

2. 전환증권

전환사채(convertible bond)와 전환우선주(convertible preferred stock)는 발행기업 대신에 증권보유자에게 옵션을 부여하는데, 이들을 총칭하여 전환증권(convertible securities)이라 부른다. 전환증권은 통상적으로 보유자에게 채권이나 우선주 1주를 증권의 시장가격과 무관하게 일정한 수의 보통주로 교환할 수 있는 권리를 부여한다.

예를 들면, 전환비율(conversion ratio)이 10인 전환사채는 보유자에게 $1,000의 액면가를 갖는 채권 1주를 보통주 10주로 전환할 수 있는 권리를 제공한다. 이 경우에 전환가격(conversion price)이 $100이라고도 하는데, 이는 주식 10주를 받기 위해서 투자자가 액면가 $1,000(주식 1

주당 액면가 $100)인 채권을 희생한다는 것을 의미한다. 채권의 미래현금흐름의 현재가치가 주식 1주의 가치의 10배 미만이면, 전환하는 것이 유리하다. 예를 들어, 전환비율이 10이며 $950의 가치를 갖는 전환사채는 주가가 $95보다 높으면 주식으로의 전환이 유리한데, 이는 채권 1주당 받는 주식 10주의 가치가 $950를 초과하기 때문이다. 대부분의 전환사채에서는 주가가 상당히 상승하거나 혹은 채권가격이 급격히 하락하지 않으면 주식으로의 전환이 유리하지 않도록 전환비율이 발행기업에 의해 결정된다.

전환사채의 전환가치(conversion value)는 주식으로 전환되었을 경우에 갖는 가치를 의미한다. 물론, 전환사채는 최소한 전환가치 이상으로 팔려야 한다. 그렇지 않으면 여러분이 전환사채를 매입하여 즉시 주식으로 전환하면 무위험이윤을 얻을 수 있다. 이 조건은 결코 지속되지 않는데, 그 이유는 모든 투자자들이 무위험이윤을 추구하여 궁극적으로 전환사채의 가격상승을 초래할 것이기 때문이다.

일반사채의 가치는 전환사채가 주식으로 전환될 수 없는 경우에 갖게 될 가치이다. 전환사채는 일반사채보다 높게 거래되어야 하는데, 그 이유는 전환사채는 사실상 일반사채와 콜옵션의 결합이기 때문이다. 그러므로, 전환사채의 시장가격[4)]은 전환가치와 일반사채가치의 어느 것보다도 더 높아야 한다.

〈그림 9-10〉은 전환사채의 옵션과 유사한 특성을 나타내고 있다. 〈그림 9-10〉 A는 일반사채의 가치를 발행기업의 주가의 함수로서 보여주고 있다. 건전한 기업의 경우에는 채무불이행위험이 낮기 때문에 일반사채의 가치가 주식가치와 거의 무관하다. 그러나, 기업의 도산가능성이 높으면, 주가가 낮고, 채무불이행위험이 증가하며, 일반사채 가치는 하락한다. 〈그림 9-10〉 B는 전환사채의 전환가치를 나타내고 〈그림

---

4) Dumas-Allaz(1996), pp. 264~273을 참조할 것.

그림 9-10 주가의 함수로서의 전환사채의 가치

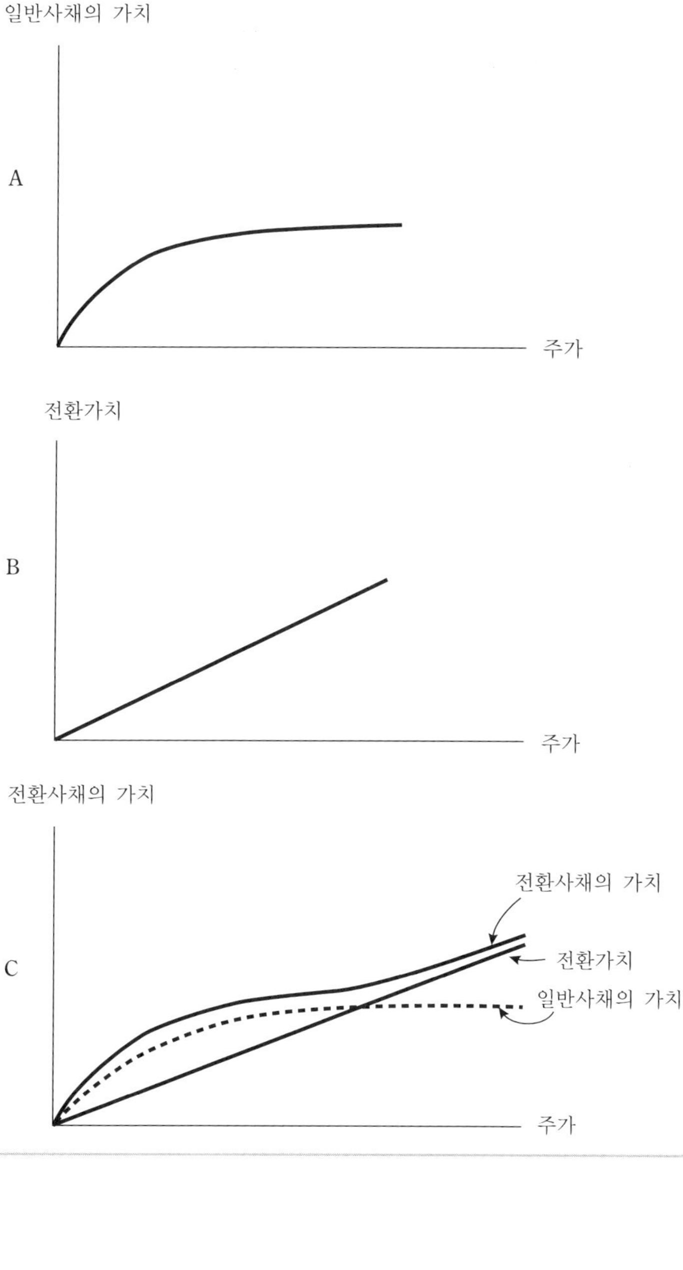

9-10〉 C는 전환사채의 가치를 전환사채의 전환가치 및 일반사채의 가치와 비교한다.

주가가 낮을 때에는, 일반사채의 가치가 전환사채의 가치의 하한이 되며, 전환옵션은 거의 가치가 없다. 전환사채는 일반사채처럼 거래될 것이다. 주가가 높을 때에는, 전환사채의 가치는 전환가치에 의해 결정된다. 주식으로의 전환이 거의 보증되는 경우에는, 전환사채는 사실상 채권의 가면을 쓰고 있는 주식이라 할 수 있다.

3. 신주인수권

신주인수권(warrant)은 본질적으로 기업이 발행하는 콜옵션이다. 콜옵션과 신주인수권의 중요한 차이는 신주인수권이 행사되면 신주가 발행되므로 기업의 발행주식수가 증가한다는 점이다. 콜옵션이 행사되면 콜옵션의 발행자는 기발행된 주식을 콜옵션의 보유자에게 인도하여야 한다. 이 경우에, 발행주식수는 일정하게 유지된다. 또한, 신주인수권은 콜옵션과 달리 신주인수권 보유자가 신주인수권을 행사할 때 행사가격을 지불하므로 해당기업으로 현금이 유입된다. 이러한 차이들은 신주인수권의 가치가 동일한 계약조항을 갖는 콜옵션의 가치와 다소 다르게 된다는 것을 뜻한다.

전환사채처럼, 신주인수권의 계약조항도 기업의 기호와 욕구에 맞도록 재단될 수 있다. 또한, 전환사채처럼, 신주인수권이 행사가격과 신주인수권 보유수가 주식분할의 효과를 상쇄하도록 조정된다는 점에서 일반적으로 주식분할과 주식배당으로부터 보호된다.

신주인수권은 간혹 또 다른 증권과 함께 발행되기도 한다. 예컨대, 채권이 별도로 판매될 수 있는 신주인수권과 짝을 이루어 발행될 수 있다. 이를 분리가능한 신주인수권(detachable warrant)이라고 부른다.

신주인수권과 전환증권의 발행은 행사가 이루어지면 발행주식수를 증가시킬 수 있다. 신주인수권과 전환권의 행사는 주당 기준으로 계산되는 재무통계에 영향을 줄 것이므로, 연차보고서는 모든 전환증권과 신주인수권이 행사된다는 가정하에 주당 순이익 수치를 제시하여야 한다. 이 수치를 충분히 증류된 주당 순이익(fully diluted earnings per share)이라고 부른다.

4. 담보부 대출

대부분의 대출계약은 대출금의 상환을 보증하기 위해 차입자로 하여금 대출자에게 담보를 제공하도록 하는 담보부 대출(collateralized loan)의 형태를 띤다. 지급불능상태가 도래하면 대출자가 담보를 소유한다. 무상환청구권 대출(nonrecourse loan)은 대출자에게 담보에 대한 권리 이상의 상환청구권을 부여하지 않는다. 즉, 담보가 대출금을 회수할 만큼 충분히 가치가 없는 경우에도, 대출자는 차입자에게 추가상환을 요구하기 위해 소송을 제기할 수 없다.

이러한 대출계약은 차입자에게 묵시적인 옵션을 부여한다. 차입자가 대출만기에 L달러를 상환하도록 계약이 되어 있다고 가정하자. 담보는 만기에 S_T달러의 가치를 가진다. 현재의 담보가치는 S_0이다. 차입자는 대출만기까지 기다려서 담보가치가 L달러를 초과하는 경우에만 대출을 상환하는 옵션을 갖는다. 담보가치가 L달러 미만이면, 차입자는 대출의 지급불능을 선언하여 S_T의 가치가 있는 담보를 상실함으로써 대출계약을 해지시켜 버리면 된다.

담보부 대출계약을 해석하는 다른 방법은 차입자가 담보를 대출자에게 넘겨 주지만 대출금을 상환함으로써 담보에 대한 권리를 재청구할 수 있는 권리를 가지는 것으로 보는 것이다. 담보를 재청구할 수 있는 권리와 함께 담보를 이전하는 것은 S_0달러의 현금지급에서 행사가격이 L인 콜옵션과 같은 금액의 현금회수를 뺀 것과 마찬가지이다. 기본적으로, 차입자는 담보를 넘겨주고 L이 S_T보다 낮으면 만기에 L달러로 담보를 재매입하는 옵션을 갖는다.

담보부 대출을 해석하는 세 번째 방법은 차입자가 확실하게 L달러를 상환할 것이나, 또한 S_T가 L보다 낮은 경우에도 담보를 대출자에게 L달러에 팔 수 있는 옵션을 보유하는 것으로 가정하는 것이다. 이 경우에, 담보의 매각은 대출계약을 충족시키는 데 필요한 현금을 창출할 것이다. 담보를 L달러의 가격으로 팔 수 있는 권리는 풋옵션을 나타내는데, 이는 차입자가 단순히 담보를 넘겨줌으로써 대출계약을 만족시키기에 충분한 현금을 조달할 수 있음을 보증한다.

콜옵션과 풋옵션의 수익은 아주 다르므로, 동일한 담보부 대출을 풋옵션 혹은 콜옵션이 내포되어 있는 것으로 보는 것이 이상하게 느껴질 수 있다. 두 가지 접근법의 동일성은 풋-콜 패리티를 반영한 것에 다름 아니다. 담보부 대출을 콜옵션이 내포되어 있는 것으로 보는 경우에는 차입자의 부채가치는 S_0-C이다. 차입자는 담보를 넘겨주지만(S_0달러의 이전) C달러의 가치가 있는 콜옵션을 보유한다. 담보부 대출에 풋옵션이 내포되어 있는 것으로 보는 경우에는, 차입자는 L달러를 상환하여야 하지만, P의 가치가 있는 풋옵션을 보유한다. 순채무의 순현가는 $L/(1+r_F)^T-P$이다. 두 가지 접근법은 동일하므로, 다음 식이 성립하여야 한다.

$$S_0-C = L/(1+r_F)^T-P \tag{9-3}$$

L을 옵션의 행사가격으로 보면, 식 (9-3)은 단순히 풋-콜 패리티에 불과한 것이다.

〈그림 9-11〉은 이러한 사실을 나타내고 있다. 〈그림 9-11〉 A는 대출자에게 지급되어야 할 금액인데, 이는 S_T와 L의 최소값이다. 〈그림 9-11〉 B는 이 금액이 S_T에서 대출자에 의해 묵시적으로 발행되고

그림 9-11 담보부 대출

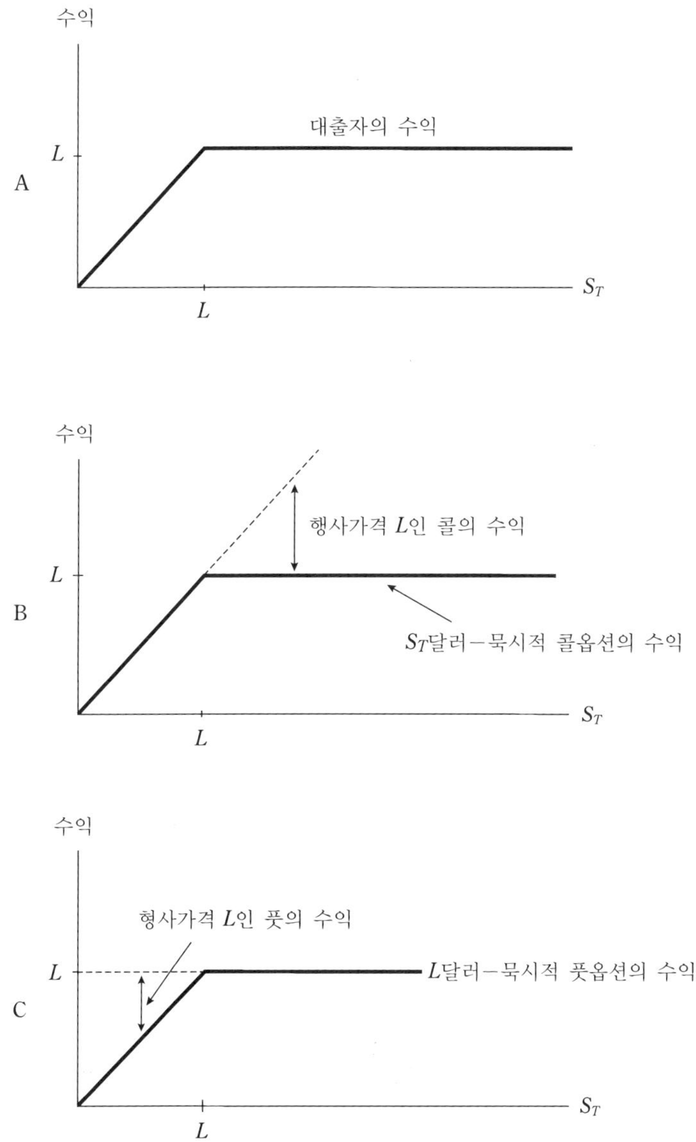
수익
대출자의 수익
L
A
S_T
L
수익
행사가격 L인 콜의 수익
L
B
S_T달러-묵시적 콜옵션의 수익
S_T
L
수익
행사가격 L인 풋의 수익
L
L달러-묵시적 풋옵션의 수익
C
S_T
L

차입자에 의해 보유되는 콜옵션의 수익을 뺀 것임을 보여주고 있다. 〈그림 9-11〉 C는 이것이 L달러의 수입에서 풋옵션의 수익을 뺀 것과 같음을 나타내고 있다.

5. 부채를 사용하는 기업의 주식과 위험부채

주식회사제도에서 주식을 보유하고 있는 투자자들은 유한책임(limited liability)에 의해 보호를 받는다. 이는 기업이 부채를 지급할 수 없으면, 기업의 채권자는 오직 기업의 자산만을 접수할 수 있으며, 추가지급을 요구하기 위하여 주주를 고소할 수 없음을 의미한다. 결과적으로, 기업이 자금을 차입할 때는 언제나, 대출금에 대한 가능한 최대한의 담보는 기업의 총자산이 된다. 기업이 도산을 선언하면, 이는 기업의 자산이 기업자산에 대한 청구권을 만족시키기에 불충분하다는 것을 의미한다. 기업은 기업자산의 소유권을 채권자들에게 이전시킴으로써 그 부담을 해소할 수 있다.

무상환청구권 담보부 대출의 경우와 마찬가지로, 채권자에게 지급하여야 할 금액은 묵시적 옵션의 행사가격을 나타내고, 기업의 가치는 기초자산이 된다고 볼 수 있다. 주주는 기업에 대한 소유권을 기업부채의 액면가를 받고 이전하는 풋옵션을 갖고 있다고 해석할 수 있다.

마찬가지로, 여러분은 주주가 콜옵션을 갖는 것으로 볼 수 있다. 주주는 이미 기업에 대한 소유권을 채권자에게 이전하였으나, 대출을 상환함으로써 기업에 대한 소유권을 재취득할 수 있는 권리를 유지하고 있다고 볼 수 있다. 그러므로, 여러분은 주주가 기업을 특정한 가격으로 재매입할 수 있는 권리, 즉 콜옵션을 갖는다고 해석할 수 있다.

6. 이국적 옵션

투자자들은 옵션을 거래함으로써 가능해진 포트폴리오전략의 가치를 분명하게 인정하고 있는데, 이는 옵션시장에서의 막대한 거래량과 대성공으로 나타나고 있다. 성공은 모방의 씨앗을 뿌리며, 최근에 여러분은 투자자들에게 이용가능한 옵션증권들의 범위에 있어서 엄청난 혁신을 목격하고 있다. 이러한 혁신의 일부는 활성화된 옵션점두시장에서 투자자들의 기호와 욕구에 맞게 재단된 옵션들이 거래됨으로써 발생하였다. 이 옵션들은 불과 수 년 전만 하더라도 지극히 비정상적인 것으로 간주되던 계약조항들을 내포하고 있으므로, 이들은 이국적 옵션(exotic option)이라 불린다.

(1) 아시아식 옵션

여러분은 이미 미국식 옵션과 유럽식 옵션에 대해 배웠다. 아시아식 옵션(Asian option)은 적어도 옵션의 수명의 일부 기간 동안 기초자산의 평균가격에 의존하는 수익을 갖는 옵션이다. 예컨대, 아시아식 콜옵션은 최근 3개월 동안의 평균주가에서 행사가격을 공제한 금액 혹은 0의 수익을 갖는다. 이 옵션은 일정 기간 동안의 평균상품가격에 의존하는 이윤흐름을 헤지하고자 하는 기업들의 관심을 끌 수 있다.

(2) 장벽옵션

장벽옵션(barrier option)은 만기일에 어떤 자산가격뿐만 아니라 기초자산의 가격이 어떤 장벽을 통과했느냐의 여부에 의존하는 수익구조를 갖는다. 예컨대 하락-퇴출옵션(down-and-out option)은 주가가 어떤 장벽가격 밑으로 하락하면 그 순간에 자동적으로 소멸되는 옵션이다. 마찬가지로, 하락-생존옵션(down-and-in option)은 주가가 옵션의 유효기간 동안에 적어도 한번 어떤 장벽가격 밑으로 하락하지 않으면 수익이 제공되지 않는다.

(3) 회고옵션

회고옵션(lookback option)은 옵션의 유효기간 동안에 기초자산의 최저가격 혹은 최고가격에 의존하는 수익구조를 갖는다. 예컨대, 회고콜옵션은 옵션의 유효기간 동안의 최고가격에서 행사가격을 뺀 수익을 제공한다.

(4) 외화표시옵션

외화표시옵션(currency-translated option)은 외화로 표시된 자산가격 혹은 행사가격을 갖는 옵션이다. 예를 들면, 콴토(quanto)는 투자자로 하여금 외화투자금액이 달러로 전환될 수 있는 환율을 미리 지정하도록 허용한다. 고정금액의 외화를 일정한 환율로 달러로 전환시키는 권리는 단순한 외화옵션이다. 그러나, 콴토는 달러로 전환시킬 수 있는 외화금액이 해외증권의 투자성과에 의존하기 때문에 더욱 흥미를 끈다.

(5) 디지털옵션

디지털옵션(digital option)은 기초자산의 가격이 어떤 조건을 만족하는가의 여부에 의존하는 고정된 수익을 갖는다. 예컨대, 디지털콜옵션은 만기시의 주가가 행사가격을 초과하면 $100의 고정금액을 제공한다.

주·요·용·어

- 내가격(in the money)
- 등가격(at the money)
- 외가격(out of the money)
- 이국적 옵션(exotic option)
- 콜옵션(call option)
- 풋옵션(put option)
- 행사가격(exercise or strike price)
- 미국식 옵션(American option)
- 유럽식 옵션(European option)
- 보호적 풋(protective put)
- 방비적 콜(covered call)
- 스트래들(straddle)
- 스프레드(spread)
- 풋-콜 패리티(put-call parity)
- 신주인수권(warrants)
- 담보부 대출(collateralized loan)
- 수의상환사채(callable bond)
- 전환증권(convertible securities)

연·습·문·제

1 나비 스프레드(butterfly spread)는 행사가격 X_1으로 콜옵션 1단위를 매입하고, 행사가격 X_2로 콜옵션 2단위를 매도하며, 행사가격 X_3로 콜옵션 1단위를 매입하는 것이다. $X_1 < X_2 < X_3$이고, $X_2 - X_1 = X_3 - X_2$이며, 모든 콜옵션은 동일한 만기를 갖는다. 이 전략의 수익을 그래프로 도시하시오.

2 농산물가격지지제도는 농민들에게 그들의 농산물에 대하여 최소가격을 보증한다. 이러한 제도를 옵션(option)으로 묘사하시오. 무엇이 기초자산(underlying asset)인가? 행사가격은?

3 풋-콜 패리티가 성립하여야 하는 이유를 설명하시오.

4 여러분이 행사가격이 100인 풋옵션 1단위를 발행하고 행사가격이 110인 풋옵션 1단위를 매입한다. 풋옵션들은 동일한 주식에 대한 것이며, 동일한 만기를 갖는다. 이 전략의 수익(payoff)과 이윤(profit)을 도시하시오.

5 이국적옵션(exotic option)에는 어떤 것들이 있는지 설명하시오.

열 번째 여행

옵션의 가치 구하기

아홉 번째 여행에서 여러분은 옵션시장과 옵션전략에 대해서 살펴보았다. 많은 증권들이 그들의 가치와 위험-수익률관계에 영향을 미치는 내재된 옵션을 갖고 있음을 주목하였다. 이번 여행에서는 옵션의 가치평가로 관심을 돌리기로 한다. 대부분의 옵션가격결정모형들을 이해하기 위해서는 상당한 정도의 수학과 통계학의 지식이 요구된다. 그러나, 이 모형들의 아이디어와 직관은 간단한 보기를 통해서 이해될 수 있다.

먼저, 옵션가격에 영향을 미치는 요인들에 대해 논의한다. 다음으로, 옵션가격이 만족하여야 하는 상한과 하한에 대해 살펴본다. 단순한 이항분포 옵션가격결정모형에서 출발하여, 유명한 블랙-숄즈 옵션가격결정모형(Black-Scholes option pricing model)으로 확장한다.[1)]

1) Bodie-Kane-Marcus(2008), pp. 737~771 및 Bodie-Kane-Marcus(2001), pp. 541~566.

제 01 절 옵션평가의 기초

1. 내재가치와 시간가치

주가가 행사가격보다 낮아서 현재 외가격상태에 있는(out of the money) 콜옵션을 고려하자. 이것이 콜옵션이 가치가 없다는 것을 의미하지는 않는다. 지금 바로 행사하면 손실을 보겠지만, 이 콜옵션은 양의 가치를 갖는데, 그 이유는 주가가 만기까지 충분히 상승하여 행사하면 이윤을 남길 수 있는 기회가 항상 존재하기 때문이다. 만약에 주가가 충분히 상승하지 않으면, 최악의 상황은 그 옵션이 0의 가치를 가지고 만료되는 경우이다.

S_0-X를 내가격(in the money) 콜옵션의 내재가치(intrinsic value)라고 부르는데, 이는 옵션의 즉각적인 행사로 얻을 수 있는 수익을 나타낸다. 외가격(out of the money) 혹은 등가격(at the money)옵션의 경우에 내재가치는 0이 된다. 실제 콜옵션가격과 내재가치의 차이는 옵션의 시간가치(time value)라 일컬어진다.

"시간가치"는 적절한 용어의 선택이라고 볼 수 없는데, 그 이유는 시간가치가 화폐의 시간가치(time value of money)와 혼동될 수 있기 때문이다. 옵션의 시간가치는 옵션가격과 옵션의 만기가 지금 당장일 때 갖게 되는 옵션가치의 차이로 정의된다. 이것은 옵션의 만기가 여전히 남아 있으므로 발생하는 가치이다.

옵션의 시간가치의 대부분은 일종의 "변동성가치(volatility value)"이다. 옵션보유자가 옵션을 행사하지 않기로 결정하는 한, 수익이 0보다 작을 수는 없다. 콜옵션은 현재 외가격(out of the money) 이라 하더라도, 여전히 양의 가격으로 팔린다. 그 이유는 주가가 하락하면 추가적인 손실위험을 부담하지 않는 반면에, 주가가 상승하면 이윤을 남길 수 있는 가능성을 콜옵션이 제공하기 때문이다. 변동성가치는 행사가 불리하면 행사하지 않는 권리로부터 생긴다. 행사할 수 있는 권리는 행사하는 의무와는 달리, 불리한 주가변동에 대한 보험의 역할을 한다.

주가가 현저히 상승함에 따라, 만기까지 옵션이 행사될 가능성은 높아진다. 이러한 경우에는 행사가 거의 보장되므로 변동성가치는 최소가 된다. 주가가 더욱더 상승함에 따라, 옵션가치는 조정된 내재가치, 즉 $S_0-PV(X)$에 접근한다.

왜 그런가? 여러분이 옵션이 행사되어 주식이 X달러에 매입되리라고 거의 확신한다면, 여러분은 이미 주식을 매입한 것이나 거의 마찬가지로 느낄 것이다. S_0의 가치를 갖는 주권이 여러분의 금고에 있는 것으로 생각될 것이다. 여러분은 아직 주식대금을 지불하기 않았다. 여

그림 10-1 만기 전의 콜옵션가치

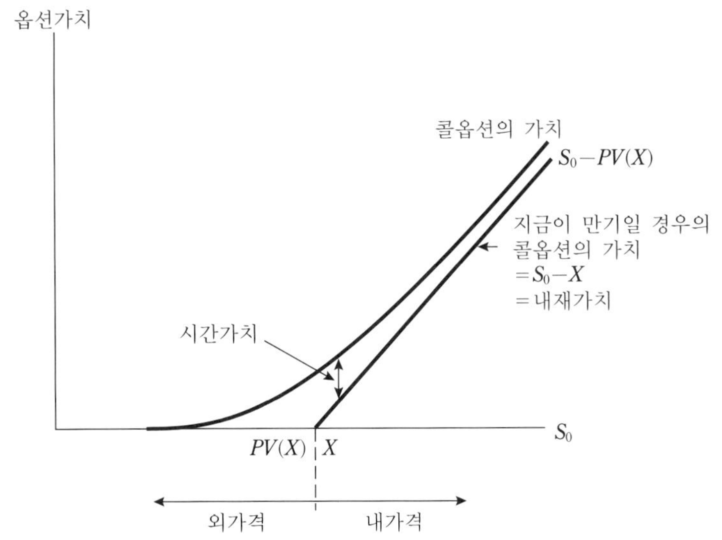

러분의 부채의 현재가치는 $PV(X)$이므로, 콜옵션의 가치는 $S_0-PV(X)$가 된다.

〈그림 10-1〉은 콜옵션의 가치평가함수를 나타내고 있다. 콜옵션의 가치는 항상 주가상승과 함께 증가한다. 그러나, 콜옵션이 갖는 내가격(deep in the money)인 경우에 기울기가 가장 크다. 이 경우에, 옵션의 행사는 거의 보증되며, 콜옵션가치는 주가상승에 상응하여 일 대 일로 증가한다.

2. 옵션가치의 결정요인

콜옵션의 가치에 영향을 미치는 요인들로는 주가, 행사가격, 주가의 변동성, 만기까지의 기간, 이자율 그리고 배당 등을 들 수 있다. 콜옵션이 행사되면, 수익이 S_T-X이므로, 콜옵션의 가치는 주가가 상승하면 증가하고, 행사가격이 상승하면 감소하게 될 것이다. 콜옵션의 기대수익의 크기는 S_0-X가 커짐에 따라 증가한다.

콜옵션의 가치는 또한 주가변동성이 커짐에 따라 증가한다. 그 이유를 이해하기 위하여, 만기에서의 주가가 \$10에서 \$50의 범위를 가지는 경우와 주가가 \$20에서 \$40의 범위를 가지는 경우를 비교하자. 두 경우 모두에 주가의 기대치는 \$30이다. 콜옵션의 행사가격은 \$30이다. 콜옵션의 수익은 어느 경우가 더 큰가?

다음 두 경우에 주가의 발생확률이 각각 $\frac{1}{5}$씩이라면, 높은 주가변동성하의 옵션의 기대수익은 \$6로서 낮은 주가변동성하의 기대수익 \$3보다 훨씬 크다.

높은 주가변동성의 경우

주 가	\$10	\$20	\$30	\$40	\$50
콜옵션의 수익	0	0	0	\$10	\$20

낮은 주가변동성의 경우

주 가	$20	$25	$30	$35	$40
콜옵션의 수익	0	0	0	$5	$10

위의 두 경우에 주가의 기대치는 $30로 같음에도 불구하고, 콜옵션수익의 기대치는 높은 주가변동성의 경우에 더 크다. 이러한 현상은 콜옵션보유자가 입을 수 있는 손실이 제한되기 때문에 발생한다고 할 수 있다. 주가가 $30에서 아무리 많이 떨어져도 콜옵션보유자는 옵션을 행사하지 않을 것이기 때문에 0의 수익을 얻을 것이다. 주가가 행사가격을 밑도는 한, 주가가 얼마나 낮은가 하는 것은 콜옵션보유자에게는 문제가 되지 않는다.

그러나, 주가가 상승하는 경우에는, 콜옵션보유자의 입장에서는 주가가 높으면 높을수록 유리할 것이다. 높은 주가상승은 콜옵션의 수익을 무제한으로 증가시키지만, 극심한 주가하락도 옵션의 수익을 0 미만으로 감소시키지는 않는다. 이러한 비대칭현상은 주가변동성의 증가가 콜옵션의 기대수익을 높임으로써 옵션가치를 증대시킨다는 것을 의미한다.

마찬가지로, 만기까지의 기간이 길면 길수록, 콜옵션의 가치는 증가한다. 만기가 길면, 주가에 영향을 미치는 예측불능의 사건발생을 위한 시간여유가 더 많으므로, 주가변동의 범위가 넓어진다. 더욱이, 만기까지의 기간이 길어지면, 행사가격의 현재가치가 하락하여 콜옵션보유자에게 유리해지므로, 콜옵션가치가 상승하게 된다. 같은 이유로, 이자율이 상승함에 따라 콜옵션가치가 높아지는데, 이는 이자율상승이 행사가격의 현재가치 하락을 초래하기 때문이다.

마지막으로, 기업의 배당정책이 옵션가치에 영향을 준다. 높은 배당성향은 주가상승에 지장을 초래한다. 주식의 총기대수익률이 일정하

표 10-1 콜옵션가치의 결정요인

변수의 증가	콜옵션의 가치
주 가	증가(+)
행사가격	감소(−)
주가변동성	증가(+)
만기까지의 기간	증가(+)
이자율	증가(+)
배당성향	감소(−)

게 주어지면, 높은 배당수익률은 낮은 기대자본이득률을 뜻한다. 이러한 주가상승의 장애는 콜옵션의 잠재적인 수익을 감소시켜 콜옵션의 가치를 하락시킬 것이다. 〈표 10-1〉에 콜옵션의 가치에 영향을 미치는 요인들과 그 영향이 요약되어 있다.

제 02 절 옵션가치의 범위

지금까지 많은 옵션가격결정모형이 고안되었으며, 여러분은 이들 중 일부를 이 장에서 공부하게 될 것이다. 그러나, 이 모형들은 단순화의 가정(simplifying assumptions)에 의존하고 있다. 따라서, 여러분은 옵션가치의 어떤 특성이 진정으로 일반적인 것이며, 어떤 특성이 단순화의 가정에 의존하는 것인지 궁금해 할 것이다. 먼저, 옵션가격의 일반적인 특성을 살펴보기로 하자, 이들 중 일부는 주식배당이 옵션가치에 미치는 영향과 미국식 옵션의 조기행사의 잠재적 수익성에 대하여 중요한 시사점을 제공한다.

1. 콜옵션가치의 범위

콜옵션가치에 대한 가장 분명한 하한(lower bound)은 콜옵션가치가 음이 될 수 없다는 것이다. 옵션은 반드시 행사될 필요가 없기 때문에, 옵션보유자에게 어떤 의무를 부과할 수 없다. 어느 시점에서 옵션이 행사될 수 있는 가능성이 존재하는 한, 옵션은 양의 가격으로 거래될 것이다. 옵션의 수익은 최악의 경우에 0이며, 그렇지 않은 경우에 양의 값을 가지므로 투자자들은 옵션을 매입하는 데 양의 금액을 가격으로 지불할 용의가 있는 것이다.

여러분은 콜옵션에 대하여 또 하나의 하한을 부과할 수 있다.

어느 주식이 T로 표시되는 옵션만기일 직전에 D의 배당금을 지급한다고 가정하자. 이제 두 개의 포트폴리오를 구성하여 비교하자. 한 포트폴리오는 주식 1주에 대한 콜옵션으로 구성되고, 다른 포트폴리오는 주식 1주와 $(X+D)/(1+r_F)^T$달러의 차입으로 구성된다. 만기가 도래하면 대출원리금 $(X+D)$달러가 상환된다. 예를 들면, 행사가격이 \$70이고, 만기가 6개월 후이며, 배당금이 \$5이고 연간 이자율이 10%인 경우에, 여러분은 주식 1주를 매입하고 $\$75/(1.10)^{\frac{1}{2}}=\$71.51$을 차입할 것이다. 6개월 후에 대출금 \$75이 상환된다.

만기에 이 포트폴리오의 수익은 다음과 같이 표시될 것이다.

	일반식	보 기
주 가	S_T+D	S_T+5
대출금 상환	$-(X+D)$	-75
합 계	S_T-X	S_T-70

여기에서 S_T는 만기일에서의 주가를 나타낸다.

여러분은 주식에 대한 수익이 배당락 주가(ex-devidend stock price)에 지급받은 배당금을 합친 S_T+D임을 주목하라. 주식과 자금차입으로 구성되는 포트폴리오의 수익의 부호는 S_T가 X를 초과하느냐의 여부에 달려 있다. 이 포트폴리오를 구성하는 데 소요된 순현금지출은 $S_0-\$\ 71.51$, 일반적으로는 $S_0-(X+D)/(1+r_F)^T$이다.

콜옵션의 수익은 옵션이 행사되면 S_T-X, 그렇지 않으면 0이 될 것이다. 그러므로, 콜옵션의 수익은 이 포트폴리오의 수익이 양의 값을 가질 때는 이 포트폴리오의 수익과 같고, 이 포트폴리오의 수익이 음의 값을 가질 때는 이 포트폴리오의 수익보다 높다. 콜옵션의 수익이 항상 이 포트폴리오의 수익과 같거나 크므로, 콜옵션의 가치는 이 포트폴리오의 구성비용을 초과하여야 한다. 그러므로, 콜옵션의 가치는 $S_0-(X+D)/(1+r_F)^T$보다 커야 한다. 일반적으로

$$C \geq S_0-PV(X)-PV(D)$$

여기에서, $PV(X)$와 $PV(D)$는 행사가격과 배당금의 현재가치이다. 여러분은 이미 콜옵션의 가치는 음의 값을 가질 수 없다는 것을 알았으므로, C는 0 또는 $S_0-PV(X)-PV(D)$ 중 최대값보다 크다고 결론을 내릴 수 있다.

여러분은 또한 콜옵션의 가치에 상한(upper bound)을 부여할 수 있다. 이 상한은 현재의 주가인데, 이는 주식은 행사가격이 0인 콜옵션으로 볼 수 있기 때문이다. 따라서, $C \leq S_0$가 성립한다.

〈그림 10-2〉는 콜옵션 가치가 취할 수 있는 범위를 나타내고 있다. 그늘진 부분 밖의 어떤 옵션가치도 가능하지 않다. 만기 이전에는, 콜옵션가치는 〈그림 10-3〉처럼 그늘진 부분 이내에 위치하여, 상한과 하한과 닿지 않는 것이 정상이다.

그림 10-2 콜옵션가치의 가능한 범위

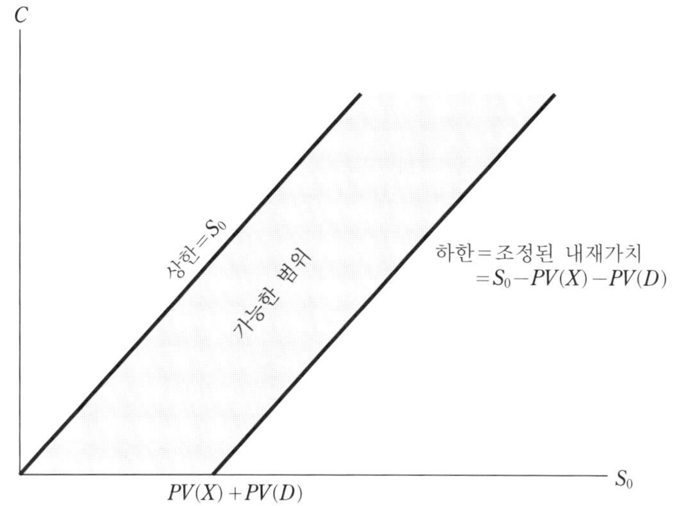

그림 10-3 현재주가의 함수로서의 콜옵션의 가치

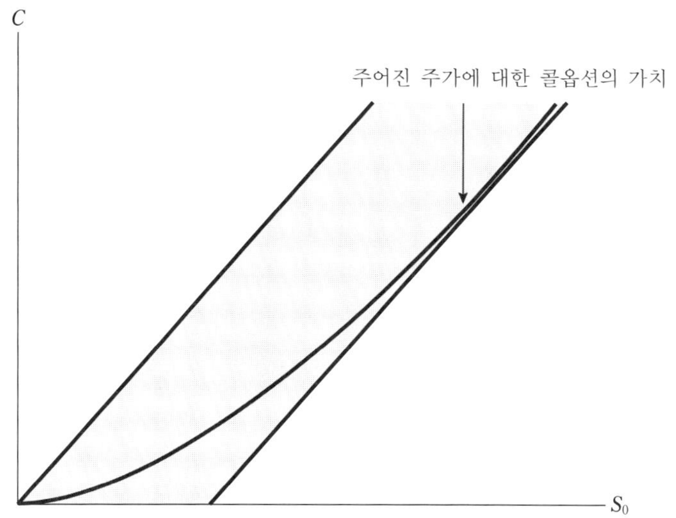

2. 조기행사와 배당

옵션계약을 해지하고자 하는 콜옵션보유자에게는 옵션의 행사와 옵션의 매도라는 두 가지 선택이 주어진다. 콜옵션보유자가 t시점에서 행사하면, 물론 행사가치가 있다고 가정하여, 콜옵션의 수익은 $S_t - X$가 될 것이다. 여러분은 앞에서 $C \geq S_t - PV(X) - PV(D)$가 성립함을 배웠다. 따라서, 배당금이 지급되지 않는 주식에 대한 콜옵션의 경우에 C는 $S_t - PV(X)$보다 커야 한다. X의 현재가치는 X보다 작으므로, 다음과 같은 식이 성립한다.

$$C \geq S_t - PV(X) \geq S_t - X$$

여러분이 주목할 점은 옵션의 제 3 자 매각(C)이 옵션행사로부터의 수익($S_t - X$)을 초과한다는 것이다. 옵션계약을 해지하는 것보다 옵션을 제 3 자에게 매각하여 옵션계약을 유지하는 편이 훨씬 경제적으로 이득이 된다. 다시 말해서, 배당을 지급하지 않는 주식에 대한 콜옵션은 계약이 유효할 때가 계약이 해지될 때보다 가치가 높다(worth more alive than dead).

콜옵션을 만기 이전에 행사하는 것이 이득이 되지 않는다면, 콜옵션을 조기에 행사할 수 있는 권리는 가치가 없음에 틀림 없다. 미국식 콜옵션의 조기행사권은 콜옵션의 가치와 무관하다고 할 수 있는데, 그 이유는 조기행사가 전혀 이득이 되지 않기 때문이다. 그러므로, 계약조항이 동일한 미국식 콜옵션과 유럽식 콜옵션의 가치는, 배당이 지급되지 않는다고 가정하면, 동일하다고 결론을 내릴 수 있다. 여러분이 유럽식 콜옵션의 가치를 구하면, 여러분은 미국식 콜옵션의 가치를 구한 셈이 된다. 이는 문제를 단순화하는 데 크게 기여한다. 왜냐하면, 만기일에만 행사가능한 유럽식 콜옵션의 가치결정이 훨씬 개념적으로 용이

하고, 이것이 그대로 미국식 콜옵션의 가치결정에 적용되기 때문이다.

3. 미국식 풋옵션의 조기행사

미국식 풋옵션의 경우, 옵션의 조기행사가 최적일 가능성이 크다고 할 수 있다. 그 이유를 알기 위하여 간단한 보기를 들어보자. 여러분이 어떤 주식에 대한 풋옵션을 매입한다고 하자. 기업이 곧 도산하고 주가는 급격히 하락하여 주식이 휴지조각으로 변할 것으로 예상되고 있다. 주가는 더 이상 하락할 수 없으므로, 여러분은 이제 풋옵션을 행사하려 할 것이다. 즉각적인 옵션행사는 행사가격만큼의 즉각적인 현금수입을 가져오며, 여러분은 추가소득을 얻기 위해 이를 이용할 수 있다. 행사를 지연시키면 화폐의 시간가치라는 비용을 치루어야 한다. 따라서, 풋옵션의 조기행사권은 가치를 갖는다고 할 수 있다.

이제, 기업의 도산이 임박하여 주식이 아주 낮은 가격에 거래된다고 가정하자. 즉각적인 행사가 여전히 최적일 수 있다. 결국, 주가가 아주 조금 더 하락할 수 있는데, 이는 앞으로의 행사가 즉각적인 행사보다 아주 작은 금액만큼 더 수익을 낳음을 의미한다. 이러한 가능성과 즉각적 행사를 지연시킬 때의 화폐의 시간가치면에서의 비용이 동시에 고려되어야 한다. 그러면, 조기행사가 최적이 되는 어떤 주가수준이 존재하게 된다.

미국식 풋옵션의 가치가 유럽식 풋옵션의 가치보다 높아야 하는데, 그 이유는 미국식 풋옵션은 풋옵션보유자에게 만기 이전에 행사할 수 있는 권리를 부여하기 때문이다. 어떤 상황에서는 풋옵션의 조기행사가 유용하기 때문에, 조기행사권은 옵션시장에서 양의 가격을 향유할 것이다. 그러므로, 미국식 풋옵션은 유럽식 풋옵션보다 높은 가격에 팔릴 것이다.

그림 10-4 현재주가의 함수로서의 풋옵션 가치

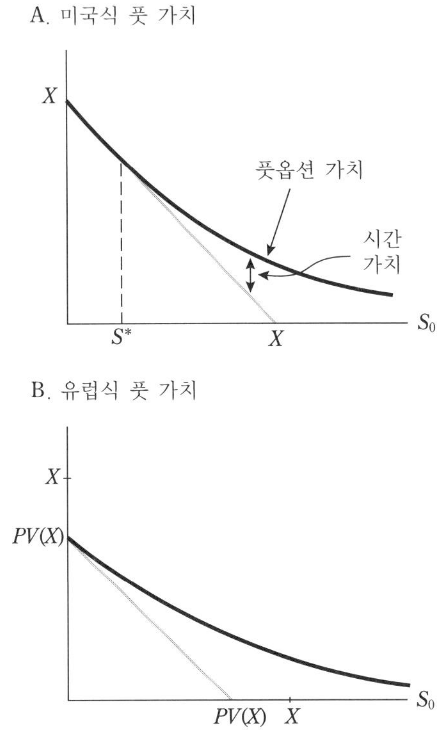

〈그림 10-4〉 A는 미국식 풋옵션의 가치를 현재주가 S_0의 함수로 나타내고 있다. 주가가 S^*로 표시된 임계치 미만으로 떨어지면, 행사가 최적이 된다. 그 점에서 옵션가격결정곡선이 옵션의 내재가치를 나타내는 직선에 접하게 된다.

이와 대조적으로, 유럽식 풋옵션의 가치는 〈그림 10-4〉 B에 나타나 있는데, 내재가치직선에 접근하지 않는다. 조기행사가 금지되기 때문에, 유럽식 풋옵션의 최대가치는 $PV(X)$이며, 이 최대가치는 $S_0=0$인

점에서 발생한다.

제 03 절 이항분포 옵션가격결정모형

옵션가격결정모형(option pricing model; OPM)에서 옵션의 가치를 구하는 데 이용되는 균형의 개념은 여섯 번째 여행에서 언급된 차익거래가 존재하지 않는 조건(no-arbitrage condition)이다. 다시 말해서, 이 조건을 이용해서 기초자산인 주식에 대해서 발행되는 콜옵션의 가치를 주식의 상대가격(relative price)으로 표시하는 것이 옵션가격결정모형이라고 할 수 있다. 옵션가격을 결정하기 위해서는 무엇보다 먼저 기초자산인 주식의 가격변동에 대한 가정이 필요하다. 이항분포 옵션가격결정모형(binomial option pricing model)에서는 다음과 같은 가정들이 필요하다.

첫째, 옵션의 만기일에 주가는 이항분포(binomial distribution)를 따른다.

둘째, 자본시장은 마찰이 없으며, 자본시장에서 주식, 무위험채권, 그리고 옵션이 거래된다.

셋째, 무위험이자율은 일정하다.

넷째, 주식은 옵션의 만기일까지 배당금을 지급하지 않는다.

이제, 유럽식 콜옵션의 가치를 결정하여 보자. 넷째 가정에 의하여 유럽식 콜옵션의 가치와 미국식 콜옵션의 가치는 제 2 절에서 언급한 바와 같이 동일하게 됨을 여러분은 주목하라. 다음과 같이 정의하자.

S = 기초자산인 주식의 현재시장가격

X = 콜옵션의 행사가격

$u \cdot S$ = 옵션만기일의 상태 1에서의 주가($u > 1$)

$d \cdot S$ = 옵션만기일의 상태 2에서의 주가($d < 1$)

$r = 1 + r_F$

여기에서 r_F = 옵션의 만기일까지의 무위험이자율, $d < r < u$

q = 옵션만기일의 상태 1의 확률
$1-q$ = 옵션만기일의 상태 2의 확률
C = 유럽식 콜옵션의 가치

가정에 의하여 옵션만기일에 주가는 이항분포를 따르므로, 자본시장에 존재하는 주식, 무위험 채권, 그리고 콜옵션의 가격변동경로(price dynamics)를 다음과 같은 나뭇가지(tree)로 표시할 수 있다.

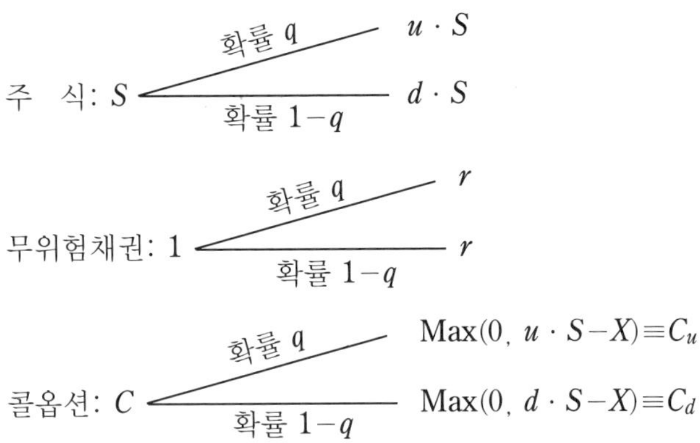

여러분의 목표는 차익거래기회(arbitrage opportunity)가 존재하지 않는 경제에서 콜옵션의 가치를 주식의 상대가격으로 표시하는 것이다. 콜옵션의 가치를 구하는 방법으로 헤지포트폴리오 접근법(hedge portfolio approach)[2]과 시간-상태선호 접근법(time-state preference approach)이 있는데, 차례로 살펴보기로 하자.

2) Cox-Rubinstein(1976)과 Rendleman-Barter(1979)에 의하여 개발되었다.

1. 헤지포트폴리오 접근법

먼저, 옵션만기일에 수익이 상태 1과 상태 2에 관계없이 일정한 무위험 헤지포트폴리오(riskless hedge portfolio)를 구성하자. 이 무위험 헤지포트폴리오는 콜옵션 1단위 발행(매도)과 주식 h주 보유(매입)로 이루어진다. 여기서 h를 헤지비율(hedge ratio)이라 일컫는다. 무위험 헤지포트폴리오의 가격변동경로는 다음과 같이 표시될 수 있다.

무위험 헤지포트폴리오의 정의에 의하여 다음 식이 성립한다.

$$h \cdot u \cdot S - C_u = h \cdot d \cdot S - C_d \qquad (10\text{-}1)$$

식 (10-1)을 h에 대해 풀기 위하여 정리하면,

$$hS(u-d) = C_u - C_d$$

$$h = \frac{C_u - C_d}{S(u-d)} \qquad (10\text{-}2)$$

무위험 헤지포트폴리오의 수익률은 균형에서 $1+r_F=r$이 되어야 한다. 만약에 무위험 헤지포트폴리오의 수익률이 r보다 크거나 작다면 소위 차익거래기회(arbitrage opportunity)가 존재하므로 차익거래이윤(arbitrage profit)이 발생하여, 이 포트폴리오의 수익률이 r과 같아질 때까지 차익거래가 계속될 것이다.

따라서 다음 식이 성립한다.

$$\frac{h \cdot u \cdot S - C_u}{h \cdot S - C} = \frac{h \cdot d \cdot S - C_d}{h \cdot S - C} = r \qquad (10\text{-}3)$$

식 (10-3)을 정리하면,

$$h \cdot u \cdot S - C_u = r(h \cdot S - C)$$

$$h \cdot S - C = \frac{h \cdot u \cdot S - C_u}{r}$$

$$C = h \cdot S - \frac{h \cdot u \cdot S - C_u}{r}$$

$$= \frac{1}{r}(h \cdot r \cdot S - h \cdot u \cdot S + C_u) \qquad (10-4)$$

식 (10-2)를 식 (10-4)에 대입하면

$$C = \frac{1}{r}\left[\frac{C_u - C_d}{S(u-d)} \times rS - \frac{C_u - C_d}{S(u-d)} \times uS + C_u\right]$$

$$= \frac{1}{r}\left[\frac{r(C_u - C_d)}{u-d} - \frac{u(C_u - C_d)}{u-d} \times \frac{C_u(u-d)}{u-d}\right]$$

$$= \frac{1}{r}\left[\frac{r-d}{u-d} \times C_u + \frac{u-r}{u-d} \times C_d\right]$$

$$= \frac{1}{r}[p \cdot C_u + (1-p) \cdot C_d]$$

여기에서 $p = \frac{r-d}{u-d}$ (10-5)

$$1-p = \frac{r-d}{u-d}$$

여러분이 식 (10-5)를 보면 투자자들이 위험중립적(risk neutral)인 것처럼 콜옵션을 평가하고 있음을 알 수 있다. 다시 말해서, p를 상태 1이 발생할 확률로 해석한다면, 식 (10-5)는 콜옵션의 기대수익을 무위험이자율로 할인한 현재가치가 콜옵션의 가격임을 나타내고 있다. 이 것이 투자자들이 반드시 위험중립적이라는 것을 의미하지는 않는다. 왜냐하면, 투자자들이 위험중립적인 경우에만 q와 p가 일치하고, 일반적으로는 p는 q와 다를 것이기 때문이다. 이러한 이유로 p를 위험중립확률(risk neutral probability), 그리고 식 (10-5)를 위험중립가치평가(risk neutral valuation)[3]라고 부르기도 한다.

식 (10–5)를 관찰하면, 다음과 같은 두 가지 흥미로운 사실이 발견될 수 있다. 첫째, 콜옵션의 가치는 기초자산인 주식의 가격변동 확률 q와 무관하다. 둘째, 콜옵션의 가치는 투자자들의 위험에 대한 태도와 관계없이 결정된다.

그러면, 왜 이러한 현상이 발생하는 것일까? 여러분은 옵션가격결정모형이 옵션가치를 기초자산인 주식과 무위험채권의 가격에 대비한 상대가격(relative price)으로 평가하고 있음을 명심하라. 그러므로, 주가변동의 확률 q와 투자자의 위험에 대한 태도는 이미 주식과 무위험채권의 가격결정과정에서 반영되었다고 생각할 수 있다. 따라서 확률 q와 위험에 대한 태도는 간접적으로는 콜옵션가격에 영향을 미치지만, 직접적으로는 영향을 미치지 않는 것이다.

식 (10–5)를 이용하여, 예제를 풀어 보기로 하자. 어떤 주식의 현재 주가는 $100인데, 6개월 후에 두 배가 되어 $200로 상승하거나, 반토막이 되어 $50로 하락할 것으로 예상된다. 이 주식에 대하여 만기가 6개월 후이고, 행사가격이 $125인 유럽식 콜옵션을 발행한다. 6개월간의 무위험이자율이 8%라면, 이 콜옵션의 가치는 현재 얼마가 되어야 하는가?

먼저, 주어진 정보로부터 식 (10–5)의 적용에 필요한 변수의 값을 구하자. $u=2$, $d=0.5$, $r=1+0.08=1.08$ $C_u=\text{Max}(0, 200-125)=75$, $C_d=\text{Max}(0,\ 50-125)=0$ 다음으로 위의 값들을 식 (10–5)에 대입하면

$$C = \frac{1}{1.08}\left[\frac{1.08-0.5}{2-0.5}\times 75\right]$$

$$= \frac{1}{1.08}\times\frac{0.58}{1.5}\times 75 = \$53.7$$

3) Duffie(1996), pp. 101～128을 참조할 것.

2. 시간-상태선호 접근법

먼저, 옵션만기일 상태 1에서 $1을 주고, 상태 2에서 0을 주는 가상적인 증권과 상태 1에서 0을 주고, 상태 2에서 $1을 주는 가상적인 증권을 정의하여 현재가격을 각각 y_1과 y_2라고 하자. 그러면 이 증권들의 가격변동 경로는 다음과 같이 표시될 수 있다.

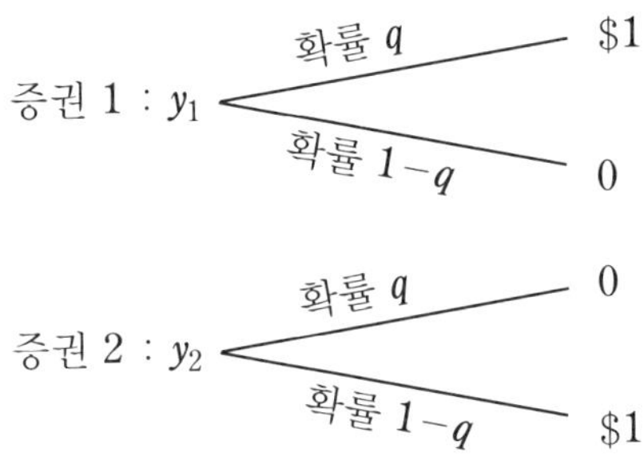

옵션의 기초자산으로서의 주식은 증권 1을 $u \times S$주 매입하고, 증권 2를 $d \times S$주 매입하여 구성한 포트폴리오이므로, 차익거래이윤이 발생하지 않으려면, 이 포트폴리오의 가격과 현재주가가 일치하여야 한다.

$$S = u \times S \times y_1 + d \times S \times y_2 \tag{10-6}$$

또한, 무위험채권은 증권 1을 r주 매입하고, 증권 2를 r주 매입하여 구성된 포트폴리오로 간주될 수 있다. 차익거래기회가 존재하지 않으려면, 무위험채권의 가격과 이 포트폴리오의 가격이 같아야 한다.

$$1 = r \times y_1 + r \times y_2 \tag{10-7}$$

식 (10-6)과 식 (10-7)로부터 다음 식이 성립한다.

$$u \times y_1 + d \times y_2 = r \times y_1 + r \times y_2 = 1 \tag{10-8}$$

$$(u-r)y_1 = (r-d)y_2$$

$$y_1 = \frac{r-d}{u-r} \cdot y_2 \qquad (10-9)$$

식 (10–9)를 식 (10–8)에 대입하면

$$r\left(\frac{r-d}{u-r} \cdot y_2 + y_2\right) = 1$$

$$r \cdot y_2\left(\frac{r-d}{u-r} + 1\right) = 1$$

$$r \cdot y_2\left(\frac{r-d}{u-r}\right) = 1$$

$$y_2 = \frac{u-r}{r(u-d)} \qquad (10-10)$$

식 (10–10)을 식 (10–9)에 대입하면

$$y_1 = \frac{r-d}{r(u-d)} \qquad (10-11)$$

y_1과 y_2는 상태가격(state price)이라 불리기도 하는데, 여러분은 y_1과 y_2가 식 (10–10)과 식 (10–11)에서 보는 바와 같이 고유한 값을 가짐을 주목하라.

왜 y_1과 y_2는 고유하게 결정되는가? 이항분포 옵션가격결정모형에서는 자연상태(states of nature)의 수가 2이다. 그리고, 이미 자본시장에 주식과 무위험채권이라는 2개의 자산이 존재한다. 이처럼, 자연상태의 수와 자산의 수가 같은 자본시장을 완성시장(complete market)[4]이라고 일컫는다. 반면에, 자연상태의 수보다 자산의 수가 작은 자본시장은 미완성시장(incomplete market)[5]이라 불린다. 완성시장에서는 상태가격이

4) Mossin(1977), pp. 17~40과 Pliska(1997), pp. 21~28을 참조할 것.
5) Magill–Quinzii(1996)를 참조할 것.

언제나 고유하게 결정된다. 우리의 경우에는 자연상태의 수=자산의 수 = 2로 완성시장이며, 식 (10-6)과 식 (10-7)의 2개의 식, 그리고 y_1과 y_2의 2개의 미지수가 존재하므로 y_1과 y_2가 고유한 값을 갖는다

완성시장에서 콜옵션은 사족과 같은 자산(redundant asset)이므로, y_1과 y_2를 이용하여 콜옵션가치를 구할 수 있다. 다시 한번, 차익거래이윤이 발생하지 않으려면 콜옵션의 가치와 증권 1을 C_u주, 증권 2를 C_d주만큼 매입하는 포트폴리오의 비용이 일치하여야 한다.

$$\begin{aligned}C &= y_1 \times C_u + y_2 \times C_d \\ &= \frac{r-d}{r(u-d)} \times C_u + \frac{u-r}{r(u-d)} \times C_d \\ &= \frac{1}{r}\left[\frac{r-d}{u-d} \times C_u + \frac{u-r}{u-d} \times C_d\right]\end{aligned}$$

여러분은 시간-상태선호 접근법과 헤지포트폴리오 접근법이 콜옵션의 가치결정에 있어서 동일한 해답을 주고 있음을 주목하라.

제 04 절 블랙-숄즈 옵션가격결정모형

앞 절에서 다룬 이항분포 옵션가격결정모형은 다기간모형으로 쉽게 확장할 수 있다. 자본시장에서 연속적인 거래(continuous trading)[6]를 가정하면, 이산적 시간(discrete time)하의 이항분포 옵션가격결정모형은 연속적 시간(continuous time)하의 블랙-숄즈 옵션가격결정모형(Black-Scholes option pricing model)으로 수렴함을 보일 수 있다.[7]

블랙-숄즈 옵션가격결정모형의 유도를 위해서는 확률미분

6) 연속시간 재무론을 위한 입문서로는 Shimko(1992)가 추천할 만하다고 생각된다.
7) Cox-Rubinstein(1985), pp. 171~178, 196~205; Gibson(1991), pp. 74~80.

(stochastic calculus)의 기초지식이 필요하다. 이 모형의 수학적 유도[8]는 본서의 범위를 넘으므로 생략하고, 기본가정과 모형의 유도에 있어서 핵심이 되는 아이디어 및 결과를 소개하기로 한다.

블랙-숄즈 모형의 기본가정은 다음과 같이 요약될 수 있다.[9]

첫째, 자본시장은 마찰이 없으며, 주식과 무위험채권 그리고 옵션이 연속적으로 거래된다.

둘째, 기초자산인 주식의 만기일에서의 가격은 평균 μT, 표준편차 $\sigma\sqrt{T}$인 자연대수 정규분포(lognormal distribution)를 따른다.

셋째, 무위험이자율은 옵션의 만기일까지 일정하며, 단위시간당 r이다.

넷째, 기초자산인 주식은 배당금을 지급하지 않는다.

블랙-숄즈 모형의 유도에 있어서 핵심적인 아이디어는 이항분포 옵션가격결정모형에서와 마찬가지로 헤지포트폴리오(hedge portfolio)를 구성하는 것이며, 차익거래이윤(arbitrage profit)이 존재하지 않으려면 헤지포트폴리오의 수익률이 무위험이자율과 같아야 한다는 조건을 이용하는 것이다. 유럽식 콜옵션을 1단위 발행하고 주식 h주를 매입하는 것으로 구성된 포트폴리오를 고려하자. 현재주가가 S이고, 콜옵션의 가치가 C라면, 이 포트폴리오가 헤지포트폴리오가 되려면 주가변동에 관계없이 이 포트폴리오의 가치가 일정하여야 한다.

$$\frac{dV}{dS} = h - \frac{dC}{dS} = 0 \qquad (10-12)$$

식 (10-12)로부터 여러분은 헤지비율(hedge ratio) h는 dC/dS와 같으며, 이 헤지비율은 콜옵션가치의 주가변동에 대한 변화율과 같다는 것을 알 수 있다. 연속적인 거래가 가능하므로 투자자는 모든 시점에서

8) Wilmott-Howison-Dewynne(1996), pp. 25~27, 42~43, 76~79를 참조할 것.
9) Jarrow-Rudd(1983), p. 92.

이 헤지비율을 유지하기 위하여 포트폴리오 재구성을 시도할 수 있다. 이는 동적 헤징(dynamic hedging)이라 일컬어진다. 이렇게 구성된 헤지포트폴리오는 본질적으로 무위험 포트폴리오이므로, 차익거래이윤이 발생하지 않으려면, 헤지포트폴리오의 수익률이 무위험이자율과 같아야 한다. 이러한 차익거래 부존재의 조건(no arbitrage condition)으로부터 유럽식 콜옵션이 만족하여야 할 확률편미분방정식(stochastic partial differential equation)이 유도된다.

이 편미분방정식을 주어진 변경조건(boundary conditions)과 함께 풀면, 다음과 같은 유럽식 콜옵션의 가치를 결정하는 것으로 유명한 블랙-숄즈 옵션가격결정모형이 탄생한다.

$$C = S \cdot N(d_1) - X \cdot e^{-rT} N(d_2) \qquad (10-13)$$

$$d_1 = \frac{\ln(S/X) + (r + \sigma^2/2)T}{\sigma\sqrt{T}}$$

$$d_2 = d_1 - \sigma\sqrt{T}$$

여기에서 C = 현재 콜옵션의 가치

S = 현재주식가격

$N(d)$ = 표준정규분포(standard normal distribution)로부터의 무작위추출(random draw)이 d보다 작을 확률이며 〈그림 10-5〉에 표시된 그늘진 부분의 면적과 같음

X = 행사가격

e = 2,71828⋯, 자연대수 함수의 밑

r = 순간적인 무위험이자율(연율로 표시)

T = 연수로 표시된 만기까지의 잔존기간

ln = 자연대수 함수

σ = 주식수익률의 순간적인 표준편차

여러분이 유럽식 콜옵션의 가치를 평가하기 위하여 다음과 같은 자료를 입수하였다고 하자. 블랙-숄즈 옵션가격결정모형에 의하면, 콜

그림 10-5 **표준정규분포 곡선**

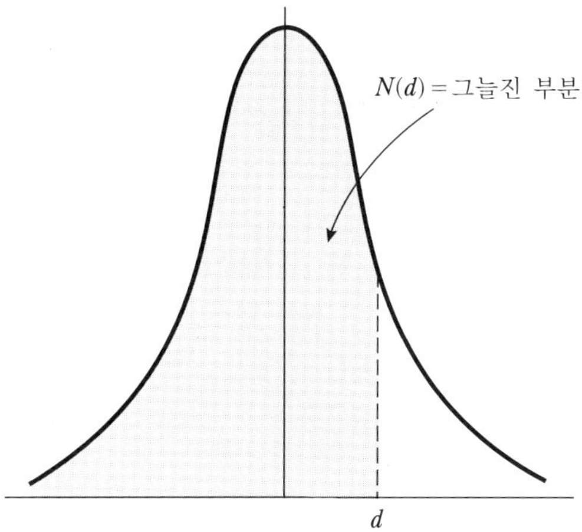

옵션의 가치는 얼마가 되어야 하는가?

현재 주가 $S = 100$

행사가격 $X = 95$

이자율 $r = 0.10$(연간 10%)

만기까지의 기간 $T = 0.25$(3개월)

표준편차 $\sigma = 0.50$(연간 50%)

먼저, d_1과 d_2를 계산한다.

$$d_1 = \frac{\ln\left(\frac{100}{95}\right) + \left(0.10 + \frac{0.5^2}{2}\right) \times 0.25}{0.5\sqrt{0.25}}$$

$$= 0.43$$

$$d_2 = 0.43 - 0.5\sqrt{0.25}$$

$$= 0.18$$

표 10-2 누적표준정규분포

d	$N(d)$	d	$N(d)$	d	$N(d)$
−3.00	0.0013	−1.58	0.0571	−0.76	0.2236
−2.95	0.0016	−1.56	0.0594	−0.74	0.2297
−2.90	0.0019	−1.54	0.0618	−0.72	0.2358
−2.85	0.0022	−1.52	0.0643	−0.70	0.2420
−2.80	0.0026	−1.50	0.0668	−0.68	0.2483
−2.75	0.0030	−1.48	0.0694	−0.66	0.2546
−2.70	0.0035	−1.46	0.0721	−0.64	0.2611
−2.65	0.0040	−1.44	0.0749	−0.62	0.2676
−2.60	0.0047	−1.42	0.0778	−0.60	0.2743
−2.55	0.0054	−1.40	0.0808	−0.58	0.2810
−2.50	0.0062	−1.38	0.0838	−0.56	0.2877
−2.45	0.0071	−1.36	0.0869	−0.54	0.2946
−2.40	0.0082	−1.34	0.0901	−0.52	0.3015
−2.35	0.0094	−1.32	0.0934	−0.50	0.3085
−2.30	0.0107	−1.30	0.0968	−0.48	0.3156
−2.25	0.0122	−1.28	0.1003	−0.46	0.3228
−2.20	0.0139	−1.26	0.1038	−0.44	0.3300
−2.15	0.0158	−1.24	0.1075	−0.42	0.3373
−2.10	0.0179	−1.22	0.1112	−0.40	0.3446
−2.05	0.0202	−1.20	0.1151	−0.38	0.3520
−2.00	0.0228	−1.18	0.1190	−0.36	0.3594
−1.98	0.0239	−1.16	0.1230	−0.34	0.3669
−1.96	0.0250	−1.14	0.1271	−0.32	0.3745
−1.94	0.0262	−1.12	0.1314	−0.30	0.3821
−1.92	0.0274	−1.10	0.1357	−0.28	0.3897
−1.90	0.0287	−1.08	0.1401	−0.26	0.3974
−1.88	0.0301	−1.06	0.1446	−0.24	0.4052
−1.86	0.0314	−1.04	0.1492	−0.22	0.4129
−1.84	0.0329	−1.02	0.1539	−0.20	0.4207
−1.82	0.0344	−1.00	0.1587	−0.18	0.4286
−1.80	0.0359	−0.98	0.1635	−0.16	0.4365
−1.78	0.0375	−0.96	0.1685	−0.14	0.4443
−1.76	0.0392	−0.94	0.1736	−0.12	0.4523
−1.74	0.0409	−0.92	0.1788	−0.10	0.4602
−1.72	0.0427	−0.90	0.1841	−0.08	0.4681

d	$N(d)$	d	$N(d)$	d	$N(d)$
−1.70	0.0446	−0.88	0.1894	−0.06	0.4761
−1.68	0.0465	−0.86	0.1949	−0.04	0.4841
−1.66	0.0485	−0.84	0.2005	−0.02	0.4920
−1.64	0.0505	−0.82	0.2061	0.00	0.5000
−1.62	0.0526	−0.80	0.2119	0.02	0.5080
−1.60	0.0548	−0.78	0.2177	0.04	0.5160
0.06	.5239	0.86	.8501	1.66	.9515
0.08	.5319	0.88	.8106	1.68	.9535
0.10	.5398	0.90	.8159	1.70	.9554
0.12	.5478	0.92	.8212	1.72	.9573
0.14	.5557	0.94	.8264	1.74	.9591
0.16	.5636	0.96	.8315	1.76	.9608
0.18	.5714	0.98	.8365	1.78	.9625
0.20	.5793	1.00	.8414	1.80	.9641
0.22	.5871	1.02	.8461	1.82	.9656
0.24	.5948	1.04	.8508	1.84	.9671
0.26	.6026	1.06	.8554	1.86	.9686
0.28	.6103	1.08	.8599	1.88	.9699
0.30	.6179	1.10	.8643	1.90	.9713
0.32	.6255	1.12	.8686	1.92	.9726
0.34	.6331	1.14	.8729	1.94	.9738
0.36	.6406	1.16	.8770	1.96	.9750
0.38	.6480	1.18	.8810	1.98	.9761
0.40	.6554	1.20	.8849	2.00	.9772
0.42	.6628	1.22	.8888	2.05	.9798
0.44	.6700	1.24	.8925	2.10	.9821
0.46	.6773	1.26	.8962	2.15	.9842
0.48	.6844	1.28	.8997	2.20	.9861
0.50	.6915	1.30	.9032	2.25	.9878
0.52	.6985	1.32	.9066	2.30	.9893
0.54	.7504	1.34	.9099	2.35	.9906
0.56	.7123	1.36	.9131	2.40	.9918
0.58	.7191	1.38	.9162	2.45	.9929
0.60	.7258	1.40	.9192	2.50	.9938
0.62	.7324	1.42	.9222	2.55	.9946
0.64	.7389	1.44	.9251	2.60	.9953

d	$N(d)$	d	$N(d)$	d	$N(d)$
0.66	.7454	1.46	.9279	2.65	.9960
0.68	.7518	1.48	.9306	2.70	.9965
0.70	.7580	1.50	.9332	2.75	.9970
0.72	.7642	1.52	.9357	2.80	.9974
0.74	.7704	1.54	.9382	2.85	.9978
0.76	.7764	1.56	.9406	2.90	.9981
0.78	.7823	1.58	.9429	2.95	.9984
0.80	.7882	1.60	.9452	3.00	.9986
0.82	.7939	1.62	.9474	3.05	.9989
0.84	.7996	1.64	.9495		

다음으로, $N(d_1)$과 $N(d_2)$를 구한다.

이는 〈표 10-2〉와 같은 누적정규분포(cumulative normal distribution)로부터 주어진다.

$$N(0.43) = 0.6664 \text{(보간법 이용)}$$
$$N(0.18) = 0.5714$$

이상의 변수들을 식 (10-13)에 대입하면,

$$C = 100 \times 0.6664 - 95e^{-0.10 \times 0.25} \times 0.5714$$
$$= 66.64 - 52.94 = 13.70$$

주·요·용·어

- 내재가치(intrinsic value)
- 시간가치(time value)
- 헤지포트폴리오(hedge portfolio)
- 위험중립 가치평가(risk neutral valuation)
- 위험중립 확률(risk neutral probability)
- 시간-상태선호 접근법(time-state preference approach)
- 완성시장(complete market)과 미완성시장(incomplete market)
- 이항분포 옵션가격결정모형(binomial option pricing model)
- 블랙-숄즈 옵션가격결정모형(Black-Scholes option pricing model)
- 동적 헤징(dynamic hedging)

연·습·문·제

1 여러분은 콜옵션의 가치는 주식가격의 변동성이 증가하면 상승한다고 교재에서 배웠다. 이는 또한 풋옵션의 가치에도 적용되는가? 풋-콜 패리티를 이용하여 대답하시오.

2 어떤 주식의 현재시장가격은 $20이다. 한달 후의 이 주식의 가격은 $22가 되거나 $18가 된다고 한다. 만기가 1개월 후이며 행사가격이 $21인 유럽식 콜옵션을 이 주식에 대하여 발행하기로 한다. 1개월 동안의 무위험이자율은 1%로 주어져 있다. 교재에서 소개된 헤지포트폴리오 접근법과 시간-상태선호 접근법을 각각 이용하

여 이 콜옵션의 가치를 구하시오. 공식에 직접 대입하여 계산하지 말고, 풀이과정을 명시하시오.

3 2번 문제에서 유럽식 콜옵션과 만기와 행사가격이 동일한 유럽식 풋옵션의 가치를 구하시오.

4 콜옵션가치에 영향을 미치는 여섯 가지 변수들을 제시하고 어떤 영향을 미치는지 설명하시오.

5 블랙-숄즈 옵션가격결정모형에 의하면, 유럽식 콜옵션의 가치는 투자자의 위험에 대한 태도와 무관하게 결정된다고 한다. 여러분은 이를 어떻게 받아들일 것인가? 논평하시오.

부록

연습문제 해답

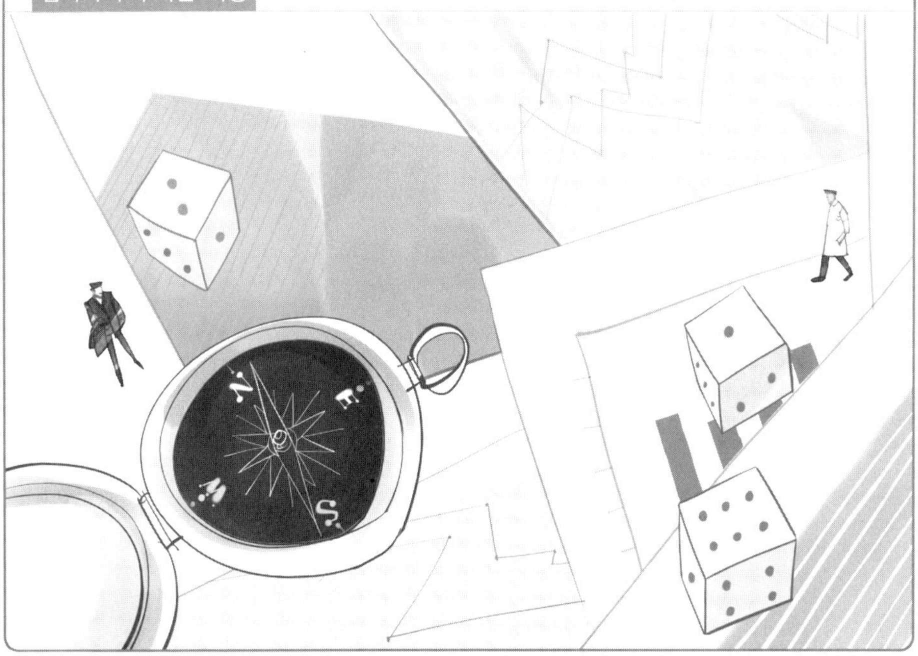

| 제 1 장 |

교재의 본문을 참조하시오.

| 제 2 장 |

1 (a) E → F → C → A → D → B

(b) 투자안 E, F, C, A, D를 채택하면

$(C_0,\ C_1)=(400{,}000,\ 2{,}030{,}000)$

B에 $50,000을 투자하면 내년에 $50,000×1.05=$52,500의 수입이 발생함.

금년에 $350,000를 소비하면 2,030,000+52,500=$2,082,500를 소비할 수 있음.

2 (a) J → C → E → B → A → G → I → F → D → H

(b) 수익률이 35% 이상인 투자안 J, C, E, B를 채택

투자금액 $800

(c) $(C_0,\ C_1)=(1{,}700,\ 1{,}295)$

(d) 가능하다. J, C, E, B, A, G를 채택

그러나, 효용극대화를 위해서 금년에 $1,700을 소비하려 할 것이다.

3 (a) $\dfrac{dc_1}{dc_0}=\dfrac{1}{2}\times 36(32{,}000-C_0)^{-\frac{1}{2}}\times(-1)$

$$=-\frac{18}{\sqrt{32{,}000-C_0}}=MRT$$

자본시장선의 기울기=−1, 2

$$-\frac{18}{\sqrt{32{,}000-C_0}}=-12 \ \Rightarrow\ \sqrt{32{,}000-C_0}=15$$

$32{,}000-C_0=225 \qquad C_0=31{,}775$

$I=32{,}000-31{,}775=225$ 답 $225를 투자

(b) $C_1 = 36(32{,}000 - 31{,}775)^{\frac{1}{2}} = 36\sqrt{225} = 36 \times 15 = 540$

최적투자 $(C_0, C_1) = (31{,}775, 540)$: 현재가치 극대화

$$PV = 31{,}775 + \frac{540}{1.2} = 31{,}775 + 450 = 32{,}225$$

$NVP = PV - W_0 = 32{,}225 - 32{,}000 = 225$ 답 $225

(c) $PV = \$32{,}225$

(d) $u(C_0, C_1) = -12C_0^2 + 10C_0C_1$

$$MRS = -\frac{\frac{\partial u}{\partial c_0}}{\frac{\partial u}{\partial c_1}} = -\frac{-24C_0 + 10C_1}{10C_0} = -1.2$$

$$-24C_0 + 10C_1 = 12C_0$$
$$10C_1 = 36C_0$$
$$C_1 = 3.6C_0 \qquad (1)$$

(C_0^*, C_1^*)의 PV는 $32,225이므로

$$C_0 + \frac{C_1}{1.2} = 32{,}225 \qquad (2)$$

$(1) \rightarrow (2)$; $C_0 \frac{3.6C_0}{1.2} = 32{,}225$

$$4C_0 = 32{,}225$$
$$C_0 = 8{,}056.25$$
$$C_1 = 8{,}056.25 \times 3.6 = 29{,}002.5$$

최적투자: (31,775, 540) 최적소비: (8,056.25, 29,002.5)

31,775 − 8,056.75 = 23,718,75: 대여

23,718.75 × 1.2 = 28,462.5를 회수하여

540 + 28,462.5 = 29,002.5를 미래에 소비

답 $23,718.75를 대여

(e) $(C_0^*,\ C_1^*)=(8{,}056.25,\ 29{,}002.5)$

4 (a) (1) $MRS=\dfrac{2{,}500-2{,}000}{2{,}600-2{,}200}=\dfrac{5}{4}=1.25$

(2) $MRS=\dfrac{2{,}500-2{,}100}{2{,}800-2{,}200}=\dfrac{2}{3}$

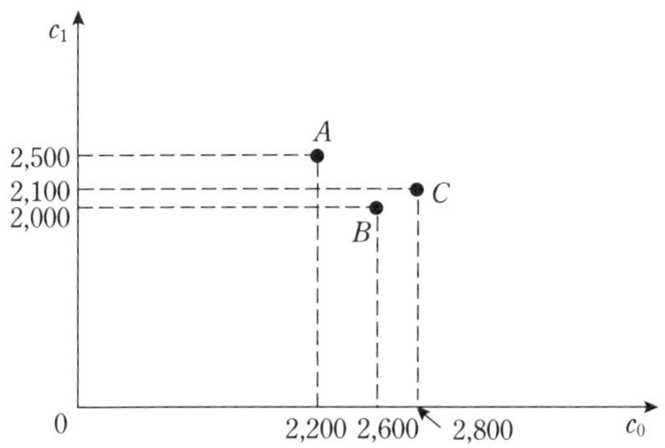

[동일한 사람이 말한 내용이라고 할 수 없다.]

A와 B에 무차별하고 A와 C에 무차별하면 B와 C에 대해 무차별하여야 한다. 그러나 C가 B보다 더 많은 현재와 미래의 소비를 보장하므로 B보다 C를 선호하여야 한다. 이는 모순을 초래한다.

(b) 서로 다른 사람에 의하여 언급되었을 가능성이 있다.

(1)의 경우 $MRS=\dfrac{5}{4}$ 이고

(2)의 경우 $MRS=\dfrac{2}{3}$ 이다.

5 (a) $C_1=300(12{,}000-C_0)^{\frac{1}{2}}$

$C_0=0 \rightarrow C_1=300\times\sqrt{12{,}000}=32{,}863$

$C_0=12{,}000 \rightarrow C_1=0$

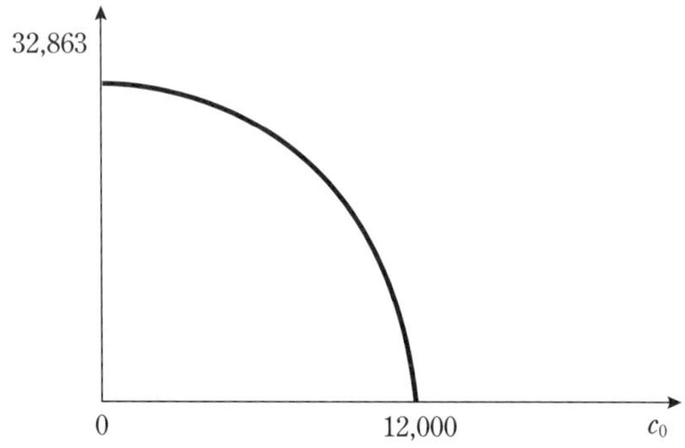

(b) 오늘 소비의 최대금액은 \$12,000

(c) 오늘 소비중에서 최대 \$12,000이 투자될 수 있다.

(d)
$$\begin{aligned} C_1 &= 300\sqrt{12{,}000 - C_0} \\ &= 300\sqrt{12{,}000 - 7{,}100} \\ &= 300\sqrt{4{,}900} \\ &= 300 \times 70 \\ &= 21{,}000 \end{aligned}$$

$(C_0,\ C_1) = (\$7{,}100,\ \$21{,}000)$

| 제 3 장 |

1
$$\begin{aligned} \mathrm{Cov}(5\widetilde{X},\ 6\widetilde{Y}+\widetilde{Z}) &= \mathrm{Cov}(5\widetilde{X},\ 6\widetilde{Y}) + \mathrm{Cov}(5\widetilde{X},\ \widetilde{Z}) \\ &= 30\mathrm{Cov}(\widetilde{X},\ \widetilde{Y}) + 5\mathrm{Cov}(\widetilde{X},\ \widetilde{Z}) \\ &= 30 \times 20 + 5 \times 30 = 600 + 150 = 750 \end{aligned}$$

2 ① 주택복권의 당첨금액

② 삼성전자의 1년 후의 주가

③ 내년도 박세리의 수입

3 공분산은 두 확률 변수 사이의 변동관계를 나타내는 측정치로서 두

확률변수가 같은 방향으로 움직이면 양의 값을 갖고, 다른 방향으로 변동하면 음의 값을 갖도록 정의된다. 상관계수는 공분산을 표준화하여 1과 −1 사이의 값을 갖도록 고안된 측정치이다.

4 $Var(2\widetilde{X}+5\widetilde{Y})=4Var(\widetilde{X})+25Var(\widetilde{Y})+2\times2\times5\times COV(\widetilde{X},\ \widetilde{Y})$

$=4\times10+25\times20+20\times5$

$=640$

5 (a) $\bar{X}=E(\widetilde{X})=20\times\frac{1}{2}+30\times\frac{1}{2}=25$

$\bar{Y}=E(\widetilde{Y})=10\times\frac{1}{2}+20\times\frac{1}{2}=15$

(b) $Var(\widetilde{X})=E[(\widetilde{X}-\bar{X})^2]=E(\widetilde{X}^2)-X^2$

$E(\widetilde{X}^2)=20^2\times\frac{1}{2}+30^2\times\frac{1}{2}=200+450=650$

$\therefore\ Var(\widetilde{X})=650-25^2=25$

$E(\widetilde{Y}^2)=10^2\times\frac{1}{2}+20^2\times\frac{1}{2}=50+200=250$

$\therefore\ Var(\widetilde{Y})=250-15^2=25$

(c) $\rho_{XY}=\dfrac{Cov(\widetilde{X},\ \widetilde{Y})}{\sigma_X\cdot\sigma_Y}$

$Cov(\widetilde{X},\ \widetilde{Y})=E[(\widetilde{X}-\bar{X})(\widetilde{Y}-\bar{Y})]=E(\widetilde{X}\,\widetilde{Y})-\bar{X}\cdot\bar{Y}$

$E(\widetilde{X}\,\widetilde{Y})=20\times10\times\frac{1}{4}+30\times10\times\frac{1}{4}+20\times20\times\frac{1}{4}+30\times20\times\frac{1}{4}$

$=\frac{1}{4}(200+300+400+600)=\frac{1,500}{4}=375$

$Cov(\widetilde{X},\ \widetilde{Y})=E(\widetilde{X}\,\widetilde{Y})-\bar{X}\cdot\bar{Y}=375-25\times15=0$

$\therefore\ \rho_{XY}=\dfrac{Cov(\widetilde{X},\ \widetilde{Y})}{\sigma_X\cdot\sigma_Y}=\dfrac{0}{\sqrt{25}\cdot\sqrt{25}}=0$

| 제 4 장 |

1 (a) 기대수익률

A: $1\% \times \frac{1}{2} + 4\% \times \frac{1}{2} = 2.5\%$

B: $1\% \times \frac{1}{4} + 3\% \times \frac{1}{2} + 4\% \times \frac{1}{4} = 2.75\%$

C: $1\% \times \frac{1}{4} + 2\% \times \frac{1}{2} + 4\% \times \frac{1}{4} = 2.25\%$

B>A>C, A와 B 사이에서는 B 선택

A와 C 사이에서는 A 선택

(b) 위험중립형이므로 (a)의 결과와 동일함.

(c) 기대효용계산

A: $E[(u(\widetilde{W})] = \frac{1}{2} \times 101^2 + \frac{1}{2} \times 104^2 = 10{,}508.5$

B: $E[(u(\widetilde{W})] = \frac{1}{4} \times 101^2 + \frac{1}{2} \times 103^2 + \frac{1}{4} \times 104^2 = 10{,}558.75$

C: $E[(u(\widetilde{W})] = \frac{1}{4} \times 101^2 + \frac{1}{2} \times 102^2 + \frac{1}{4} \times 104^2 = 10{,}456.25$

$\Rightarrow$ B>A>C

(d) 기대효용계산

A: $\frac{1}{2} \times \sqrt{101} + \frac{1}{2} \times \sqrt{104} = 10.1240$

B: $\frac{1}{2} \times \sqrt{101} + \frac{1}{2} \times \sqrt{103} + \frac{1}{4} \times \sqrt{104} = 10.1364$

C: $\frac{1}{4} \times \sqrt{101} + \frac{1}{2} \times \sqrt{102} + \frac{1}{4} \times \sqrt{104} = 10.1117$

$\Rightarrow$ B>A>C

2 (a) $E[(u(\widetilde{W})] = u[100 + 10.25]$

$E[(u(\widetilde{W})] = \alpha \times \sqrt{100} + (1-\alpha) \times \sqrt{196}$

$= 10\alpha + 14(1-\alpha) = 14 - 4\alpha$

$u(110.25)=\sqrt{110.25}=10.5$

$14-4\alpha=10.5 \Rightarrow \alpha=\frac{7}{8}=0.875$

(b) $E[(u(\widetilde{W})]=u[10,000+10.25]$

$\Rightarrow \alpha=0.8931 \quad \therefore \alpha$가 증가한다

3 투자안 A로 부터의 기대효용:

$E[(u(\widetilde{W}_A)]=\frac{1}{2}\times 96^2+\frac{1}{2}\times 102^2=9,810$

투자안 B로 부터의 기대효용:

$E[(u(\widetilde{W}_B)]=P\times 90^2+(1-P)^2\times 105^2$

$=11,025-2,925P$

$11,025-2,925P=9,810$

$2,925P=1,215 \qquad \therefore P=0.4154$

4 보험프리미엄의 정의에 의하여

$E[(u(\widetilde{W})]=u[CE]=u[E(\widetilde{W})-RP]=u(W_0-500)$

$E[(u(\widetilde{W})]=\frac{1}{2}\times u(W_0+1,000)+\frac{1}{2}\times u(W_0-1,000)$

$=\frac{1}{2}\times\left(-\frac{1}{W_0+1,000}\right)+\frac{1}{2}\times\left(-\frac{1}{W_0-1,000}\right)$

$=\frac{W_0}{W_0{}^2-1,000^2}$

$u(W_0-500)=-\frac{1}{W_0-500}$

$-\frac{W_0}{W_0{}^2-1,000^2}=-\frac{1}{W_0-500}$

$W_0(W_0-500)=W_0{}^2-1,000^2$

$W_0{}^2-500W_0=W_0{}^2-1,000^2$

$500W_0=1,000^2 \qquad \therefore W_0=2,000$(달러)

5 정규분포, 위험회피 → 평균분산기준

(a) B가 A를 지배

(b) A가 B를 지배

(c) 비교불가능

6 주차위반, 견인, 자동차손상 등의 불확실성을 회피하기 위하여 김 교수는 주차료를 기꺼이 부담하고자 함.

| 제 5 장 |

1 (a) x=증권 A에 투자하는 비율

$1-x$=증권 B에 투자하는 비율

$$\widetilde{r_P}=x\cdot\widetilde{r_A}+(1-x)\cdot\widetilde{r_B}$$

$$\begin{aligned}E(\widetilde{r_P})&=x\cdot(\widetilde{r_A})+(1-x)E(\widetilde{r_B})\\&=0.1x+0.2(1-x)\\&=0.1x+0.2-0.2x\\&=0.2-0.1x\end{aligned}$$

$$\begin{aligned}\mathrm{Var}(\widetilde{r_P})&=x^2\mathrm{Var}(\widetilde{r_A})+(1-x)^2\ \mathrm{Var}(\widetilde{r_B})\\&=0.05x^2+(1-x)^2\times0.4\end{aligned}$$

$$\underset{x}{\mathrm{Min}}\ \mathrm{Var}(\widetilde{r_P})=0.05x^2+(1-x)^2\times0.4$$

미분 → $0.10x-2(1-x)\times0.4=0$

$$0.1x-0.8+0.8x=0$$

$$0.9x=0.8\quad\therefore\ x=\frac{8}{9}$$

$x=1$이면 $E(\widetilde{r_P})=0.1$, $\mathrm{Var}(\widetilde{r_P})=0.05$

$x=\frac{8}{9}$이면 $E(\widetilde{r_P})=0.111$, $\mathrm{Var}(\widetilde{r_P})=\frac{18}{405}\cong0.044$

아니다. A에 $\frac{8}{9}$ 투자하고 B에 $\frac{1}{9}$ 투자함으로써 기대수익률을 높이고 분산을 감소시킬 수 있다.

(b) $\text{Var}(\widetilde{r_P}) = x^2\text{Var}(\widetilde{r_A}) + (1-x)^2\text{Var}(\widetilde{r_B}) + 2x(1-x)\sigma_A\sigma_B$

$= [x\sigma_A + (1-x)\sigma_B]^2$

$\sigma_P = x\sigma_A + (1-x)\sigma_B$

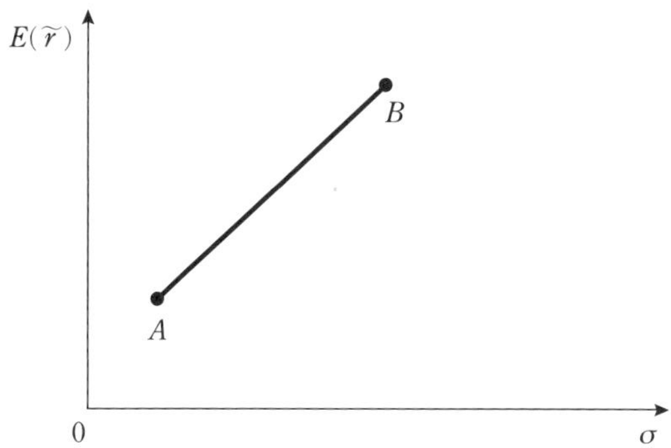

지극히 위험회피적이라면 A에 집중투자.

2 $\widetilde{r_P} = x\widetilde{r_A} + (1-x)\widetilde{r_B}$

$E(\widetilde{r_P}) = xE(\widetilde{r_A}) + (1-x)E(\widetilde{r_B})$

$= x \times 0.11 + (1-x) \times 0.16 = 0.16 - 0.05x$

$\text{Var}(\widetilde{r_P}) = x^2\sigma_A{}^2 + (1-x)\sigma_B{}^2 + 2x(1-x)\ \rho_{AB}\sigma_A\sigma_B$

$= x^2(0.32)^2 + (1-x)^2(0.45)^2 + 2x(1-x) \times 0.4 \times 0.32 \times 0.45$

(a) $x = 0$ 일 때 $E(\widetilde{r_P}) = 0.16$, $\sigma_P = 0.45$

$x = 0.1$ 일 때 $E(\widetilde{r_P}) = 0.155$, $\sigma_P = 0.42$

$x = 0.3$ 일 때 $E(\widetilde{r_P}) = 0.145$, $\sigma_P = 0.36$

$x = 0.8$ 일 때 $E(\widetilde{r_P}) = 0.12$, $\sigma_P = 0.30$

$x = 0.9$ 일 때 $E(\widetilde{r_P}) = 0.115$, $\sigma_P = 0.31$

$x = 1.0$ 일 때 $E(\widetilde{r_P}) = 0.11$, $\sigma_P = 0.32$

(b) $\sigma_P^2 = x^2\sigma_A^2 + (1-x)^2\sigma_B^2 + 2x(1-x)\rho_{AB}\sigma_A\sigma_B$

$$\underset{x}{\text{Min}}\ \sigma_P^2$$

$$2x\sigma_A^2 - 2(1-x)\sigma_B^2 + 2(1-2x)\rho_{AB}\sigma_A\sigma_B = 0$$

$$x\sigma_A^2 + x\sigma_B^2 - \sigma_B^2 + (1-2x)\rho_{AB}\sigma_A\sigma_B = 0$$

$$x[\sigma_A^2 + \sigma_B^2 - 2\rho_{AB}\sigma_A\sigma_B] = \sigma_B^2 - \rho_{AB}\sigma_A\sigma_B$$

$$\therefore x = \frac{\sigma_B^2 - \rho_{AB}\sigma_A\sigma_B}{\sigma_A^2 + \sigma_B^2 - 2\rho_{AB}\sigma_A\sigma_B}$$

$$= \frac{0.45^2 - 0.4 \times 0.32 \times 0.45}{0.32^2 + 0.45^2 - 2 \times 0.4 \times 0.32 \times 0.45}$$

$$= \frac{0.2025 - 0.0576}{0.1024 + 0.2025 - 2 \times 0.0576}$$

$$= \frac{0.1449}{0.1897} = 0.7638$$

$\therefore E(\tilde{r}_P) = 0.1218$, $\sigma_P = 0.3030$

3 $\tilde{Y} = a\tilde{X} + b$, a는 음의 상수

$$\tilde{r}_P = x \times \tilde{X} + (1-x)\tilde{Y}$$

$$\sigma_P^2 = x^2\ \text{Var}(\tilde{X}) + (1-x)^2\ \text{Var}(\tilde{Y}) - 2x(1-x)\sigma_X\sigma_Y$$

$$= [x\sigma_X - (1-x)\sigma_Y]^2$$

$$\sigma_P^2 = 0 \Rightarrow x\sigma_X - (1-x)\sigma_Y = 0$$

$$x\sigma_X - \sigma_Y + x\sigma_Y = 0$$

$$x(\sigma_X - \sigma_Y) = \sigma_Y$$

$$\therefore x = \frac{\sigma_Y}{\sigma_X + \sigma_Y}$$

$$\text{Var}(\tilde{Y}) = a^2\ \text{Var}(\tilde{X})$$

$$\sigma_Y = |a|\sigma_X$$

$\therefore x = \dfrac{|a|\sigma_X}{\sigma_X + |a|\sigma_X} = \dfrac{|a|}{1+|a|}$, a는 음의 상수

4 무위험 차입이자율 > 무위험 대여 이자율
⇒ 분리정리 붕괴
(참고: 시장포트폴리오가 2개 존재)

5 효율적 포트폴리오: 평균-분산기준의 지배원리에서 가장 선호하는 포트폴리오
최적 포트폴리오: 효율적 포트폴리오 중에서 투자자의 효용을 극대화시키는 포트폴리오
최적 포트폴리오 ⊂ 효율적 포트폴리오

| 제 6 장 |

1 $$\beta_i = \frac{Cov(\widetilde{r_i},\ \widetilde{r_M})}{Var(\widetilde{r_M})} = \frac{\rho_{iM} \times \sigma_i \times \sigma_M}{\sigma_M^{\ 2}} = \rho_{iM}\frac{\sigma_i}{\sigma_M}$$

효율적 포트폴리오: $i = P$, $\rho_{PM} = 1$

$$\beta_P = \frac{\sigma_P}{\sigma_M}$$

SML: $E(\widetilde{r_i}) = r_F + [E(\widetilde{r_M}) - r_F] \times \beta_i$

$$\begin{aligned} E(\widetilde{r_P}) &= r_F + [E(\widetilde{r_M}) - r_F] \times \beta_P \\ &= r_F + [E(\widetilde{r_M}) - r_F] \times \frac{\sigma_P}{\sigma_M} \\ &= r_F + \frac{E(\widetilde{r_M}) - r_F}{\sigma_M} \times \sigma_P \Rightarrow \text{CML} \end{aligned}$$

CML은 SML의 특수한 경우이다.

효율적 포트폴리오의 SML은 CML과 일치한다.

CML: 효율적 포트폴리오의 기대수익률과 총위험(표준편차) 간의 상반관계

SML: 임의의 자산의 기대수익률과 체계적 위험(베타) 간의 상반관계

2 $E(\widetilde{r_i})=r_F+[E(\widetilde{r_M})-r_F]\times\beta_i$

$\Rightarrow E(\widetilde{r_P})=r_F+[E(\widetilde{r_M})-r_F]\times\beta_P$

$0.2=0.05+(0.15-0.05)\times\beta_P$

$$\beta_P=\frac{0.2-0.05}{0.15-0.05}=\frac{0.15}{0.1}=1.5$$

$$\beta_P=\frac{\sigma_P}{\sigma_M}\Rightarrow\frac{\sigma_P}{0.2}=1.5$$

$\Rightarrow \sigma_P=0.3$

$\rho_{PM}=1$

3 $E(\widetilde{r_i})=r_F+[E(\widetilde{r_M})-r_F]\times\beta_i$

$=0.08+[0.18-0.08]\times2$

$=0.28$

P_0=균형가격 $\quad E(\frac{\widetilde{P_1}}{P_0}-1)=0.28$

$$\frac{1}{P_0}E(\widetilde{P_1})=1.28$$

$$\frac{1}{P_0}\times1{,}000=1.28$$

$$\therefore\ P_0=\frac{1{,}000}{1.28}\cong781(\text{원})$$

4 $E(\widetilde{r_i})=r_F+[E(\widetilde{r_M})-r_F]\times\beta_i$

$0.13=0.07+[0.08]\times\beta_i$

$$\beta_i=\frac{0.13-0.07}{0.08}=\frac{0.06}{0.08}=\frac{3}{4}$$

$$0.13=\frac{1}{P_0}E(\widetilde{P_1})-1$$

$E(\widetilde{P_1})=0.13\times P_0=0.13\times4{,}000=4{,}520(\text{원})$

$$\beta_i:\ \frac{3}{4}\rightarrow\frac{3}{2}$$

$E(\widetilde{r_i}) = r_F + [E(\widetilde{r_M}) - r_F] \times \beta_i$

$= 0.07 + 0.08 \times \frac{3}{2} = 0.07 + 0.12 = 0.19$

$E(\widetilde{r_i}) = E(\frac{\widetilde{P_1}}{P_0} - 1) = \frac{1}{P_0} E(\widetilde{P_1}) - 1$

$E(\widetilde{P_1}) = 4{,}520$, $E(\widetilde{r_i}) = 0.19$이므로

$0.19 = \frac{1}{P_0} \times 4{,}520 - 1$

$1.19 = \frac{1}{P_0} \times 4{,}520$

$\therefore\ P_0 = \frac{4{,}520}{1.19} = 3{,}798$(원)

5 V_A = A 기업의 균형가격

V_B = B 기업의 균형가격

$V_A + V_B = 10$(억 원)

$E(\widetilde{r_i}) = r_F + [E(\widetilde{r_M}) - r_F] \times \beta_i$

$E(\widetilde{r_i}) - r_F = [E(\widetilde{r_M}) - r_F] \times \beta_i$

$\frac{E(\widetilde{r_B}) - r_F}{E(\widetilde{r_A}) - r_F} = \frac{\beta_B}{\beta_A} = \frac{\text{Cov}(\widetilde{r_B}, \widetilde{r_M})}{\text{Cov}(\widetilde{r_A}, \widetilde{r_M})}$

$\widetilde{r_A} = \frac{\widetilde{V_{1A}}}{V_A} - 1$, $\widetilde{r_B} = \frac{\widetilde{V_{1B}}}{V_B} - 1$

$E(\widetilde{r_A}) = \frac{E\widetilde{V_{1A}}}{V_A} - 1 = \frac{6}{V_A} - 1$

$E(\widetilde{r_B}) = \frac{E\widetilde{V_{1B}}}{V_B} - 1 = \frac{10}{V_B} - 1$

$\text{Cov}(\widetilde{r_A}, \widetilde{r_M}) = \text{Cov}(\widetilde{r_A}, \frac{V_A}{V_A + V_B}\widetilde{r_A} + \frac{V_B}{V_A + V_B}\widetilde{r_B})$

$= \frac{V_A}{V_A + V_B}\text{Var}(\widetilde{r_A}) = \frac{V_A}{V_A + V_B} \times \frac{1}{{V_A}^2}\text{Var}(\widetilde{V_{1A}})$

$$=\frac{\text{Var}(\widetilde{V}_{1A})}{V_A(V_A+V_B)}=\frac{(1\text{억})^2}{V_A(V_A+V_B)}$$

$$\text{Cov}(\widetilde{r}_B,\ \widetilde{r}_M)=\text{Cov}(\widetilde{r}_B,\ \frac{V_A}{V_A+V_B}\widetilde{r}_A+\frac{V_B}{V_A+V_B}\widetilde{r}_B)$$

$$=\frac{V_A}{V_A+V_B}\text{Var}(\widetilde{r}_B)=\frac{V_B}{V_A+V_B}\times\frac{1}{V_B^2}\text{Var}(\text{V}_{1B}^2)$$

$$=\frac{\text{Var}(\widetilde{V}_{1B})}{V_B(V_A+V_B)}=\frac{(2\text{억})^2}{V_B(V_A+V_B)}$$

$$\frac{\dfrac{10}{V_B}-1-0.1}{\dfrac{6}{V_A}-1-0.1}=\frac{(2\text{억})^2}{V_B(V_A+V_B)}\times\frac{V_A(V_A+V_B)}{(1\text{억})^2}=\frac{4V_A}{V_B}$$

$$\left[\begin{array}{l}\dfrac{10V_A-1.1V_AV_B}{6V_B-1.1V_AV_B}=\dfrac{4V_A}{V_B}\\ 24V_AV_B-4.4V_A^2V_B=10V_AV_B-1.1V_AV_B^2\\ 24-4.4V_A=10-1.1V_B\\ 1.1(4V_A-V_B)=14\end{array}\right]$$

$$4V_A-V_B=\frac{140}{11} \qquad (1)$$

$$V_A+V_B=10 \qquad (2)$$

$$(1),\ (2)\Rightarrow\begin{cases}V_A=\dfrac{50}{11}\ (\text{억 원})\\ V_B=\dfrac{60}{11}\ (\text{억 원})\end{cases}$$

| 제 7 장 |

1 $E(\widetilde{r_i})=r_F+\beta_{1i}\lambda_1+\beta_{2i}\lambda_2$

$$0.4=0.07+1.8\lambda_1+2.1\lambda_2$$

$$0.1=0.07+2.0\lambda_1-0.5\lambda_2$$

$$\Rightarrow \lambda_1\cong 0.0447,\ \lambda_2\cong 0.1188$$

$\therefore\ E(\widetilde{r_i})=0.07+0.0447\beta_{1i}+0.1188\beta_{2i}$

2 $E(\widetilde{r_i})=r_F+\beta_i\lambda$

$$\left.\begin{array}{l} 0.1=r_F+\lambda \\ 0.04=r_F \end{array}\right\} \Rightarrow\ \lambda=0.06$$

$\therefore\ E(\widetilde{r_i})=0.04+0.06\beta_i$

베타가 $\frac{2}{3}$ 인 포트폴리오의 균형기대수익률

$E(\widetilde{r_P})=0.04+0.06\times\frac{2}{3}=0.04+0.04=0.08$

차익거래기회가 존재한다.

포트폴리오 A에 $\frac{2}{3}$, 무위험자산에 $\frac{1}{3}$을 투자하는 포트폴리오를 구성하여 공매하고 과소평가된 포트폴리오를 매입

3 $E(\widetilde{r_i})=r_F+\lambda\beta_i$

$0.14=r_F+\lambda$

$0.148=r_F+1.1\lambda$

$$\left[\begin{array}{l} \lambda=0.08 \\ r_F=0.06 \end{array}\right.$$

4 $E(\widetilde{r_i})=r_F+\lambda_1\beta_{i1}+\lambda_2\beta_{i2}+\lambda_3\beta_{i3}$

$$=0.06+1.2\times 0.06+0.5\times 0.08+0.3\times 0.03$$

$$=0.06+0.072+0.04+0.009$$

$$=0.181$$

5 $r_i = E(\widetilde{r}_i) + \beta_{i1}I + \beta_{i2}R + \beta_{i3}C + e$

$E(\widetilde{r}_i) = 0.15$, $\beta_{i1} = 1$, $\beta_{i2} = 0.5$, $\beta_{i3} = 0.75$

$E(\widetilde{r}_i) = r_F + \beta_{i1}[E(r_I) - r_F] + \beta_{i2}[E(\widetilde{r}_R) - r_F] + \beta_{i3}[E(\widetilde{r}_C - r_F]$

$= 0.06 + 1 \times 0.06 + 0.5 \times 0.02 + 0.75 \times 0.04$

$= 0.16$: 균형기대수익률

$E(r) = 0.15$: 기대수익률

기대수익률이 15%이므로 APT에 의한 균형기대수익률 16%보다 과소평가되어 있으므로, 주가는 과대평가되어 있다.

| 제 8 장 |

1 완전자본시장은 효율적 자본시장의 부분집합이다.

2 (1) 준강형 (2) 준강형 (3) 준강형 (4) 강형 (5) 약형 (6) 준강형

3 약형의 효율성이 성립하므로 주가는 예측불가능하다

4 내부정보의 취득가능성이 있으며 강형의 효율성을 위배한다.

5 당기순이익 정보가 사전에 투자자에 유출되었을 가능성이 있으며, 이는 효율적 시장이론과 일관성을 갖는다.

| 제 9 장 |

1 $X_1 = 60$, $X_2 = 70$, $X_3 = 80$, $S_T =$ 만기시의 주가

행사가격 60으로 콜옵션 1단위 매입의 수익 $= \max(S_T - 60, 0)$

행사가격 70으로 콜옵션 2단위 매입의 수익 $= -2\max(S_T - 70, 0)$

행사가격 80으로 콜옵션 1단위 매입의 수익 $= \max(S_T - 80, 0)$

만기시의 주가	콜옵션 1단위 매입	콜옵션 2단위 매입	콜옵션 1단위 매입	나비스프레드
$S_T < 60$	0	0	0	0
$60 \leqq S_T < 70$	$S_T - 60$	0	0	$S_T - 60$
$70 \leqq ST < 80$	$S_T - 60$	$-2(S_T - 70)$	0	$-S_T + 80$
$S_T \geqq 80$	$S_T - 60$	$-2(S_T - 70)$	$S_T - 80$	0

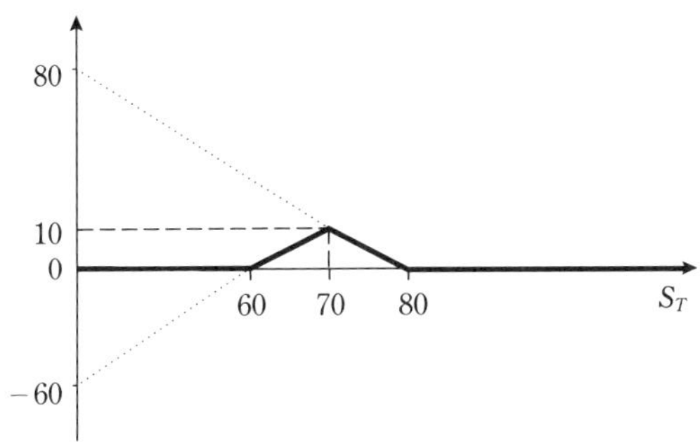

2 농산물가격지지제도는 농산물을 최소가격으로 팔 수 있는 권리인 풋옵션의 매입으로 묘사될 수 있다.

기초자산=농산물, 행사가격=최소가격

3 풋옵션과 콜옵션이 균형상태에 있으려면 차익거래이윤이 존재하지 않아야 한다.(본문참조)

4 풋옵션 1단위 발행: $-\max(0,\ 100 - S_T)$

풋옵션 1단위 매입: $\max(0,\ 110 - S_T)$

행사가격이 100인 풋옵션의 프리미엄=10

행사가격이 110인 풋옵션의 프리미엄=11

만기시의 주가	풋옵션 1단위 발행	풋옵션 1단위 매입	수익	이윤
$S_T<100$	$-(100-S_T)$	$110-S_T$	10	9
$100\leqq S_T<110$	0	$110-S_T$	$110-S_T$	$109-S_T$
$S_T\geqq 110$	0	0	0	-1

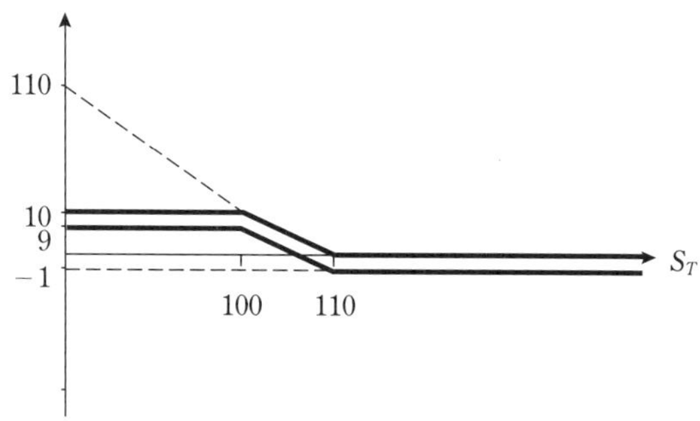

5 이국적 옵션의 종류: 아시아식 옵션, 장벽옵션, 최고옵션, 외화표시옵션, 디지털옵션

| 제 10 장 |

1 주식가격의 변동성이 증가하는 경우에 콜옵션보유자는 주식가격이 행사가격을 초과하는 변동성의 증대에만 관심을 가지고 옵션을 행사하게 된다.

주식가격이 행사가격에 미달하는 변동성의 증대는 어차피 옵션행사의 실익이 없으므로 관심이 없다.

풋–콜 패리티에 의하면 $P=C+X/(1+r_F)^T-S_0$, 여기에서

P=풋옵션 프리미엄, C=콜옵션 프리미엄, X=행사가격,

r_F=연간무위험 이자율, T=만기까지의 잔존연수, S_0=현재주가

P는 C의 증가함수이므로 변동성의 증대가 C에 양의 영향을 미치

면 P에도 양의 영향을 미치게 된다.

2 (1) 헤지 포트폴리오 접근법

콜옵션 1단위 발행과 주식 h주 보유로 이루어지는 무위험 헤지 포트폴리오를 구성하라.

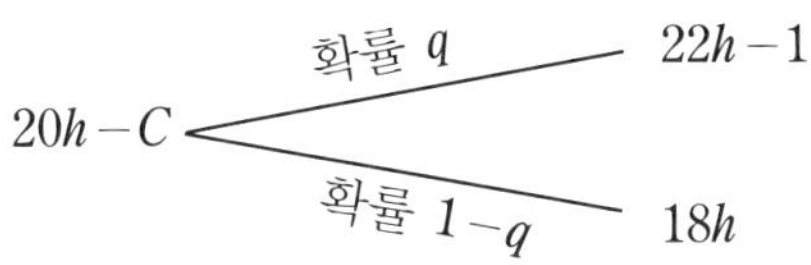

무위험 헤지 포트폴리오의 정의에 의하여

$22h-1=18h$

$h=0.25$

무위험 헤지 포트폴리오의 수익률은 균형에서 $1+0.01=1.01$이 되어야 한다.

$$\frac{22h-1}{20h-C}=\frac{18h}{20h-C}=1.01$$

$$\frac{5.5-1}{5-C}=1.01$$

$$5-C=\frac{4.5}{1.01}$$

$$\therefore\ C=5-\frac{4.5}{1.01}=\frac{5.05-4.5}{1.01}=\frac{0.55}{1.01}=\frac{55}{101}$$

(2) 시간-상태 선호 접근법

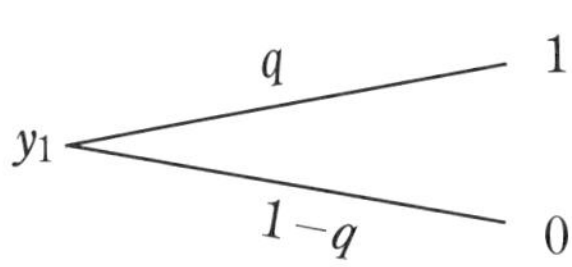

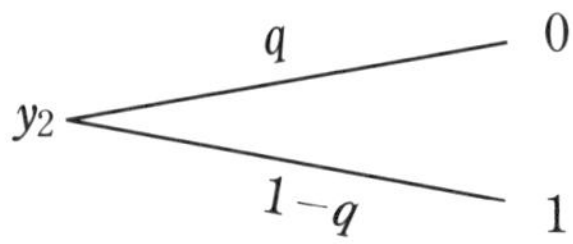

주식: $20=22y_1+18y_2$ (1)

무위험채권: $100=101y_1+101y_2$ (2)

콜옵션: $C=1\cdot y_1+0\cdot y_2=y_1$ (3)

(1), (2) $\rightarrow y_1=\frac{55}{101}$, $y_2=\frac{45}{101}$

(3) $\rightarrow C=y_1=\frac{55}{101}$

3 풋-콜패리티에 의하여

$$P=C+\frac{X}{1.01}-S_0=\frac{55}{101}+\frac{21}{1.01}-20=\frac{135}{101}$$

시간-상태 선호 접근법

주식: $20-22y_1+18y_2$ (1)

무위험채권: $100=101y_1+101y_2$ (2)

풋옵션: $P=0\cdot y_1+3\cdot y_2$ (3)

$P=3\cdot y_2=\frac{135}{101}$

4 콜옵션가치의 결정요인

변수의 증가	콜옵션의 가치
주가	증가
행사가격	감소
주가변동성	증가
만기까지의 기간	증가
이자율	증가
배당성향	감소

5 블랙-숄즈 옵션가격 결정모형은 유럽식 콜옵션의 가치를 기초자산인 주식과 무위험채권가격의 상대가격으로 평가하고 있다. 그러므로, 투자자의 위험에 대한 태도는 주식과 무위험채권의 가격결정과정에서 이미 반영되었다. 따라서 위험에 대한 태도는 간접적으로 콜옵션 가치에 영향을 미치지만, 직접적으로는 영향을 미치지 않는 것으로 보이고 있다.

참·고·문·헌

1. 한국거래소, 「증권 · 파생상품시장 지표 해설」, 2010.
2. Allen, F. and D. Gale, *Financial Innovation and Risk Sharing*, The MIT Press, 1994.
3. Arrow, K. J., *Essay in the Theory of Risk-Bearing*, North-Holland, 1971.
4. Baskin, J. B. and P. J. Miranti, Jr., *A History of Corporate Finance*, Cambridge University Press, 1997.
5. Black, F. and M. Scholes, "The Pricing of Options and Corporate Liabilities," *Journal of Political Economy*, May 1973.
6. Bodie, Z., A. Kane and A. J. Marcus, *Essential of Investments*, Irwin, 2001.
7. Bodie, Z., A. Kane and A. J. Marcus, *Investments*, Irwin, Seventh Edition, 2008.
8. Brealy, R. A., S. C. Myers, Franklin Allen *Principles of Corporate Finance*, McGraw-Hill, Tenth Edition, 2011.
9. Buck, R. C., *Advanced Calculus*, McGraw-Hill, 1978.
10. Campbell, J. Y., A. W. Lo, and A. C. MacKinlay, *The Econometrics of Financial Markets*, Princeton University Press, 1997.
11. Copeland, T. E., and J. F. Weston, *Financial Theory and Corporate Policy*, Addison-Wesley, 1988.
12. Cox, J., and M. Rubinstein, *Option Markets*, Prentice-Hall, 1985.
13. Cox, J., and M. Rubinstein, "Option Pricing: A Simplified Approach," *Journal of Financial Economics*, September 1976.
14. Dixit, A. K., and R. S. Pindyck, *Investment under Uncertainty*, Princeton University Press, 1993.
15. Duffie, D., *Dynamic Asset Pricing Theory*, Princeton University Press, 1996.

16. Duffie, D., *Futures Markets*, Prentice-Hall, 1989.

17. Dumas, B., and B. Allaz, *Financial Securities*, Chapman & Hall, 1996.

18. Eichberger, J., and I. R. Harper, *Financial Economics*, Oxford University Press, 1997.

19. Fama, E. F., "Efficient Capital Market: A Review of Theory and Empirical Work," *Journal of Finance*, May 1970.

20. Fama, E. F., "Efficient Capital Markets Ⅱ," *Journal of Finance*, Decem-ber 1991.

21. Fama, E. F., and M. Miller, *The Theory of Finance*, Dryden Press, 1972.

22. Fama, E. F., *Foundations of Finance*, Basic Books, Inc., 1976.

23. Funderberg, D. and J. Tirole, *Game Theory*, The MIT Press, 1992.

24. Gibbons, R., *Game Theory for Applied Economists*, Princeton University Press, 1992.

25. Gibson, R., *Option Valuation*, McGraw-Hill, 1991.

26. Haley, C. W., and L. D. Schall, *The Theory of Financial Decision*, McGraw-Hill, 1979.

27. Haugen, R. A., *Modern Investment Theory*, Prentice-Hall, 2001

28. Haugen, R. A., *The New Finance*, Prentice-Hall, 1995.

29. Hirshleifer, J., *Investment, Interest and Capital*, Prentice-Hall, Inc., 1970.

30. Huang, C-f., and R. H. Litzenberger, *Foundations for Financial Economics*, North-Holland, 1988.

31. Hull, J., *Options, Futures, and Other Derivative Securities*, Prentice Hall, 2000.

32. Hull, J., Introduction to Futures and Options Markets, Prentice Hall, 1991.

33. Ingersoll, J. E., Jr., *Theory of Financial Decision Making*, Rawman & Littlefield, 1987.

34. Jarrow, R. A., and A. Rudd, *Option Pricing*, Richard D. Irwin, Inc.,

1983.

35. Jarrow, R. A., *Finance Theory*, Prentice–Hall, 1988.
36. Kreps, D. M., *Game Theory and Economic Modelling*, Clarendon Press, 1990.
37. Levy, H., and M. Sarnat, *Portfolio and Investment Selection: Theory and Practice*, Prantice–Hall, 1984.
38. Lintner, J., "Valuation of Risk Assets and the Selection of Risk, Investments in Stock Portfolios and Capital Budgets," *Review of Economics and Statistics*, Februrary 1965.
39. Magill, M., and M. Quinzii, *Theory of Incomplete Markets*, Volume 1, The MIT Press, 1996.
40. Markowitz, H. M., "Portfolio Selection," *Journal of Finance*, March 1952.
41. Markowitz, H. M., *Portfolio Selection*, Yale University Press, 1959.
42. Milne, F., *Finance Theory and Asset Pricing*, Clarendon Press, 1995.
43. Mossin, J., "Equilibrium in a Capital Asset Market," *Econometrica*, October 1966.
44. Mossin, J., *The Economic Efficiency of Financial Markets*, Lexington Books, 1977.
45. Owen, G., *Game Theory*, Academic Press, 1995.
46. Peters, E. E., *Fractal Market Analysis*, John Wiley & Sons, 1994.
47. Pliska, S. R., *Introduction to Mathematical Finance*, Blackwell Publishers Ltd., 1997.
48. Pratt, J. W., "Risk Aversion in the Small and in the Large," *Econometrica*, January–April 1964.
49. Rendleman, R. J. Jr., and B. J. Barter, "Two–State Option Pricing," *Journal of Finance*, December 1979.
50. Ross, S. A., "The Arbitrage Theory of Capital Asset Pricing," *Journal of Economic Theory*, December 1976.
51. Ross, S., *A First Course in Probability*, Prentice–Hall, 1994.

52. Ross, S. A., R. W. Westerfield, and J. F. Jaffe, *Corporate Finance*, Irwin, 1993.
53. Sharpe, W. F., "Capital Asset Prices : A Theory of Market Equilibrium under Conditions of Risk," *Journal of Finance*, September 1964.
54. Shimko, D. C., *Finance in Continuous Time, A Primer*, Kolb Publishing Company, 1992.
55. Stoll H. R., and R. E. Whaley, *Futures and Options*, South-Western Publishing Co., 1993.
56. Tobin, J., "Liquidity Preference as a Behavior Toward Risk," *The Review of Economic Studies*, February 1958.
57. Trigeorgis, L., *Real Options*, The MIT Press, 1996.
58. Von Neumann J., and O. Morgenstern, *Theory of Games and Economic Behavior*, Princeton University Press, 1947.
59. Wilmott, P., S. Howison and J. Dewynne, *The Mathematics of Financial Derivatives*, Cambridge University Press, 1996.

국문색인

영문색인

저자 약력

서울대학교 상과대학 경영학과 졸업, 경영학 학사
서울대학교 대학원 경영학과 졸업, 경영학 석사
The Wharton School, University of Pennsylvania 재무학 박사(교육부 지원)
Arizona State University 재무학과 교수
Stanford University 방문교수(한국학술진흥재단 지원)
재정경제부 금융발전심의회 위원
증권거래소 선물옵션발전위원회 위원
조선대학교 경영대학원장
광주은행 사외이사
현재 조선대학교 경영학부 교수

주요 저서 및 논문

현대투자론의 이해(1998, 조선대학교 출판부)
금융규제(공역, 2001, 학현사)
알기쉬운 투자론(2002, 박영사), 핵심투자론(2003, 박영사)
The Role of Risk Aversion in the Determination of Equilibrium Stock Prices and their Variability(1986, Rodney L. White Center for Financial Research Working Paper, #14-86, The Wharton School, University of Pennsylvania)
한국주식시장에서 기대수익률의 결정요인은 무엇인가?(공저, 2001, 증권학회지) 외 다수

김박사의 투자론 여행

2011년 8월 20일 초판인쇄
2011년 8월 30일 초판발행

저 자 김 규 영
발행인 안 종 만
발행처 (주) 박영사
서울특별시 종로구 평동 13-31번지
전화 (733)6771 FAX (736)4818
등록 1959. 3. 11. 제 300-1959-1호(倫)

www.pakyoungsa.co.kr e-mail: pys@pakyoungsa.co.kr

정 가 18,000원 ISBN 978-89-6454-173-9